新教育

著

温暖的家

家庭教育文库　家庭生活教育丛书

山西出版传媒集团　山西教育出版社

《家庭生活教育丛书》编委会名单

编委会主任

朱永新

编委会副主任

孙云晓　陶新华

编委会成员

（按首字母拼音排序）

边玉芳	陈 洁	樊青芳	范伟霞	冯楠楠	谷 昳
郭 铭	郭瑞玲	洪 明	康丽颖	李 荣	李 巍
李小丽	李一慢	李媛媛	刘凤霞	刘美霞	吕萍萍
孟秋芹	秦张伟	任思颖	单志艳	唐静姣	王国红
王 佳	王 昕	王艳霞	王张晖	吴重涵	吴海燕
谢项鹤	徐 瑛	闫玉兰	杨 睿	杨艳霞	殷 飞

丛书主编

孙云晓

丛书副主编

蓝 玫　赵 晶　弓晓俊　卢 宇

● 1998年，作者全家受央视邀请录制崔永元主持的《实话实说·继母》

● 作者和知名家庭教育专家孙云晓在新书获奖后互相祝贺

● 作者和前央视主持人敬一丹在江苏书展上分别受邀讲座

● 作者和团队伙伴在基地工作室

● 作者赠书给美国心理学家、《正面管教》作者尼尔森博士，并交流家庭教育感悟

● 作者和"关爱留守儿童种爱计划"公益项目岳阳市旭日小学的孩子互动

● 作者受邀在湖南长炼公司为女职工做家庭教育讲座

● 作者在上海国际书展携新书受邀讲座

家教兴万家

——《中国家庭教育文库》总序

朱永新

家和万事兴，家教兴万家。

家庭是诞生人的摇篮，家庭是教育最重要的一环。童年是人生最神奇的阶段，父母是孩子最长久的老师。

家庭教育的问题，如今已经引起了全社会的广泛关注。许多父母开始自觉地意识到，教育不仅仅是学校的事情，更是家庭的责任，是父母的天职。许多学校开始自觉地认识到，好的教育离不开家庭的参与，家校合作共育，教育才能够有美好的未来。

但从总体来看，家庭教育的重要性还远远没有得到足够的认识，全社会的教育素养也落后于世界发达国家的水平。

其实，我发起的新教育实验，在十几年的实践中一直重视两点：阅读和家庭。如果说阅读是教育最重要的抓手，家庭就是教育最重要的基石。为此，我们新教育研究院成立了两个研究所：一个是新阅读研究所，一个是新父母研究所（后更名为"新家庭教育研究中心"）。前者抓书目研制，先后研制发布了"中国幼儿基础阅读书目""中国小学生基础阅读书目"等针对不同读者人群的各类基础阅读书目，解决"读什么"的问题；抓"领读者"计划，解决"如何读"的问题。后者通过"萤火虫网络讲座"等项目抓父母的教育素养普及与提升，通过萤火虫工作站"萤火虫亲子共读"等项目开展各类亲子教育活动，通过"新父母学校"等项目帮助父母和教师携手打造家校教育共同体。之后由我推动发起，新教育研究团队在北京独立注册了"国本家庭教育研究中心"，开展家庭教育研究、新父母读本的编写等工作。我一直认为，把阅读和家庭两个难点抓住，在家庭里播下阅读的种子，让孩子在进入学校以前就已经热爱阅读，具有初步的阅读习惯、阅读能力，我们的教育自然会更有成效。

在受中国教育学会委托担任家庭教育专业委员会理事长以后，系统研究家庭教育理论、全面总结家庭教育的经验、及时指导我国家庭教育的实践就成为我面临的重要使命。近年来，我一直在思考如何更好地完成这一使命，如何调动各种资源，为繁荣中国家庭教育研究、推广家庭教育的先进理念与方法，进一步做出贡献。

　　在这样的背景之下，在新教育研究院、国本家庭教育研究中心等机构，以及全国家庭教育理论研究工作者、一线优秀教师、广大父母的参与和支持下，我们推出了这套《中国家庭教育文库》。

　　《中国家庭教育文库》包括《中国家庭教育蓝皮书》、《中国家庭教育研究书系》、新父母教材《这样爱你刚刚好》、《家庭教育译丛》和《家庭生活教育丛书》等。其中《中国家庭教育蓝皮书》是由国本家庭教育研究中心主持编写的年度家庭教育报告，分析中国家庭教育的最新发展情况，汇集每年中国家庭教育的理论研究成果和实践探索。《中国家庭教育研究书系》收录家庭教育相关学术研究成果，包括年度家庭教育国际论坛的论文集,以及著名专家的个人文集等。新父母教材《这样爱你刚刚好》是在中国教育学会家庭教育专业委员会与新教育研究院学术支持下,由国本家庭教育研究中心、中国青少年研究中心、上海师范大学联合编写,供学校或机构在各类家庭教育培训中使用。《家庭教育译丛》将陆续引进国外关于家庭教育的著作,为我们了解世界各地家庭教育的研究成果打开一扇窗户。而《家庭生活教育丛书》立足于家庭生活场景和学校工作,为家庭教育工作者,包括教师及广大父母倾心编撰,以更好地指导家庭教育工作,促进家校合作实践。

或许,我们的努力仍然是稚嫩的,甚至难以逃脱"初生之物,其形也丑"的常态。但是,我们将以《中国家庭教育文库》用心记录中国家庭教育的发展进程,收录家庭教育的最新研究成果,不断完善,不断提升,为推动中国家庭教育的高质量发展做出我们的贡献。

写于北京滴石斋

目　录

序一：**不争对错的爱** 001
序二：**女儿的话** 007

第一章
亲子陪伴需真爱

你可一定要对孩子好啊！ 002
因爱结婚，创建有爱的家 007
大爱能融化心灵的坚冰 012
教育孩子是你重要的事业 017
用心陪伴是幸福 021
二宝家庭先顾好大宝 029
错误的陪伴是伤害 034
你妈怎么可能是后妈？ 038
爱的滋养让女儿浴火重生 044

第二章
温暖教育有智慧

好好说话是人生第一步 052

插红旗与画红花 057

"备课谈话法"有奇效 063

温暖教育，爱的智慧 069

把坏习惯变成好机会 077

你还是不像亲妈妈 081

有一种妈妈叫姨妈 084

谁能让我托付女儿的一生？ 088

男孩有担当，婚恋才幸福 096

第三章
婚姻幸福靠成长

结婚才是恋爱的开始 102

幸福的婚姻是享受优点 107

夫妻矛盾女儿调解 111

夫妻求同存异，引领全家幸福 119

周末夫妻，让小别胜新婚 123

父母一言九鼎，孩子一诺千金 128

父母有威信，儿女才快乐 133

带领孩子学会管理情绪 138

继母不要有过大的压力 143

努力做成熟受尊重的父母 149

最好的学区房是夫妻恩爱的家 153

第四章
价值引领是关键

我是你生的，我爸没骗你 160

善待继子女才有福报 164

教育孩子多方借力 171

善良是幸福的源泉 180

培养温暖而有趣的孩子 184

受尊重的孩子不撒谎 190

贺卡文化传递亲情 196

书香家庭影响孩子一生 204

善良有爱，婆媳相处并不难 211

全家受邀赴京获激励 217

第五章
爱的种子会开花

我想喊你"妈妈"了 226

从小理解钱、会用钱 232

不言放弃创奇迹 238

儿女能做的不要老人帮 250

二十周年结婚纪念日的祝福 257

联合舰队,做好一个婆婆妈 262

双喜临门,我多了一个女儿 267

全家春节团圆 省报整版刊发 275

愿未来长路,我们一起慢慢走 284

序一：
不争对错的爱

民国家庭教育第一人梁启超先生说，家庭是一个不争对错的地方。梁启超的家庭"一门三院士，九子皆才俊"，他的孩子除了两位新中国成立前意外过世，七位孩子都成为新中国的栋梁之材，其中三位是共和国院士，为国家做出了重大贡献。这样的家庭教育，梁启超的这句话是最精辟的概括，"不争对错的爱"是家庭教育成功的秘诀。家庭，因爱而成，因爱而发展，也因爱而纠结，最后因爱而走向幸福和长久。

闫玉兰老师的书稿捧读再三，我深受感动，有爱有智慧，不仅成就了闫玉兰老师的幸福家庭，让她们走上中央电视台，也让她的智慧走进更多的家庭。其中不争对错的爱，关键是不争很难做到，而闫玉兰老师做到了，成了一个比"亲妈"还亲的"后妈"，让她的孩子健康成长，成为受社会欢迎的优秀人才，还影响了下一代人的家庭，她的爱在家庭中生生不息，传给了孙子辈。下一代的幸福家庭将孕育出更幸福的新一代。

家庭是在爱情婚姻的基础上建立起来的。斯滕伯格的爱情三角理论便于我们更好地认识和理解爱情婚姻家庭，完美的爱情婚姻是幸福家庭的基石，任何家庭中夫妻关系的建设都是首要的。"亲密、激情、承诺"三要素构成爱情婚姻的重要内涵，这三要素和谐共生的爱情婚姻是最为美满的，缺少一点就是不完美的爱情。斯滕伯格认为，真正完美的爱情应该以信任为基石，以性的吸引和欣赏为催化剂，以承诺为约束，既具有相对的稳定性，又充满热情和活力。"亲密"是两人之间感觉亲近、温馨的一种体验。"激情"是一种强烈地渴望跟对方结合的状态。"承诺"则是做出维护这一爱情关系的保证，包括对爱情的忠诚、责任心。笔者认为，当爱情走入婚姻的时候，"承诺"很重要。在东、西方的婚礼上都可以看到新婚夫妇的彼此承诺和人们良好的祝愿，这不是停留在口头上的，而是要落实到行动上和日常生活中，是一件非常复杂和不容易的事情。不过如果一家人在彼此恩爱的基础上能够拥有激情，相互也很亲密，并且忠诚于家庭，对家庭尽职尽责，家庭必然就会温暖祥和，生机勃勃，这是所有人都希望看到的。我在闫老师的家庭故事中清晰看到并真切感受到了。

闫老师的家庭故事，"重组"是其重要特征，但是能给我们揭示家庭建设的一般规则、家人和谐相处的艺术技巧以及成功养育孩子的智慧。重组家庭突出的特征就是天生具有"隐形术"，社会上很多重组家庭因为具有这种隐性功能而仿佛消失不见了。很多人对重组家庭讳莫如深，避而不谈。因为绝大多数重组家庭都会不自觉地隐藏自己的过去，隐藏自己从前经历的离异重组的创伤，表现得像一个和谐完好的原生家庭一样。这样一方面隐藏了从前的许多创伤和矛盾冲突，甚至形成家庭的潜规则；另一方面全体家庭成员维护这样一种"虚假繁荣"的和谐现状，而实际家庭成员内心压力很大，不利于和谐和健康。

也许有人会觉得，闫老师重组家庭为什么不隐藏，有什么好说的？闫老师写成这本富有家庭教育智慧的书，让我们了解到家庭内部矛盾冲突是如何在大爱之精神鼓励下化干戈为玉帛的。其实所有的家庭之爱都应该做到不争对错，才能够让夫妻关系和谐，让个性各异的孩子健康成长。不争对错，绝不是不知对错，也不能不顾对错，而是知对错而不争，不争而后对错自明、自显、自践，才是所要达到的结果。

闫老师的重组家庭不仅没有隐身，而且一家人走进中央电视台讲述了自己的故事，这说明真爱不仅拥有智慧更拥有勇气。勇气可以让一家人坦然面对重组家庭的各种压力，智慧能够让重组家庭的各种矛盾得到化解，从而让一家人幸福，让孩子健康成长。

家庭是一个有结构的系统，我在接受结构派家庭治疗创始人米纽庆大师和李维蓉老师家庭治疗系统培训时深深领悟了这一点。重组家庭因从前婚姻的解体而又要重新建构新的系统，有许多重要的课题需要解决：首先疗愈之前婚姻解体留下的创伤；其次，新婚夫妻需要再次磨合；最后，各自所带的孩子需要融入新的婚姻家庭，还需要准备迎接新成员的诞生。闫老师的重组家庭关系是很具有挑战性的，继母和女儿与爸爸的关系最为典型，爸爸又娶了新娘，女儿原来独占的爸爸被一个新来的女人夺走了，女儿心中多了一个被称为"阿姨"的妈妈，继母与亲妈的比较和冲突会很强烈，孩子都不能轻易接受继母。如何建立这种新的没有血缘关系的母女关系，很是不易；闫老师用自己的"爱+智慧"重新建构出有结构的和谐新家庭系统。

家庭结构是指家庭的秩序，家庭秩序合理，家庭的功能就可以正常发挥，成为每个成员健康生活和发展的港湾。这个结构的基础是夫妻高质量的婚姻关系。婚姻是因爱而生的契约关系，是家庭关系中最重要又是最脆弱的关系，需要用行动履行承诺以维护关系，它的持久和稳定性不如血缘关系，所以婚姻关系是需要每天经营和呵护的。有爱、有承诺、有责任、有界限，这个关系就稳定、安全，而其他的家庭关系都是建立在血缘关系之上的。

从家庭的三角关系理论来看，原生家庭的父母与孩子的关系中，因为血缘关系，父亲永远是孩子的父亲，母亲永远是孩子的母亲，而父母之间的夫妻关系却是一份契约，一个彼此的承诺。重组家庭就面临挑战，因再婚而加入的新成员，使家庭出现多重的三角关系，加上新的父母与孩子之间本就存在张力，至少有一方与孩子没有血缘关系，不是亲生的子女，这样建立关系，重新恢复家庭秩序就更加艰难。因此对孩子来说，她/他要面对亲生母亲或父亲和继母或继父的三角关系矛盾；对于父亲或母亲来说，他/她要面对亲生和非亲生的孩子，需要承受不同的动力关系。调查表明，很多重组家庭的继父或继母，都很隐忍和低自尊。再婚家庭的父母甚至要面对自己亲生孩子对婚姻分离和重组的不满与愤怒，隐忍孩子的攻击行为。作为重组家庭的父母如何让这种攻击保持在可承受的范围内，如何将这些攻击行为以及背后的创伤得到疗愈，这是很关键的课题，很难做好。闫老师在她的家庭中做到了，多少年的积累，终于冰释前嫌，家庭关系处理得像原生家庭一样。闫老师抓住了三个关键：第一个关键是夫妻关系恩爱常新；第二个关键是有智慧地爱孩子，尤其是爱对方的孩子；第三个关键也很重要，父母自己的工作或事业做得成功。

家庭是有爱有灵性的地方，当父母足够的爱付出之后，灵性的回应真的感人，真的会超越时空，传递给下一代。重组家庭中，未成年人的依恋关系的修复、重建是一项极其重要的任务，只有重建好了才能更好地发展下去。书中闫老师的女儿开始叫"妈妈"，说"你就像我的亲妈一样"，这是许多做继父或继母付出艰苦努力后，想要得到而又很难得到的最好回报。重建依恋关系，修复创伤，重新出发，带领孩子健康成长，走向自己幸福的职业人生，组建自己的新家庭，开启无限美好的未来，真是无比的美妙啊。

"相信种子，相信岁月。"这是朱永新教授倡导的新教育实验中的一句名言。爱的种子会发芽，爱的嫩苗会长大。岁月沉淀的爱的能量，将会成为无穷无尽的动力，推动每一个家庭成员走向属于自己的幸福彼岸，从而推动社会走向尽善尽美的明天。

陶新华[1]

---

[1] 陶新华：苏州大学心理咨询中心督导、硕士生导师、中国心理学会和中国心理卫生协会首批注册督导师、苏州市心理卫生协会理事长、苏州新教育心理培训学校校长。

序二：
女儿的话

妈妈的一本关于家庭教育的新书即将出版，希望我来帮她写序。我犹豫了，觉得妈妈认识那么多教育专家，请他们当中任何一位写序不都比我更有说服力吗？我哪有资格？

思考再三，想想正值 2021 年母亲节，那我就说说吧。不仅要说说我的家庭，更要说说我的母亲，说说我作为母亲，说说我和我的母亲。趁此机会，我想正式地向妈妈表达这么多年我未曾宣之于口的爱，并以此作为我送给妈妈的母亲节礼物。

我的家庭是一个重组家庭，但我得到了妈妈的真心关爱与包容，从某种意义上说，我享受到的是不逊于亲生亲子关系的母爱。20 多年的母女相依已经让我们成为永远不会分离的亲人。妈妈虽然不是生我的妈妈，但却是教我成人的妈妈。我总说，如果现在的我还算优秀的话，那最大的功臣就是妈妈了。我们幸福的家也因此在当地有口皆碑，被评为"湖南省学习型家庭""全国最美家庭"。早年我们全家四口也曾受到中央电视台的邀请，作为嘉宾去北京录制了一期《实话实说·继母》节目，节目一经播出，在中央电视台一频道、四频道引起了很大反响，主持人崔永元和现场及电视机前的观众都感动得流下眼泪。可我们自己心里清楚，重组家庭的酸甜苦辣不是一个节目能说清楚的，我们家的真情故事更是说也说不完。

小时候的我有很多坏习惯，因为父母离异受到打击而变得敏感多疑没有安全感，害怕新妈妈是来夺走爸爸的，根本不接受新妈妈，所以小时候我用了很多现在看来幼稚可笑的方式气妈妈。可妈妈以最大的爱心包容了我，妈妈从不打骂我甚至没有训斥过我，一次也没有。我只记得，妈妈喜欢跟我聊天，经常我们聊着聊着，我们就一起流下泪来拥抱在一起。慢慢地我就会改掉一些毛病，当然那个过程是漫长的。

成年后妈妈才跟我说，小时候每次我犯了错，妈妈都要想几个晚上，想怎么跟我谈话，怎么让我既能快乐地接受，又能改正缺点变得更好。现在我也做了妈妈，才知道要想做到不打骂孩子是多么难，孩子有时真的能把你气疯。既要能教育好孩子又能让孩子高兴地接受和改变，那是需要智慧和毅力的。

我的母亲做到了，她温暖、善良，有大智慧，上得厅堂下得厨房，能"文"能"武"。从前她把整个身心扑在家庭上，给了我们一个幸福温暖的家；现在她帮助更多的家庭走向幸福，把她的大爱变成事业，过得充实且丰富，给儿女们做了最好的榜样。

我也已经是两个孩子的母亲了，在陪伴两个儿子成长的过程中，有喜悦、欢欣，也有焦虑、纠结，总在想我应该怎么做才对？我眼前不由自主地会浮现出我和母亲相处的点点滴滴，在对比中才越来越发现母亲的伟大和智慧，发自内心地佩服她。

有时换一个角度想问题，如果我有一个像我小时候那样的孩子，我想我做不到母亲对小时候的我那样的宽容、理解和爱，这需要母亲多大的胸怀、智慧和爱啊！身在其中的我，当时只是觉得自己幸运，现在回想起来，这岂止是幸运！

以前我感激母亲站在我是孩子的角度，感谢母亲教育我成人成才；现在我感恩母亲，我已经是站在我作为一个妈妈的角度，觉得母亲太不容易。母亲是这个世界上最伟大的职业，但并不是所有母亲都能胜任这个职位，提升父母的素质修养学习家庭教育的智慧真的太重要，如果每个想成为母亲的人在成为母亲之前都能学习怎么成为母亲，怎么处理家庭关系，那每个家庭就会和谐幸福很多。

我敬佩感恩母亲，不仅仅是她20多年养育我成长，还感谢她教导我如何做个好妈妈，分享爱的智慧，助力孙辈成长。她时常跟孩子们交流，并且只要看到合适的书籍，就会及时为我们家购买邮寄。祖辈给外孙买金送银的有千千万，但每年的"世界读书日"，我们都能收到妈妈赠送的千元读书资金，这样的祖辈并不多。也正是良好的家风传承，我的两个儿子特别爱阅读。

我们母女住在不同的城市，但每次通话聊天都是几十分钟，我有教育孩子的困惑都能在母亲这里找到方法并获得力量。母亲更以博大的胸怀和爱帮助天下更多的妈妈，她发起筹办市级婚姻家庭研究会，带领团队开展各种活动，宣传推进家庭教育进社区、进学校、进机关，产生了良好的社会价值及影响力。她学习家庭教育专业，结合实践做理论研究，还出版了家庭教育专著《温暖的爱，幸福的家》《一路同行真好，那是爱的味道》传授亲子关系的智慧和夫妻幸福的秘诀，帮助了千家万户。

如今妈妈更加忙碌了，她一边做活动，一边写新书。理论与实际并重，推广家庭教育，让更多的家庭幸福成为她的事业和追求，期待妈妈的新书早日面世，我想这又能帮助到很多孩子、很多父母、很多夫妻、很多家庭，其中也包括我。感谢妈妈倾囊相授，造福千万家庭！

最后我想隔空给妈妈一个大大的拥抱，并说一句：妈妈，我爱你！

女儿安娜写于2021年母亲节

第一章 亲子陪伴需真爱

你可一定要对孩子好啊!

时间似乎很快,转眼我们夫妻已结婚30年,回首往事,此刻眼前浮现的竟然全是斑斓的光影,岁月的静美,我们用心建设家庭培育儿女,成为别人眼里的模范,也荣幸地被评为市级、省级、国家级最美家庭。其实我们只是普通的夫妻,平凡的重组之家。

是的,原生家庭可以幸福,重组家庭也可以幸福,非亲生的孩子可以改变,亲生孩子更可以改变,这就是我想用事实告诉大众的真理。只要你有足够的爱心、诚心、耐心,学会成长,和孩子一起进步,那辛勤的耕耘必然收获丰硕的果实。

记得30年前那个金色的秋天,我调到一个新单位,美好姻缘便迎面扑来,众多新同事竟然陆续地给我介绍同一个人,众口一词夸他朴实勤奋又聪明帅气,这便让我对这个30出头的单亲爸爸产生了好奇。

我们的第一次见面在我看来是一种机缘巧合。我的收录机彻底坏了,一位热心职工说他有能干的同事帮我修,拿过去一会儿的工夫,新毛病、老问题一并修好。当我看着那台老旧的机器重新转动,我是既惊喜又佩服,在失而复得重新响起的优美动听的音乐中,人容易恍惚迷失,我立马对眼前这个腼腆有才气的男人充满好感。事过几个月才得知，这次的偶遇是男方单位领导精心策划的，只是我们两个当事人蒙在鼓里。而当我小心翼翼地开始初步交往，我们就共同感觉我们的缘分的确无处不在。

当我知道他有一个女儿，我非常欣喜，这是一份本能的喜悦。或因我可以没有经历过生养孩子之苦不劳而获一个9岁的女儿，或者还因为爱屋及乌。总之，最关键的是我天生喜欢小孩，我完全没有那种孩子是拖累的想法，从知道这个孩子到见着这个孩子，我竟然是那么的喜欢。我想这种本能的喜欢就是缘分。

这是一个多么漂亮白净的小女孩啊，小巧的嘴巴长得非常精致，嘴唇天生红润，圆圆的小脸白里透红，两个大大的长着长长睫毛的眼睛扑闪扑闪的，非常可爱，初次见面就让人印象深刻。

特别让我感动的是她写给爸爸的一张纸条，这是她悄悄塞到爸爸出差的行李箱里的，上面用稚嫩而工整的字迹写道："亲爱的爸爸早点回家，我会想你的！爱你的女儿。"看到纸条的那一刻，我心里顿时涌起一股暖流。这让我感受到她是一个非常重感情的孩子，我立即有了一种亲切感，有了一个强烈的愿望，这个可爱的孩子应该获得爱和幸福，我一定要好好爱她，让她生活得幸福。远在另一座城市的母亲得知我俩的事，对我说的唯一的一句嘱咐就是："你可一定要对孩子好啊！如果答应了这门亲就必须做到这一点。因为你没有经历过，做一个好妈妈并不容易。"

母亲的话深深地印在我的心中，成为我生活的准则，心灵的旗帜。

我的母亲是一位退休的妇科医生，她亲手接生了无数婴儿，无一差错。那个时代妇产科工作又累又脏，可她却非常珍爱这份工作并以此为荣。尤其当妈妈所在的军工企业搬到山里后,她是当地唯一的妇产科医生,受邀走村串户帮助村民接生,颇有口碑。在人们眼里刚出生的婴儿脸上皱巴巴的并不好看,可她总是喜滋滋地说:"你们不知那些婴儿有多么漂亮!那些可爱的婴儿来到世界上第一个见到的人就是我啊,所以我特别开心喜欢。"我的母亲就是这样一个善良又能吃苦的人,她爱孩子胜过自己的生命。我们四姊妹是母亲含在嘴里怕化了、捧在手里怕摔了那样宠爱着养大的。而且无论我们长多大,哪怕是我已有了外孙做了外婆,在母亲眼里,我还是那个需要她娇惯呵护的孩子。

我在母亲身边生活工作 30 多年后,才调到另一座城市,母亲的爱与善良在我的心中烙下永不消逝的烙印,深深地影响了我。我上中学的时候,曾跟着母亲走路去一名产妇家出诊,她不仅认真辛苦地工作,还总拿我家的东西送给她们,那是物资极其匮乏的年代,母亲说:"那婴儿真是可怜,咱们能帮一点是一点。"

正因为母亲的言传身教,让我一点一点地学习并继承了她的善良和爱心,这成了我做好继母的本质原因和根本保证。当时我痛快答应母亲:我肯定会做个好妈妈,但在后来的日子里我才真正理解了母亲的话意味深长,也正是母亲的鼓励与帮助陪伴我度过了再婚后那些艰难的日子。在我们日后的婚姻生活中,我的父母亲极大地支持了我。每次回娘家,我父母都把我的女儿看得最重要,放在儿孙第一位。拉着她的手有说不完的话。不仅我的父母,我的姐姐弟弟妹妹都视我女儿如亲生。

但在我自己的新家一切并不像我想得那样简单,从我成为继母的那一刻起,考验就一个接一个来临,拷问灵魂,考验素质。

在女儿不知道我身份的时候，她和我相处得非常好，对我亲近又尊敬，甚至很崇拜。她和同学到我的宿舍来玩，给我写小纸条寄信："闫阿姨我爱你，我和你永远是朋友。"纸条上还画上和平鸽以示我们的友谊。我们在一起做游戏讲故事，玩得很开心。但从女儿知道我将成为她的继母那一刻，这一切彻底反转，她的态度完全改变了。

女儿不接受我，是有她的道理的。女儿说：我什么都没有了，我只有我的爸爸，你为什么还要抢夺他？父亲是她的最爱，是她的整个世界，所以她悲伤，她惊恐，她愤怒，她拒不接受，她没有安全感，所以她用她能够想到的，能够做得到的一切手段进行反抗。

虽然那段日子是一个非常难堪也难熬的过程，但是我始终理解她心疼她，因为她对抗折腾大人也是在折磨她自己。新婚夜，我用温热的毛巾拭去她脸上的泪水，拥抱着她，陪她一起倾诉一起流泪，为她调暗灯光，陪在她的床头直到她静静地睡去……

我努力去做的就是始终如一温暖如春地对待女儿，照料好她一切的生活起居。包容忍耐原谅女儿所有的冲动，用爱温暖她、感染她，把她变成一个懂事的阳光少女。她还小，是一个受过伤的孩子。她需要用时间去化解不安，需要用温暖的爱来疗伤。我相信终有一天她会因为我的到来而感到幸运，拥有发自内心的快乐。

心诚能使石头开花，非常感恩！这一切，我如愿地做到了。继母不仅要能够包容孩子，而且要能够承受委屈，理解孩子的愤怒，用真心和爱安抚受到惊吓的孩子。这样才能收获一份家庭幸福以及女儿灿如朝阳的笑颜。

每个人都有权选择适合自己的生活方式，如果你选择了和非亲生孩子一起生活，就一定要爱这个孩子，理解孩子，对孩子真正负起责任。最可怕的噩梦和罪孽是：只接受配偶，并不真心接受孩子，占着父母的位置却完全不爱孩子，不包容孩子，不尽父母之责，甚至虐待孩子。

单亲父亲或母亲选择再婚对象，除了看其人品、性格、能力，最关键的就是看对方是不是真心地爱孩子，有没有爱心，善不善良。同时，还要注意对方有没有良好的家庭教养、母爱的传承，因为对孩子的爱心是先天遗传以及在后天的生活中养成的。配偶的家庭如果拥有良好的家风和善良的父母，则会给予晚辈无穷的正能量，爱也会一代一代传递下去。

"一定要对孩子好啊"，母亲的呼唤沁入我的血液，镌刻在我的灵魂，成为我心中的一面旗帜，一直飘扬。

无论是初婚还是再婚，必须做好睿智理性的婚前选择。夫妻拥有爱的素质，善的心灵，家庭的幸福就有了很高的起点，才更有希望有能力在今后的家庭生活中，克服种种意想不到的挫折和困难获得温暖而恒久的幸福。

因爱结婚，创建有爱的家

每一个父母都爱自己的孩子，不过爱的方式却不同。之所以智商差不多的孩子，走向社会后却相差很多，是因为不同的父母，不同的教育，不同的环境之下，会养育出完全不同的孩子。

父母都会为孩子的成长创建良好环境，例如拼尽财力也要买学区房上好学校，报高价的补习班、兴趣班。其实，我们首先要拼尽全力创建充满爱和温暖快乐的家，这才是孩子健康成长的最大保障。

我们要明白一个真理：孩子在幼年和童年的所有经历和感受都将奠定或影响孩子的一生。个体心理学的创始人阿德勒说："幸福的人用童年治愈一生，不幸的人用一生治愈童年。"可惜的是这个真理被太多人忽略了。

父母为孩子创建一个幸福有爱和温暖的家，就是这么重要，原生家庭如此，重组家庭也是如此。

如果说初婚一定要选准爱人，两个人相爱且人品好才可以结婚，那么重组家庭在有孩子的情况下，那对方必须爱孩子，否则一票否决。有责任感能包容愿付出才能携手生活，共同生儿育女。一句话，健康幸福长久的婚姻，一定是相爱的婚姻。这个家是物质富有的，更是精神富有的，这样原生家庭才可以幸福，重组家庭也可以幸福。

对此，我自己有深切的体会，我的婚姻生活就是这样在爱的动力中开始的。虽然我与我的先生相识的时间不长，但我们彼此非常认可对方，我们彼此深爱着、信任着，我们有动力、有能量、有信心去解决婚姻之后出现的各种问题和矛盾。

我们的问题和困难在重组家庭出现是意料之中的。新婚时丈夫带有9岁的女儿，女儿从小到大跟爸爸感情最深，由于父母离婚，女儿受到了很大的伤害，爸爸更是她的整个世界。在这种父女情深的状况下，突然跑来一个女人要分享她的爸爸，孩子必然会伤心流泪，她拒绝接受是理所当然的。

虽然我天生喜欢孩子，遗传了我母亲爱孩子的天性，践行着母亲的嘱托一定要对孩子好。我自信满满一定能做一个好继母，做好了一切思想准备，但一切仍出乎我的意料。

我们因相爱结婚，但相爱已不是两个人的事，在我们重组家庭的三口之家，相爱是三个人的事。一切都要为孩子着想，爱大人爱孩子缺一不可，这是再婚与初婚的最大不同。

我提议婚期延到女儿放寒假以后，这样可以有宽裕的时间和女儿沟通，尽可能减少对孩子学习的影响和对她身心的伤害。毕竟女儿刚9岁，心灵很脆弱，在这期间，我们小心翼翼地照顾女儿情感，不暴露关系，不影响女儿，陆续买的结婚用品也全部藏起来。

在正式通知女儿的前一天，我们突击布置新房。我将所有的花束、彩灯装饰品都布置在女儿的房间，窗户上贴着美丽的窗花。我特意带女儿去照相馆拍了一组彩色写真照片，新家只装饰女儿美丽的艺术照，没有挂新娘新郎的照片。女儿的新床上也买了湘绣的床罩，和我们的颜色一样。女儿的房间花束绚丽、彩灯闪烁，非常漂亮。而我们的新房除了床上的两床被子，漂亮的床罩，一个红喜字，没放任何装饰品。刻意淡化新房，突出女儿的房间，只为让心灵受伤的女儿得到抚慰，感受到我们对她的重视，让她更有安全感。我想让她知道没有人会抢夺她的幸福，而是给予她新的更多的关爱和幸福。

不想用高调的方式去刺痛孩子，我取消了婚礼和常规的接亲仪式。那是一个阳光明媚的日子，作为新郎新娘我们没有礼服，但我们俩内心充满了新婚的喜悦，脸上洋溢着幸福的笑容，我们就这样并肩走在通往新房的路上。一路上有熟人与我们打招呼，并不知道我们正在进行神圣的接亲典礼。只有我们自己一路开心地聊着我们的知心话，享受着爱情的甜蜜。

到了新房门口，虽然没有熙熙攘攘的迎亲人群，只有新郎新娘，但我们俩仍然按照迎亲习俗欢笑着挤开房门，争先恐后抢坐婚床。写到这里，我的眼里涌出泪水，此时此刻，30年过去了，那欢喜的一幕就浮现在我的眼前，还是那么清晰真切，我永远为当时的美好感动……

没有花车，没有鞭炮，更没有隆重的婚礼仪式，但我们依然是那么的欢喜，在我们简洁明亮的新房里是那么幸福。我们有浓浓的爱恋，有相互理解，有我们对家庭新生活的最务实又崇高的理解。

家的内涵就是爱和欢乐，对于我们这种特殊家庭来说，相爱首先是彼此的理解和对孩子的包容，所以我们注重相爱的内涵百分百不打一点折扣。同时我们为了女儿可以忽略接亲，免去婚礼仪式，收获满满的爱及孩子的安全感才是最重要的。我想，好的婚礼，应是为婚姻生活开一个好头，而不是表面热闹排场。当然，有爱又喜庆的婚礼也很好，我们都可以选择自己最喜欢的方式。

正因为我们为女儿考虑周全，婚期的日子平稳度过，女儿情绪稳定。其实，孩子都是可爱的，尤其我们的女儿也是无辜的。又不是女儿犯了什么错，为什么她的童年要和别人不一样，要承受这些痛苦和眼泪？所以这一切都提醒着父母们要珍视婚姻、重视爱情，生儿育女就要负起责任。一定要为孩子为自己着想，一定要建立一个有爱的温暖快乐的家，不要让家庭爆发战争，更不要让家庭破碎。

婚后我们生了个儿子，真正意义上的儿女双全。我们的女儿和儿子相差 10 岁，他们在爱中成长，如今都已经长大成家，找到了各自的真爱。最可喜可贺的是他们都继承了父母的婚姻观，看人品能力、为爱结合，所以他们结婚成家后幸福美满。

女儿结婚时，女儿女婿在广东工作，我先生又在外地工作，我带小儿子在家，女儿女婿体谅父母打算不办婚礼了。但为了鼓励他们相爱，祝福他们幸福永远，我坚持要给女儿办一个婚礼。我一个人操劳亲手给女儿办了场热闹的婚礼，让亲朋好友见证了一对新人的幸福。如今女儿已生了两个小帅哥，四口之家很是幸福。

儿子的婚礼于 2020 年举办，他们相识五年，恋爱三年，相爱至深。同样，他们也打破习俗新事新办，办了一个华丽喜庆的婚礼。新娘不要彩礼，一切按自己的意愿和方便，不搞接亲豪华车队，而是一对新人自己策划在酒店房间内组织伴郎伴娘的节目表演，组织了热闹喜庆又别致的接亲仪式。在婚礼上，新人双双流泪倾诉爱的誓言，感动全场。我为到场的每一位朋友亲手写了一段贴心话，让现场近百位朋友特别惊喜。爱、欢乐、温暖始终是主旋律，在众人心中流动。这场婚礼让全场嘉宾印象深刻，说是自己参加过的最走心的婚礼。

常常看到有些奢华的婚礼中，两亲家为彩礼嫁妆翻脸，新郎新娘为房本车本发生冲突，两家父母为所谓的面子应付习俗，搭上一辈子的积蓄，劳民伤财却又痛苦不堪，我就在想他们为什么本末倒置？他们不是为爱不是为家庭和睦着想，他们的精力、体力、财力重点花在聘礼彩礼嫁妆的算计上，花巨款却买来身心疲惫和婚姻的不顺。这种起步就质量差的婚姻能够走多远呢？婚后漫长的生儿育女日子能幸福吗？

婚礼形式不重要，因为相爱而结合才最重要。如果是重组家庭，一定要考虑为孩子建立一个幸福有爱的家，这是每一对新人成家的底线，这是人类繁衍生存必有的前提。

如果你认识到这件事的重要性，那么不论是钱多钱少，不论是初婚还是重组家庭，都应该因为相爱而结婚成家，否则宁迟不早，宁缺毋滥。每一对新人初婚必须做到，重组家庭也应该做到。

大爱能融化心灵的坚冰

心理学发现，成功的教育要建立在良好关系的基础上。亲子关系是决定教育的关键，与父母关系好的孩子，更加自信和智慧，即便是遇到问题，也能平和顺利地解决。

如何与孩子建立良好的亲子关系是很多家庭的难题，只要讲作业提缺点就会鸡飞狗跳、关系恶劣。而本来就不接受继父母的孩子，管教起来是不是会更难呢？

其实，一切得看父母怎样做，有没有学习爱的智慧，学习积极心理学。首先母亲应该是家庭文明文化的引领者，是家庭温馨氛围的风向标。在重组家庭中，善良的继母首先就要能包容孩子的缺点，理解孩子对自己的陌生甚至是抵触情绪。

我的家庭也走过不平凡的岁月。记得结婚初期的一个周末，一家三口在客厅里欢乐地包饺子，包好以后，我去厨房煮饺子，过了一会儿丈夫也走进厨房，女儿立即追了进来，她爸刚站我身边看我煮饺子，我们一句话还没说，女儿就冲过来使劲把我撞到一边去了，我毫无防备，一个趔趄，幸好厨房很窄小，我撑在了墙上，人没倒地，最庆幸的是滚开的一锅水饺没被打翻，没有出大事。当时我作为高龄孕妇怀孕两个多月不能被惊吓，但能怎么办呢？女儿并不知道我怀孕，她的本意只是不允许我们夫妻站在一起。类似这样的事我都容忍了下来，不去在意，因为只要我轻说一句就会引来女儿大哭大闹，问题不会解决，只会更加复杂严重。她的性格不是一天两天形成的，纠正孩子也不是一下两下就可以完成的，只能从长计议，一步步进行。

我的做法是，一切先顺应孩子，如女儿不准我们夫妻讲话就不讲了，夫妻两人离远点就离远点，总之尽量不与女儿发生冲突，更加关爱她，以善良的心感染她，用正能量引领她，让她一直享有主人翁的感受，有满满的安全感。

有人会觉得小孩子不让夫妻讲话太过分了，这怎么能忍受，但我们理解孩子，她的问题是家长造成的，家长应承担后果，所以不会觉得很难容忍。注意关键词，我们是容忍女儿，并不是忍受女儿，这两个词完全不一样，忍受是强忍苦难，心里生气，忍在心里久了，总要爆发而伤及孩子。容忍是宽恕理解，所以我们白天不能讲话，那就等晚上女儿睡着再讲话就好了。尤其要强调：继父母发自内心理解孩子，知道孩子是家庭变故的受害者，一切都不怪孩子，才能包容孩子的缺点和不足，善待孩子。

而且我对女儿的爱和包容，女儿是能够感受到的。有一次女儿的班主任和我聊天说："我们班上有几个重组家庭，关系都处得挺好，尤其是你们家。我问过你女儿新妈妈对你好不好啊？她说，好。我问真的好吗？她说真的很好。我又问她，那你对你的新妈妈好不好呢？她回答，不好。我便正面开导她，那你也应该对新妈妈好啊。"

我听了班主任的话很感动，也很受鼓舞，知道女儿虽然眼下对我不太好，但是她是从心里认可我对她的好。

是的，人心都是肉长的，人心换人心，孩子是单纯的。我们朝夕相处，她的生活起居还有学习，一切都是我细致照料。只要在家，我都会放下自己的事情陪伴女儿，或游戏娱乐或聊天看书学习。对于看书、讲故事、看电视，我都是有所选择的，讲那些家庭亲情、善良人生的故事时，我时常感动泪流，女儿也会受到感染流下泪来，女儿的心渐渐变得柔软。爱的教育让女儿的心灵花园绽放善美的花朵。

忽略错误的，强化正确的，这在心理学上叫"行为主义"。当女儿反感继母，有过激行为，我们如果对她吼叫批评，这种行为叫行为强化。家长激烈的反应强化了这件事情在孩子心中的印象，证实了她的担忧：果然爸爸再婚了对我不好啦，还批评我。她的反叛情绪会更加激烈，过激行为就会越来越严重、越来越离谱。所以我都是用正确的做法去引导：自己先做好示范，忽略孩子的错误，在孩子犯错的时候不理会，让孩子自己觉得没趣。而引领女儿做正确的事，女儿做得好做得正确的时候，一定不要吝啬地对其夸赞，这也是一种行为强化。

所以我从来不去说教，我只是悉心照顾她，两个多月后，女儿感受到了爱和温暖，有了安全感，看守监视我们夫妻的事就不知不觉地淡化了，后来慢慢放弃了。我用正确的行为告诉女儿，不能只得到爱，还要学会爱别人，我们是为了爱来到这个世界，大家互相关爱、互相帮助，家庭才能幸福，这个世界才能更美好。

在别人家，相差10岁的两姐弟争玩具，长辈常会叫姐姐让着弟弟，但在我们家，我每次都是哄弟弟让着姐姐。如果哥哥姐姐把弟弟妹妹摔了碰了，会受到父母的训斥，但我们家不会。弟弟几个月时，姐姐觉得好玩，便把弟弟放在一辆三轮童车上，松开手走开了，婴儿哪里能坐得稳，立马栽到了水泥地上；还有一次姐姐带弟弟出去玩，弟弟背上划伤一大片……类似这些，我眼看着，虽心里非常痛，但我没有表现出来,也没有责备过女儿一句,只是说没事。静静地帮儿子处理受伤的地方。反倒是弟弟的哭声让姐姐有所反思。这些都让女儿看到妈妈善良的心始终在爱护她,没有让她感到因为弟弟的出生而被冷落。

对其他孩子我也是如此,虽然非常心疼儿子,也没法说别人的孩子。一次走在路上,儿子的堂哥突然无缘无故把他横推了一把,儿子顿时倒在地上,头重重地磕在水泥马路上,发出"咚"的一声,旁边路人都被这响声吓了一跳。我立即把大哭的小儿抱起来,虽然他堂哥还在呵呵笑,我也没有说他一句,只是女儿很心疼弟弟,气愤地质问他:"你为什么推我弟弟啊!为什么?"我立即把女儿拉开说:"没事没事,都是孩子。"当时,我的儿子2岁多,他堂哥10岁。作为母亲,看着儿子头上鼓起的血包,我心疼又能怎么样,都是孩子,都会犯错,我只能包容。这件事让女儿很受教育,女儿从此更心疼她的弟弟了。

女儿多次说:"妈妈你太善良了!"在我们的朝夕相处中,女儿多次看到我关心帮助陌生的老人孩子,善待邻里同事朋友,先人后己,全心全意地帮助他人。中国传统文化历来追求一个"善"字:为人处世,强调心存善意、向善向美;与人交往,讲究与人为善、乐善好施;对己要求,主张独善其身、善心常驻。善良为人正是我家的家规家风。

我父母是老革命老党员,一辈子正直善良,也教我们正直善良地做人。我组建家庭必然要教孩子做善良的人,传递良好家风,言传身教帮女儿快乐改变。只有在女儿心田播下善良的种子,女儿才能够健康阳光地长大。大爱才能融化女儿心灵的坚冰。

在爱的滋养下,女儿也从反对我们结婚变成调解我们之间的矛盾,希望我们恩爱幸福,从反抗家庭到深深地爱上我们的家。刚上初中的她还写了一篇征文《我爱我家》,满怀深情,让人动容,获得了湖南日报社的奖励。她的精神面貌发生了根本的变化,亲友们都说女儿整个变了一个人,变得可爱和好相处了。

善待孩子,女儿完全感受得到,她心里知道我对她的好,知道我是个善良的人,所以女儿对我说:"我长大以后,也要像你一样做一个共产党员。"我所做的不仅仅是融洽母女关系,更要激励女儿的上进心,引领她建立善良、正直的为人准则,成为最好的自己,这正是我的初心和愿望。

女儿一直好强上进,学业优秀,从工作到成家后,多次撰文赞美父母、感恩父母,父母的家成为她的贴心后院和幸福港湾。她结婚后也非常自立,她说:"妈妈,我也要像你一样,我的孩子我自己带。"女儿把自己的小家管理得井井有条,夫妻和睦,孝敬公婆,培养两个儿子健康成长。

光阴流逝会遗忘很多往事,但我一直记得我家阳台两条飘动的花被单。那一年,女儿带着1岁多的小儿子回娘家住了几日,当女儿走后我打开女儿住过的房间,我惊呆了,三室一厅的房间一尘不染,收拾得干净整齐,阳台上竟然晒着洗净的他们睡过的被套床单。我不知道她是怎样带着孩子在忙碌地赶火车的上午,还把他们用过的被单也洗净晾晒。被单散发着淡淡的皂香弥漫整个阳台,也浸润着我的心,温暖又感动。我不禁在想,有多少回娘家的儿女能为父母做这件事?这还是那个9岁时都不能自己倒开水剥鸡蛋皮的任性的小女孩吗?

女儿常说,妈妈你让我感动,而女儿也常让我感动,我们就是这样彼此关爱着、感动着、珍惜着。在岁月的长河中,人生如流星般短暂,但我们彼此扶持,互相激励,共同成长。我们走过黑暗,努力活成一束光绽放光彩,彼此照耀。此生无憾!

教育孩子是你重要的事业

对于孩子来说，父母是他的全部，是他的整个世界。父母的爱无人可以代替，爷爷奶奶、外公外婆也不能代替，父母要完完全全地担当起教育责任。父母的爱，缺失了就是永久的遗憾。

婴幼期的宝宝需要建立安全感，必须父母给予。逐渐长大的宝宝开始变得调皮，开始萌发出独立意识，父母需帮助其培养性格习惯。而当十几岁阶段的孩子随着身心发育的不协调、自我意识的增强，各种烦恼也随之而来。作为父母，如果没能及时了解他们的困境，理解他们的苦恼和心理变化，不能引导帮助他们成长，他们就会受到伤害，尤其是由于缺乏安全感，性格变得懦弱的孩子就会有危险甚至出了大问题。

留守儿童中这样的例子是很多的，不是被别人所伤害，就是伤害到别人。

生活中我们很多人总是会把事业看得重于教育孩子。他们会说：没有钱我怎么养活孩子啊？我也不能为了孩子放弃我的事业呀！我工作忙怎么陪孩子？但是父母一定要明白，你挣钱是为了让孩子身心健康生活得更好，而不是在他应该得到良好教育、培养良好品德的时候你缺席缺位。如果你们只顾挣钱，忽略了对孩子的培养，导致你的孩子性格偏执，孩子终身的损失是拿钱补不回来的。你们就是捡了芝麻丢了西瓜，因小失大。真正成功的人士普遍是把家庭、孩子照顾得很好，也促进了事业的发展。如果学习了家庭教育的智慧，可以两者兼顾。

钱今天可以挣，明天可以挣，永远是挣不完的，但是孩子的生长期不能逆转，孩子的教育不能等待，幸福童年逝去便不会再来，花朵错过了花期便不再绽放。

我们家是普通的工薪家庭。企业效益差工资一直偏低，别人家独生子女三口人都觉得经济困难，而我家是四口人，经济状况可想而知。我丈夫是技术人才，有条件外出挣钱，不少人劝他南下打工挣大钱。外面的世界很精彩，面对诱惑，我们没有丝毫的犹豫，初建家庭就非常坚定地选择全家守候在一起的幸福。

重组家庭就是把破碎的家组建成完整的家，怎么能刚刚建成又为经济而家人分离呢？普通家庭孩子也需要完整的家，尤其重组之家半路夫妻，更要全家在一起生活，培养夫妻感情和儿女亲情，我们做到了。多年来，孩子身心健康，夫妻和睦恩爱，四口之家每天充满了欢声笑语，我们收获到应有的甜蜜和幸福。这对于我们这个家才是最重要的。

谁不想过富裕的生活，这是很现实的问题。各家情况不同，不能一概而论，有的需要外出打工，有的需要在家留守，要根据自家的情况，把孩子的利益放在第一位。

我家的情况是成家初期选择留守企业拿固定工资，把孩子带好才是第一位，宁肯过清贫的生活。这期间我们全身心陪伴孩子，教育引领孩子，父母和孩子共同成长的故事说也说不完，总之让孩子开心过好每一天。我们夫妻二人很节俭，这也是我们共同的习惯，但是我们并不以此为苦，我们坦然而快乐。

家和就有好运来，爱和幸福真的能创造奇迹。

所以说家庭建设就是要规划好生活，把全家身心健康和亲情融合排在第一位，不要为了挣钱远离孩子，但也不是说绝对不能外出工作，只是一定要先安排好孩子。

在我们组建家庭的第十一年，按照我们的计划，装修好房子住进新房，丈夫就辞职到省城应聘新工作了。丈夫发挥自身的价值，薪水提升了不少，又可以每个周末回家。我在家留守，陪伴带好儿子。女儿在外上大学，回家方便。我们一家四口各司其职，分工明确，互相支持。虽分三地生活，但电话、书信没有间断过，不仅亲情没受影响还增加了距离美、新鲜感。两个孩子依然在我们温暖欢乐的家庭氛围中幸福成长。

总之一个原则，工作事业服务于家庭、夫妻、亲情，让孩子健康成长。而不是夫妻为工作牺牲，孩子为事业牺牲。

很多夫妻没把孩子的身心健康放在第一位，单纯地想到自己事业的发展，或者是挣钱。他们以为孩子有老人带就可以了，夫妻双双远离家乡一年难得回来一次，这对孩子来说是多么的残忍。对此我是不赞成的。

如果生活困难必须外出工作，比较理想的是分两步走，第一步夫妻一人打工挣钱，努力站稳脚为全家做好准备，另一人留守照顾好孩子为主。第二步两人接来孩子一起生活工作。总之自己的孩子，夫妻绝不能长期放手交给任何人。

人生漫漫，我们陪伴孩子的时间太少了，作为父母，儿女这一生的缘分可能只有 3 岁之前日夜属于你，真的需要倍加珍惜。在你该陪伴的时候不陪伴，亲情疏离，当你老了以后想陪伴的时候，亲情缺失，就没有机会了。

无论职务多高，岗位多重要，你若离职分分钟有人接替，地球照样转。但是你的孩子你没有陪伴他成长，没教育他成人，你不在位就永远缺位，你的孩子就要受到终生的影响。

其实我们应该知道必须抓住关键期，孩子早期陪伴早期教育是多么的重要。即便是种植粮食果蔬都需要早期田间管理，一环扣一环，抓住关键期才可能会秋后丰收。

任何事业的成功都无法弥补孩子教育的失败，教育好孩子才是我们人生的重要事业。

用心陪伴是幸福

用心陪伴才叫真陪伴，用心陪伴才有助于孩子健康成长，这是父母的天职。孩子那么需要你，那么信任依赖你，只有用全身心的爱，细致耐心地回应他、陪伴他，亲子关系才会和谐。

总有人羡慕我家亲子关系好。30年来我们从没有对孩子高声呵斥，也没发过火，而且孩子也没有对父母发过火。每次我在给家长做讲座时，讲到这里，家长们一阵惊呼，都认为这不可能，在管教孩子的过程中不发火真是奇迹。怎么做到的？如果有什么妙招的话，那就是高质量的陪伴。

真正的陪伴是用心的陪伴，全身心地爱着孩子，那是你生命的延续，我体会到这种爱是刻在骨子里的，是乐趣无穷的。孩子的一举一动都让你那么的欢喜，吸引你的灵魂。孩子做对做错都是你最爱的孩子，陪孩子做所有他喜欢的事，耐心回答他问了百遍的问题。始终不变的耐心和笑脸，很难吗？并不难。父母有好习惯、好性格，孩子才有好习惯、好性格。

身为父母就是要有爱和耐心啊！为孩子辛苦，为孩子累病，也心甘情愿。我会不知不觉地全身心地投入，拥有满满的幸福感。这完全不是责任的逼迫，而是自己生命所需，就像每天要吃饭喝水一样必需。因为孩子的到来，滋润自己的生命更健康美丽地成长。

用心陪伴你将收获亲子关系密切翻倍的喜悦和感动。孩子天生那么单纯、那么善良、那么可爱，你爱他，他就更爱你。我从不觉得累，反而觉得陪伴孩子的时间不够，这是一种良性循环。

如果你经常因孩子烦躁不安，嫌孩子闹，不愿陪伴，孩子也会学你的做法，烦躁闹腾。家里就会鸡飞狗跳，大人孩子都会身心疲惫，亲子关系会进入一种恶性循环。

因为幸福，我深刻记得我家庭生活的许多往事。作为两个孩子的母亲又同为职业女性，我的日子既忙碌又快乐。孩子是那样真切地爱着你，用纯净的心依恋着你，我感受到孩子每天都有成长的惊喜，这为我的生命注入了无限的活力和动力。陪伴孩子成长就是这么重要，孩子的天真无邪以及那种纯真快乐让你觉得生活是多么的美好，滋润孩子的生命也滋润我们的生命，不知不觉我几乎所有的业余时间都属于他们。

陪伴孩子，一起聊天，一起运动，一起学习，一起嬉戏，一起做家务、做手工，一起参与各种社会活动。生活充满新鲜感，让人乐此不疲。

下班的路上想到在家的儿女，我的脚步都变得轻快。走到家门口听到了儿女的笑声，更是三步并作两步，忘记烦恼，迫不及待开门拥抱扑上来的儿女……

真正的陪伴会到一种忘我的状态。

年轻时我也是有情怀、有梦想的文学青年，我爱好广泛，文学、文艺、体育无所不爱。而一旦成为母亲，我便沉迷陶醉在母爱的情怀里，甚至不知不觉忽略了自己曾看重的爱好。

在儿子 2 岁左右时，有一次我们单位工会举办联谊活动晚会。有打乒乓球、打牌、下棋、跳舞等活动项目，这些都是我的特长。太久没参与这种活动了，我很是期待，并第一时间告诉了儿女：妈妈要去参加工会活动啦。孩子们也为妈妈感到高兴。到了那一天晚上，两个孩子帮妈妈挑选了漂亮的大摆裙，簇拥着把妈妈送到了大门口，一再叮嘱："妈妈你要玩得开心哦！你要玩得快乐哟！"

到了晚会现场，打乒乓球没有合适的对手，观看他们下棋、打牌，也觉得没什么意思，不想参与。任何活动我都觉得无趣，左顾右盼，完全没找到感觉，心里空落落的，觉得缺少了什么东西。是什么没带吗？忘在家里了吗？索性我提着裙摆，一路小跑，跑回了家。

当我打开家中的大门，两个孩子欢呼着向我扑来："妈妈回来了，妈妈回来了。活动结束了呀！太好啦！太好啦。"被孩子拥抱着，看着孩子兴奋开心得像花儿一样盛开的笑脸，我突然就找到了感觉，心里立即踏实了。

对！就是这种感觉，爱！巨大的暖暖的爱，母女亲情、母子心连心的挚爱。原来是我的心忘带了，留在家里了。我的心在孩子们身上，无论妈妈走多远，孩子在心中，是我始终的牵挂。

当然，我并不提倡为了孩子忘掉自己是谁，作为母亲依然要保持自我，做好自己，好好爱自己。这里我只是列举我家发生的事，陪伴孩子会成为一种乐趣，成为我的一种习惯、一种本能。一直陪伴孩子玩乐，突然自己玩乐孩子没在身边，自己很不习惯不自在了。

这件事过后我调整了自己，再没出过类似提前跑回家的事情。当时我也在笑我自己，思考这件事：为什么去参加我期盼的活动却没有找到感觉呢？也不能为了孩子忘了自己的爱好啊！忘记了自己是谁，忘记了享受自己的快乐吧。

在孩子幼小的特殊时期,在孩子最需要你的时候,可能母亲就是这样会不知不觉地放弃自己的一些东西,包括忘记了自己的某些爱好。但从我自己的感受当中,这个忘记的过程是快乐的,是有一种新的爱好取代了过去的一种爱好,是母爱的情怀压倒了所有的爱好,是母爱的责任感不知不觉站到了第一位,孩子比自己更重要。

这是发自灵魂深处的一种快乐置换和取代,而绝非是痛苦地为孩子做了什么牺牲。相反,父母在陪伴孩子的过程中,享受着很多快乐,孩童的纯真会洗礼父母的灵魂,父母会获得新的生命成长。父母的收获是巨大的,并不是因为陪伴孩子而失去自己。

孩子也的确因为你的优质陪伴给他一生的幸福打下最坚实的基础。这段黄金时光无可替代,无法重来,无比珍贵。

因为你的陪伴,一条幼小生命健康成长,将成为社会的有用之才,这是父母人生最重要的事业,也是人生幸福的源泉。

家庭教育就是生活教育,细水长流。父母是孩子唯一的监护人,相互依赖。良好的亲子关系就是这样在平凡的生活中不知不觉地愉悦而稳定地建立,而良好的亲子关系正是良好社会关系的重要基础。很多孩子出现问题的原因就是缺少优质陪伴。

优质陪伴可以有多种形式。

当今社会有很多特殊家庭,父母不能陪伴孩子在家。有的一方为了生活出去打工,有的是单亲离异家庭,但这样的家庭也照样可以收获良好的陪伴。

分离虽然是一种痛,也可以教会孩子适应各种不同的生活,让孩子懂得生活不只有明媚的春天,还有冰雪寒冬;不只有成功的喜悦,还有失败的痛苦。有困难有矛盾很正常，我们要善于解决矛盾，把不利化为有利。

我们家孩子成长后期就有一段这样的生活，我在家陪伴孩子，孩子的爸爸外出工作。这种生活状态持续了16年，我们分工协作一直很快乐。

两个孩子知道爸爸在另一座城市工作是为了更好地承担家里的经济责任，爸妈对他们的爱一点没有减少，只是分工不同。孩子更加感激父母，体会到父母的辛苦，也更珍惜父母的爱。

孩子爸爸的工作地点选择了近邻的省城，距家仅150公里，这点很重要。爸爸可以经常回家，可以兼顾家庭及工作，随时与儿女通信交流。只要爸爸回家就是我们家的节日，我会做上一桌美味佳肴等他回来。有时我会点上一盏小灯，静静地等待先生风尘仆仆的晚归；有时候我们母子像两个乖乖小狗痴痴地趴在窗台，望着楼下的路口，我们终于看见熟悉的身影闪现便欢呼雀跃起来……这种分离反而增加了生活的色彩，期待增加了重逢的喜悦。

我在平时的工作日，辛苦一些也会把一切琐事提前安排好，把手头的工作都做完，等丈夫周末回来便有时间和精力陪伴孩子，一家人一起享受天伦之乐。丈夫是高级技师，他每次回来都能及时解决家里的各种问题。所以孩子们总说我们家不能缺少妈妈，也绝对不能缺少爸爸。

爸爸出去工作时女儿已在外地上大学了，我固定每周写一封亲笔信，不仅有信还夹有各种相关资料复印件，女儿成为全班收信最多的人，让同学羡慕。后来她宿舍安装电话后，每周都有电话响起。我们一家四口分为三地，后来女儿在外工作、结婚、生子，我们家更充分利用了通信网络的便利为联络亲情关系插上翅膀、架起桥梁。我及时赶上科技潮流，那时女儿的同事都很羡慕，眼睛睁得大大的，惊奇地问："你妈怎么还会网聊呀？"当时我和女儿用的聊天工具是 MSN，后来才有了 QQ。女儿笑着说："这对我妈来说就是小菜一碟嘛，我妈会的东西多了。"女儿虽然工作了，但在我眼里还是个孩子，青春期的那种精神陪伴、心灵交流照样非常重要。

我不定期地给孩子打电话、写邮件，再后来就是发微信和视频。总之要给孩子一个快乐而稳定的心理预期和充分的安全感，让孩子感知父母的爱毫无欠缺，不管是在近处还是在远处，都始终对自己真心关切、关怀。

所以与孩子定期的沟通非常重要，而且不要流于形式，而是要具体关心到细节。比如他爸知道儿子报了排球队，问一下孩子感觉怎么样，收获了什么，交到新朋友了没。夫妻更要密切沟通，你才知道孩子的各种细节动向或者是问题及需求，才对孩子有话说，对孩子的帮助和关心才能到位。

离异夫妻别当仇人，陪伴孩子同心协力。所以 30 年来，我一直教导女儿要善待生母。

其实，离异家庭的父母如果想关爱孩子也可以做到应有的陪伴，这取决于离异夫妻的人品素质。常言道，夫妻离婚时才最彰显真实的人品素质。或许，此时是人生最痛苦、最冤屈、最仇恨对方的时候，所以在愤怒中发泄会展现出人类自身最坏的一面。

冷静之余，你一定要为孩子想想，实际上也是为自己所想。孩子永远是你的骨肉，孩子好了你才能安心，才会好。

简单地说，人生需做好三件事：接纳、改变、离开。这世界不是为你一人而存在的，什么事情都可能发生，所以你能够接纳就接纳，不能接纳就改变，不能改变就离开，就这么简单。不要再纠结痛苦的过去，存在的就是合理的。生活该翻篇就必须要翻篇，否则害了自己也害了别人。

孩子无论跟谁都是夫妻共同的孩子，千万不要给孩子种下不良种子。不能对孩子说对方的坏话，或者是拒绝对方对孩子的探视、帮助、沟通交流，这样你会把孩子培养成一个狠心的人，而他在恨对方的同时也会恨你，对父母都会恨，也会恨这个世界。即便婚姻中对方是有错的，那么你也是用对方的错误惩罚了你自己，毁了全家人。

正确的做法是定期与孩子联络或者是见面，把个人的情感与孩子的情感完全分离。夫妻性格不合离异与孩子无关，父母永远是孩子的父母，所以必须尽好父母的责任，互相给孩子讲对方的好，这点很重要，这样能让孩子心安，有利于孩子成长。所有拿孩子惩罚对方或者要挟对方的父母，都是最无知、最愚蠢、最恶劣的。既伤了你亲生的孩子，也伤了你自己。

知名心理学家李中莹先生曾点醒走不出离婚阴影的抑郁者：你的未来还有三四十年可以走，你是想背着包袱走好，还是愿意丢掉包袱轻松地走好？谁能帮你把这个沉重包袱放下？唯有你自己。

理智的父母应把离异对孩子的伤害减少到最小。最好的结果是父母优质的陪伴，让孩子感受到真爱，从而使孩子把对父母离异的痛恨和伤心变成了同情和理解；变成了痛定思痛，更快成长。期待自己早日成熟独立，做最好的自己，成就幸福人生。

离异父母与孩子的陪伴中也应杜绝一方出于歉意内疚，拼命在物质上满足孩子，以此来弥补对孩子的亏欠，这是大错特错的。另一方可能做不到这点，这样，你就对孩子进行了误导。即便对方也能满足孩子的物质条件，也不能一味地做物质方面的引诱，让孩子的三观偏离方向。还是要关心到孩子的精神层面、心灵层面，让孩子的品德、性格、习惯等这些重要的方面得到正确的引领。这样你们既能密切亲子关系，还可以密切家庭关系，促进你们各自的社会关系正常发展。

高质量的陪伴能够疗伤，能够治愈孩子受伤的心灵。父母越早做到位越好。

爱心父母，请把孩子放在重要的位置关爱、呵护、陪伴，学习父母课程，学习爱的智慧，用正确的方法引领孩子，让你的血脉完美传承，让孩子的心智品行都得到更健康的发展，更好地开创自己幸福的人生。

二宝家庭先顾好大宝

如今很多家庭都是二孩家庭，虽增添了家庭的欢乐幸福，但也由此有了亲子关系的新矛盾、新问题，让很多父母头疼、困惑。

同很多家庭一样，我家也是两个孩子，一儿一女两枝花。不同的是，我家对于大女儿来说，是重组家庭，对于小儿子则是原生家庭。所以我家的家庭教育相对更复杂，有原生家庭的元素，又要照顾到重组家庭的特点。

无疑，对重组家庭来说，先跟大孩子建立好关系以后，再生小孩比较好。当时我们并没有准备迎接新生命，而是全力以赴照顾9岁的女儿。但我却意外怀孕，由于担心女儿不开心，我曾犹豫是否做流产手术。当时我已经35岁了，医生根据我身体差、生头胎的高龄状况，直接反对我流产，加上婆婆坚决支持并鼓励我，我才有了信心和勇气。她说："你放心生，你应该有自己的孩子。"

9个多月后，新生儿就来到这个喧闹的世界。两个孩子相差10岁。很感恩，儿子的到来得到了包括女儿在内所有家人的一致欢迎。我要尽责，顾全家庭大局，更要尽好继母的职责，才有家的稳定和幸福。把女儿带好是根本，孩子不快乐，大人无法安心和幸福。所以无论是在怀孕期间还是在儿子出生之后，我始终把女儿放在第一位，细心地照顾女儿，对女儿的要求百分百满足，多年来始终如此。

乍一听，对孩子百依百顺，这不是溺爱吗？但我家并不是溺爱，这是我这重组家庭的一种特点。最初时，女儿不接受继母，我顺应着她，也引领改变着她，不久我们关系慢慢融洽，我也越来越受到女儿的尊重，在温暖幸福的家庭氛围中，女儿也越来越懂事，孩子不会提过分的要求，这才是教育智慧的重点，是很多家庭做不到的。所以，百分百满足女儿成为我们彼此的快乐。

同时我觉得，作为继母，要有一颗感恩的心来对待继子女，没经十月怀胎分娩之苦，就得到了这么大的孩子，而且孩子的命运托付给你，这是一份多么大的信任和荣光，所以我应该加倍地付出，让孩子在我身边健康快乐地成长。

儿子出生前，女儿担心过，给我写纸条说不希望再有人加入这个家庭，只要不生孩子，她就会听我的话。但是我用实际行动证明了，她因弟弟的到来变得更加幸福、更加自信，生活更加丰富多彩，她有了小跟班，绝不是被忽略。

女儿比较敏感，因此我不仅淡化怀孕，没搞一点特殊，而且淡化坐月子，就像平平常常的日子，无论我坐月子吃的，还是婴儿吃的东西，女儿可以随时吃。同以前一样，如果女儿有什么事喊我，我都会立即起身去看女儿。

学校离家较近，但我知道下雨天女儿已习惯了在学校殷殷期盼着妈妈举着伞向她奔来。我把儿子用枕头挡好防止他摔下床，然后跑去学校给女儿送伞。

每个家庭的情况不一样，没有标准的做法。在我家根据女儿的情况遇到姐弟俩利益相矛盾，我本能地习惯性先考虑女儿，绝不让女儿有一丝一毫的失落感，而是让女儿感到亲妈就在自己身边。所以不论两人是争玩具还是争别的东西,虽然两人相差10岁,我百分百给小儿子做工作,先满足女儿。两个孩子有事都需要做,我先做女儿的,或把女儿安排好,再给儿子做,绝不让女儿为此失望伤心。

我们是工薪家庭,当时条件不好,我们夫妻用钱或小儿用钱不得不精心计算,但女儿用钱我从来没有犹豫。小儿是"90后",他3岁前,我给他买玩具、衣服,3年总费用竟然没超过60元,全部是用别人给的旧衣服,旧衣服洗得干干净净,儿子穿着也很精神。同时期,女儿则经常穿新衣,女儿是姐姐,应该打扮漂亮,女儿本来也很看重这一点。儿子当时很小并没造成心理伤害,而女儿获得了安全感、幸福感,有利于她成长。

但儿子3岁以后就会比较了,他几次不经意说过:"妈妈最喜欢姐姐。"心里有点受伤。1995年那会儿,女儿班上没有一个同学买学习机,我就给女儿买了时尚的学习机,女儿特别开心。同期,儿子班上每个小朋友都有两轮童车,但儿子多次提起没能如愿。他特别喜欢小车子,晚上散步时他跟在小朋友的车子后面边追边喊:"让我骑一会儿,让我骑一会儿。"或者是向小朋友的家长说:"爷爷,让我骑一圈吧!"那情景的确让我很难过。后来同事知道了送给我一辆旧车,儿子开心极了,欢呼着:"我有车了!我有车了!"从此天天骑,爱不释手。

如何对待继子女,尤其是两个孩子,没有完全相同的方案或通用公式,但人心都是肉长的,这是共同的,先照顾好大宝是正确的。希望付出真爱才能得到真爱,只是应该注意不要让小宝的心灵受到伤害。

我家的确有特殊性。最疼爱女儿、了解女儿的婆婆在我结婚不久,曾直白地告诉我:"这孩子性情不同一般,很难带亲。"我对婆婆说:"不会,毕竟她才9岁,我相信心诚能使石头开花。"的确,女儿当时任性、自我、易怒,加之心灵受伤把这些缺点放大。那么,对待刚烈的女儿更不能硬碰硬，只能用以柔克刚的方法。这样的孩子更渴望疼爱，更需要温柔以待。

日积月累，女儿也逐渐变成文静上进的可爱女孩。后来，了解她的亲戚们都对我说："真没想到，你把女儿改变了，完全像变了个人。"

所以，当别人问我，把女儿改变了，你有些什么经验妙招的时候，那就是我家温馨、温暖、祥和的日常生活。无论孩子做错什么，我不会打骂，也没有训斥发火，甚至没有高声过。我给彼此一段时间思考，然后手拉手，或是在静谧的午后，或是在温馨的夜晚，面对面我们静静地坐下来，倾心交流，孩子的问题每每迎刃而解，我们发自内心地感到轻松和舒畅，我们母女的情感也上了一个新台阶。女儿的问题，全都是用这种备课方式一个一个圆满解决的。孩子的心是单纯的，相信真心不会被辜负。

在儿子12岁时，我写了篇文章《成长的感动》，很多人看了感动流泪，也有人阅读后私信我："你对女儿过宠，对儿子过压，不能彻底解决女儿自私、任性的根本问题，又压制了儿子的个性发展。"当时面对一个特殊孩子的改变，本能地去包容和付出代价。我承认我当时考虑不周，尤其在我近几年对教育理论的深入学习中，我认识到其实有更好的办法可以同时照顾好儿子。

虽有弊端，但最大的收获是女儿的改变。很难与人相处的女儿变得温柔有爱心了，让所有了解她的人都很惊喜。儿子则从小学会了等待、谦让，收获了善良、宽容、朴实的品格，让他身边的所有人喜爱。尽管我的做法不完善，但特殊孩子有特殊的爱，相信女儿会珍惜妈妈的爱和弟弟的付出。

儿女在我身边长大，耳濡目染学会善良为人、勤勉做事，热爱生活。而且姐弟情深，弟弟初中时两次独自南下专程去看望他思念的姐姐。20多年来，姐弟俩没吵过一次架，没闹过一次意见，这是很少见的，真正是相亲相爱的一家人。

我坚信一点，所有家庭包括原生家庭，两个孩子之间还是要先关照好大孩子。不让大孩子有失落感，以为爸爸妈妈又生了一个孩子，就不爱他了，或者是爱他少了。虽然老二因为弱小，父母照顾时间多些，但一定不忘对大孩子的用心关照，尤其不能因照看小孩子辛苦忙累而忽略大孩子。更不能理所当然地对孩子说教：你是大哥哥大姐姐，你应该让着弟弟妹妹。

应该重视一个现象，家里的小孩子总爱模仿大孩子，所以培养照顾好大孩子就更为重要。我特别注意树立姐姐的威信，我可以回答儿子的问题，故意让姐姐来回答，姐姐便很有成就感，更加热爱学习钻研，弟弟佩服姐姐，提升了姐姐的自信。姐姐更学会担当，成为弟弟的好榜样。

我也陆续收到一些二孩家庭的咨询，说生了老二以后，本来较听话的大孩子突然非常叛逆。我告诉家长，这说明父母已经出错了。要注意关照大孩子，让他有足够的安全感，树立威信与自信。用事实让他相信父母永远爱他，和以前一样没有变，把责任和权力同时给予他、尊重他，相信孩子愿意做好被信任、被尊重的哥哥姐姐，他还会愉快地成为父母的小帮手。

很多人羡慕我们家庭如此和睦，儿女都非常懂事上进。其实，人们不知道的是支持这些幸福光环的背后要付出很多。天上不会掉馅饼，一切都源于你是否真心去爱孩子、会爱孩子，是否有足够的耐心和善良，并且百分百地付出。

错误的陪伴是伤害

我们之所以一再说陪伴，的确因为陪伴孩子太重要了。但并不是你在孩子身边就算是陪伴，孩子需要的是优质陪伴，错误的陪伴就是伤害。

明明在孩子身边却未关爱孩子，只顾自己；宁愿陪朋友聊天、喝酒、打牌，或者沉迷游戏、玩手机，却不陪孩子玩游戏、锻炼运动；不陪孩子出游，更不会倾听孩子的内心；不仅不为孩子排忧解难，反而对孩子不耐烦、非打即骂，这种陪伴叫伤害。

如果说留守儿童还能够期盼父母回来，心中对父母还有期待和希望，而明明父母在身边却又不管的孩子，是会慢慢绝望的，不仅是对家庭的绝望，更是对生活的绝望，对世界的绝望，对自己生命的绝望。这样的孩子从没有得到过温暖，在外面遇到一些困难挫折很容易走向极端。因为他没有方向，没有精神寄托，没有一个他可以留恋的、可以依靠的心灵港湾。

我亲眼看到一个母亲在路边店铺打麻将，吆五喝六打得起劲，一个两三岁的孩子在她腿上睡着了，头脚在两边垂着极不舒服。她另一个六七岁的孩子放学回来让妈妈做饭吃，说肚子饿了，结果妈妈怒气冲冲拿5块钱打发让女儿自己买吃的，还生气地说："自己买去！吵什么吵！把我手气都吵没了！"

这样的妈妈是典型的极不负责的妈妈，会导致严重的后果。一是孩子发生任何危险，她不能及时发现和解决。二是父母对孩子的粗暴冷漠，让孩子也学会了粗暴冷漠。因为孩子以为这就是人与人之间的沟通方式，所以对同学和家人也会如此。三是母亲无知、懒惰、散漫的生活恶习直接导致孩子没有上进心，没有求知欲，没有生活的乐趣，这种伤害是致命的、长久的。

我曾在省城一次家庭教育讲座中遇到一位特殊听众，在交流互动环节中他站起来发言，是一位身高一米八几的大三男生。他说："闫老师的女儿好幸运，有这么好的妈妈，但是我没有，我的父母完全相反……"刚说完这两句话，男孩便讲不下去了，哽咽，双肩剧烈抽动。我走上前去拥抱他，让他先休息一下。

后来加微信得知，他是一个很不错的男孩，考上了一本高校。他性格内向又上进，他父母长期感情不和，对孩子简单粗暴，他在孤独与痛苦中长大，这种痛一直持续至今。

这种痛还痛在他的父母仍不知道有错，还在继续错，不知道伤害孩子有多深多痛，他目前还没有从这种困境中解脱出来。我想也不是他的父母恨他不爱他，可能还是生活过得一地鸡毛，也不懂得怎么样去爱吧。

我曾在火车上遇到一位男士，他辞去了在家月薪4000元的国企工作，外出打工，工资也只有月薪6000多元。他的妻子不工作，带一个3岁小孩，没事就打牌小赌，大儿子上初一却花高价住寄宿学校。我马上给他指出，这样是不对的。你这样外出打工挣钱有什么意义呢？夫妻分离，孩子没有陪伴，钱也都乱花了。既然妻子不出去工作，就应该好好陪伴两个孩子,这才是你出去工作的前提。这位男士垂头丧气地说:"我有什么办法呢?妻子没有能力工作,也不想工作,她只想打牌,我也管不了她。老大只好交给学校管,可能还好些。"这类家庭还很多,受伤最深的就是孩子。

对孩子来说,母亲的素质非常重要。常言道,人生最大的投资就是找到一位好妻子。俗话说"一个好妻子旺三代",我想大多数母亲都还是好的,也都想做个好妻子,只是没学习不知方法。她们也是因为从小没有受到良好的家庭教育和陪伴,是原生家庭的问题。

不重视家庭教育的情况很普遍。最常听到的是:"我父母没文化,也没学什么家庭教育,我们还不是成长得很好。"我想说,如果你有良好的家庭教育,你今天会成长得更好。

教育孩子的关键期是0~6岁,但这个阶段很多家长并不重视,没有很好地去陪伴和引导孩子。认为这时孩子还小又不懂事,小问题长大了自然会好,而严重点的错误,家长吼骂几声就能管住。可孩子上了初高中吼不住、管不住的时候,家长才开始着急求助。

0~6岁的孩子常常是靠祖辈带养,而隔代教育最容易犯的错误就是溺爱孩子。

我有一个朋友老实善良,她的婆婆很强势,把自己的儿子看得很重,家务只让儿媳妇做,生了孙子又把孙子看得很重,十分溺爱,孙子惯出一身坏习气。就这样孙子成了"七八岁狗都嫌",婆婆最初从溺爱孙子不让管,到后来自己也受不了,想管孙子却管不了。婆婆被孙子气得不行,就又骂又打。结果祖孙矛盾不断加深,最终势不两立。

一位忘年交的朋友,从小爸爸参军,妈妈选派上级单位工作,无奈把她交给公公及伯妈带。但伯妈并没有善待她,总是偏袒自己同岁的儿子。有好东西藏着给自己的儿子吃，对这个小侄女冷言冷语，每天黑着脸。从3岁到8岁，仅5年就决定了其一生，导致这个女孩一直没有安全感，活在恐惧中，从此形成内向、孤僻、自卑的性格，直至退休。童年阴影陪伴了其一生，挥之不去。

无论是留守儿童在孤独中长大的伤害，还是这样有父母甚至祖孙三代的守候，把陪伴变成了伤害，都会造成孩子一生的心理阴影，形成有缺陷的性格，影响孩子的一生幸福。

说了几个负面的例子，正确的应该怎样做呢？

一位校长回忆他初当爸爸的感受依然是满脸幸福。护士把新生儿推到他的面前，虽然是父女第一次见面，但是那种亲切感让他觉得早已熟悉，孩子似乎笑了，还有个酒窝。那一刻，爸爸的责任感顿时倍增，细致入微地照顾妻子和孩子。他想把全世界最好的都给孩子，爸爸要当超人，哪怕要摘天上的月亮，爸爸都要试试……爸爸都是如此，何况十月怀胎的妈妈呢？做好优质陪伴不在话下。

对，就是需有这种情感，有巨大的爱心，巨大的责任感，一步一步按专业的指导细致地为孩子去做，去陪伴。

每个人都带有原生家庭的痕迹，没有人例外。父母建造怎样的原生家庭就有怎样的人生！这太重要了。所以孩子0~14岁，父母绝不能放手，一定要亲自科学养育，优质陪伴。千万不要以为孩子长大会自然变好。错过了幼儿好性格、好习惯培养的关键期，孩子的缺陷会伴随一生。

你妈怎么可能是后妈？

牵挂孩子、陪伴孩子是我作为母亲的一种本能和享受。无论孩子在不在身边，我的心都在孩子身上，都会用心陪伴，只是形式不同。

孩子在外上学也能心灵陪伴吗？是的，这也是检验你良好亲子关系的试金石。女儿离家到外地上中专时才16岁，虽然这是她自己的选择，女儿一再让我放心，但我还是不放心。因为之前在家中生活上我包办得较多，女儿一直依赖着我，离不开我，所以我生怕她在外独立生活有困难，和女儿一直联系密切。上天是公平的，你付出了，你陪伴了，孩子知道，甚至孩子的同学都知道。

一次假日的傍晚，华灯初上，我和回家休假的女儿手挽手在小区碧绿的操场悠闲地散步聊天，女儿触景生情，说起一件不久前在学校发生的事情，她清澈的眼眸闪着动情的光亮，让我感动又欣慰。

那是一个中秋节前的傍晚，女儿宿舍的一个女生倚在床头哭了起来，每逢佳节倍思亲，也有伤感的几个室友立即拉她出去散心，她们走向校园那片开阔地，沸腾了一天的大操场已经安静了下来，在明亮的月光下，这位女生终于倾诉了她心中的痛苦，原来她来自重组家庭，继母对她不好，节日她想回家也不敢回，她爸想寄钱给她，继母不让……生活让她失望痛苦，同学们也陪着她掉眼泪。

又一个同学流泪说:"我家也是后妈,她只要对我爸好就行。我回家时,她能对我有点笑意就可以了,现在我一切事都可以自己做,不求她什么……"同学们都很气愤,纷纷斥责后妈就是心狠。

我的女儿听着听着就听不下去了,她轻轻地问道:"你们看我妈对我怎么样?"

同学们异口同声地回答:"你是你妈的公主宝贝谁不知道啊。"

女儿的眼泪流了下来:"我妈也是后妈。"

同学们顿时大惊失色,连连追问:"什么?你妈也是后妈,不可能!""你妈怎么可能是后妈!后妈会写那么多信给你吗?我没听你说过后妈一个字啊。""你妈送你来报到时,你坐在那里歇着,全都是你妈跑来跑去办手续,爬上爬下给你铺床、架蚊帐,不用你动一个指头,你说你妈是后妈,太不可思议啦!""全班你来信最多,电话也最多,我们接过你妈的电话,她的声音总是那么温柔,她真的是你后妈吗?"

女儿哭得更厉害了:"她真是我的后妈,是继母。你们每个月都盼寄钱来,我妈开学前就把一学期的钱全部给我了,还叮嘱我吃好点……我和你们正相反,不是继母对我不好,而是我对继母不好,做了很多伤害她的事。现在听了你们的话,我更加后悔难过,才知道我有多幸运,我真怕我妈不原谅我。"

这下,轮到同学们全都来劝女儿了,你一言我一语:"你别担心,你妈妈这么好,她一定会原谅你的。""还真有好继母啊,你妈妈真是太好啦!""你妈比我亲妈还贴心呢,你真的很幸运,你也一定要对她好啊!"

善良的同学们流着泪一再嘱咐女儿,女儿也流着泪拼命地点头:"我会的,我会的。"

经历了这个月光明亮的夜晚，女儿的心更敞亮更踏实了。女儿告诉我："走出去才知道，离婚再婚家庭这么多，小时候我以为全世界就只有我这么不幸，来到学校，我也没敢吭声，以为全宿舍只有我一人情况不同，没想到我们宿舍8个人就有3个人来自重组家庭，对比之下，我才知道我是多么幸运、幸福。"

女儿开心地对我说："尤其同学们特别羡慕妈妈给我来信特别多，全班第一多，每星期都有，看过我信的好友尤其羡慕说你妈太会写了，写得这么好。"

是啊！女儿求学离家必然有不适应的时候，也必然会想家，写信是我当下唯一能做的，而且这也是很自然的事情，是我们的家庭文化。我们在家时就交流沟通多，甚至也写信。孩子出门在外，我不可能中断，只会写更多，为女儿带去家的温暖。每每提起笔写信就有说不完的话，有对女儿的嘱咐与挂牵，也讨论学习方法为人处世，把正确的价值观植入孩子的心灵，及时了解女儿是否快乐顺心，更要聊家中的情况，让女儿好像在家中一样分享亲情的爱。

那时还没有什么网络，我有一个习惯，为女儿提供相关资料。看到与女儿有关的，对女儿有帮助的报刊文摘，我都会复印或裁剪下来再寄给女儿。我担心女儿没条件没时间看到或筛选报刊，总是希望能更多更及时地帮到女儿。

为了不影响女儿学习，我嘱咐女儿每次回信，不要写长信。但懂事的女儿总是逐一用心回信，讲学校见闻，讲学习进度，讲同学趣事，讲自己的心事，她也像我一样总有很多话要写。而且，过母亲节、"三八"妇女节、生日都不忘记给妈妈写信寄贺卡，让妈妈的同事朋友也都好羡慕。

女儿并没有因为写信而影响学习，家信是一种陪伴，家信的来往反而是女儿学习的动力，优秀的女儿成绩始终排名全班前三，是学习尖子，年年被评为"三好学生"。最重要的是她在快乐地学习，快乐地成长。优质陪伴，远程也能陪伴，无须理由。

女儿宿舍装电话后也是第一时间告诉我，我第一个打进电话，我成了女儿宿舍打电话最多的人。可我怕打扰大家，已尽量少打电话，但女儿的同学全都熟悉了我的声音，问都不用问直接喊我女儿来接电话。我年少时曾下乡及求学，深知远离家的孩子对家的思念，我的父母也常给我写信，一张信笺几句话，可以给孩子带来温暖和力量。

爱是可以延续的，我感恩我的父母。女儿也不止一次地对采访她的媒体说："我很庆幸遇到现在的妈妈，是妈妈给予我爱，教我做人，改变了我的人生，给我带来了幸福。"

在爱的滋养下，女儿更珍惜我们母女之间的感情，在各方面严格要求自己，变得更懂事了。有的同学寄多少钱都不够花，而她很节省，毕业时竟然还存有 2000 余元。同时她也没寒酸自己，女儿出落得更加美丽。

女儿的同学们也知道这世上还是有好后妈的。所以，女儿在文章中写道："谁也不会想到我的妈妈不是亲妈。"同学们也在校园生活中深刻地体会到母亲与母亲的素质差别，人与人之间的复杂关系，每家有每家的故事。学校的课堂不仅仅是学书本，更是学习探索人生与社会。

诚然，也有遗憾，没能说服女儿考高中，生活中宠爱包办多。当年女儿不上高中而去考中专让我非常意外和突然，我完全措手不及，还没有培养她自立的能力，所以很担心她独自在外的生活能力，开始刻意培养她的自理能力，在陪她去新学校报到的路上，我都鼓励她去问路去咨询。女儿也在不断进步，再后来她节假日返回学校，都是她自己整理行装，自己的衣服等物品都自己买，我从不插手，她自己管理得很好。

后来女儿也跟我讨论社会对后妈对重组家庭的偏见。分析为啥同学们会异口同声地说：你妈怎么可能是后妈！她说有些后妈确实是很不好，包括我同学的后妈；另一方面，后妈坏名声社会上的偏见已经根深蒂固，形成世俗。

恰好那天我看到一张知名报纸，一连串经济新闻头版大幅标题赫然写着：《央行对商业银行断奶不救市　央妈为何变后妈》《央行翻脸变后妈，银行疯狂奔走相问：还有钱吗？》，诸如此类的还有《百变的央妈，亲妈变后妈》。看到这些刺眼的文字，我心里非常难过，我想千万后妈都会是一样的难过心情。"后妈"怎么完全成为贬义词了呢！

由此我们也可以看到后妈及再婚家庭面对的是怎样的社会压力。在此，我也呼吁我们每一位母亲，身在其位一定要尽其责，把爱、把关心、把正确的教育理念给到孩子，照顾好孩子的身心健康，千万不要让孩子伤心。相信善有善报。

同时，也期待社会要善待继母包括养母，不要一概否定，不要戴有色眼镜看人。她们也需要成长，需要鼓励，希望给予重组家庭更多的理解和尊重。人生多一份美好，世界多一个幸福家庭。

有很多养母继母都非常关爱孩子，视如己出。我认识的几位后妈都非常善良，亲子关系也很好。

还有失独母亲，年近半百还收养婴幼儿。她们忍着巨大的失子之痛，克服体力、精力、财力多方面困难，不惧尴尬，竭尽全力地养育非亲生孩子，让弃婴重新有了父母之爱，有了温暖的家，她们是世上最伟大的母亲。她们中每一个人的家庭都有让人感动落泪的故事，让人肃然起敬。谁说只有亲妈才是妈呢？后妈也有好妈妈！

一句话总结：孩子幸福与否不在于亲生还是非亲生，而在于母亲是否有素质、有真爱。但愿世上所有的孩子都享有母爱，快乐成长。

爱的滋养让女儿浴火重生

当今社会的竞争中，没有什么比培养孩子、正视挫折、提升解决问题的能力更重要了。很多孩子成绩优异，但经不起失败，甚至因一点挫折就会一蹶不振。作为父母，我们有责任引领孩子勇敢闯过黑暗与风雨，重振信心迎接胜利的曙光。

那是一个永生难忘的高考季节，女儿参加高职高考，她努力拼搏考得总分625分，是株洲市财会类第一名，这个成绩让学校师生赞叹不已。可是万万没有想到，竟然以一分之差与大学本科失之交臂。这种惨重打击突然从天而降，让人完全没有思想准备，不仅我的女儿，我们全家都难过不已，我更担心的是如何帮助女儿重新绽放笑容继续前行。

看着女儿痛苦流泪，我的心碎了，因我深知她是多么顽强努力，没上高中的她只有一个学期的时间补课及复习准备高考，同时参加三门大专自考。为此，每天清早她都会第一个进教室，晚上最后一个走出教室，中午不去食堂吃饭，只在教室吃口面包。除了后半夜回宿舍睡觉，其余时间都在教室，同学们说："走的时候你在教室，早上再来时，你还在教室，你长在了教室啊。"辛勤耕耘必有丰硕收获，经过一学期的拼搏，女儿在中专的课堂中，不仅通过了三门大专自考，高职高考也成功考到了全市第一的高分，这是多么了不起的自律和成就。

其实女儿从小到大成绩一直不错，只是她一念之差没读高中选上了中专。中考时考得很好，七门功课平均96分全市区第二名，却因市区只一个师范学校名额被考分第一名的同学获得（其他的师范名额都分给乡、镇、县），女儿与心仪的第一志愿师范类学校擦肩而过，而做老师是女儿从小的愿望。女儿虽伤心，但最终战胜挫折不气馁，换了财会专业进入财会学校，而且她一入校就按计划报了自考大专。

但没想到湖南第一次启动高职高考的对口高考，指标调配在探索中，财会类几千名考生只有53个本科名额，财会类本科分数线因此高达626分。女儿625分仅差1分落选本科。而师范类却有本科名额几百名，400多分就能上本科。这一对比，更让人委屈心痛。命运就是这么捉弄人，就是这么阴差阳错，中考、高考连续两次受挫，换成谁都会伤心。这一年女儿刚满18岁。

这次高考失利如何劝慰女儿？我有无力感，因为自己也心疼得无以复加。我能做的就是四处联系我所认识的朋友，打电话、写邮件、跑学校等多种方式寻找各种出路与途径……无论希望有多少，我都必须付出百分百的努力，我们和女儿便不留遗憾。

当录取全日制本科的希望像潮汐一样，鼓起又落下，最后悄无声息地消失时，我始终陪伴在女儿身边，给予温暖和力量，不需说什么鼓励的话，就是日常的生活起居、陪伴，一起安静地吃饭、看书、看电视……我们一起度过这艰难的每时每刻。

有一晚例外，最受打击的那天晚上，空气格外燥热，让人憋闷得透不过气，我不放心女儿，抱着枕头进入女儿的房间。

入夜,皎洁的月光照进房间,被烦恼、伤心重压的母女,谁也没睡着,捱到凌晨一点多,我轻唤女儿,我们索性从床上起来,母女席地而坐,聊天长谈,自然,我聊天的目的是希望帮女儿排解烦恼,让我勤奋上进的女儿放下包袱开心起来,不必遗憾,坚信有耕耘终有收获,只是最丰硕的果实需要更多的付出和等待。

聊天是我们母女的长项,让人很舒服,很温暖。那个月光皎洁的不眠之夜重新浮现在眼前,面对女儿的沮丧,叹喟自己没福气、没运气,我告诉女儿:你是最有运气的人,是个幸福的女孩。不知不觉,我们竟然总结出了她姐弟俩的"两个百分百":11年来,姐弟相争时,我百分百叫弟弟让着姐姐;姐姐提出要求,我百分百答应,而弟弟提出的要求一大半不行。

我和女儿相互凝望,面对这"两个百分百",母女都感到吃惊,因为我们平时从没有细想过这些事,从没总结过,突然把事情归结在一起,得出这个结论,我们自己也非常震撼和感动。女儿流泪了,她说:"妈妈,我真的很幸运能遇到你,我多想是你生的啊!"

望着泪如泉涌的女儿,我也流泪了:"我也要感谢女儿,是女儿让妈妈成长,有你这样的好女儿是妈妈的幸福……妈妈希望你不要在意一次挫折,生活就是充满困难和挫折的,每个人都要经历挫折和困难,一帆风顺的人是很少的。而你并没有失败,我们都看到了你的成功,看到了你的实力……"

那夜我们讲了很多话,很兴奋,没有了睡意,我们完全忘记了时间,也排遣了女儿的痛苦。女儿深情地对我说:"妈妈,我会想通的,妈妈一路陪伴我,为我打气,为我分担,在我痛苦的时候保护着我,我会重新获得力量……"

在这个不寻常的夜晚，正是这份温暖让女儿的情绪稳定下来。是啊，她有宠爱她的家人，聪明阳光的女儿找到了自信快乐的理由。女儿终于意识到，她是一个幸福又幸运的女孩，一次考试不算什么，百分百的爱才是最重要的，女儿的心逐渐开朗了，人也慢慢平静了下来。当太阳在遥远的地平线上悄悄升起的时候，女儿终于在妈妈关切的陪伴中静静睡去……

最终，女儿如此高分按录取程序被省内最好的一所财经大专学校录取，我专门去了省城这所学校实地考察，女儿的最后决定是她放弃了这所学校，她说："我只差自考三门就大专毕业了，我为什么还要到这所学校奋斗三年拿大专文凭？我三年宝贵青春还可以做更多事。"女儿最终选择了去一所大学，自考本科，计划一年拿下。

这真是应了一句话，上天给你关上一扇门，一定会给你打开一扇窗。你的付出和坚持必然会感动上天。那一年恰是自考新旧规则交接年。女儿如果顺利考过最后三门大专课程，并且考过本科的全部课程，就能按照自考的旧规则拿到本科文凭。而且女儿需考的科目都很巧地排在一起，只需要一年，前提是所报课程门门要通过。时间紧任务重，没上高中要考过两次高等数学，这真是极难的。只要有一门课没过，就预示着按新规则增加数门课程，两年后才能拿到本科文凭。

但是女儿在全家的支持下就如同凤凰涅槃浴火重生。经受了如此惨重的打击仍然让生命焕发光彩。她重新扬起风帆再次启航，她以超强的自律及顽强的拼搏精神，完成了这个几乎不可能完成的学业任务，创造了奇迹：一年考过所有课程，拿到了本科学历及学士学位。

考过自考的人都知道能考及格通过已是不容易的，得高分更是艰难。女儿不仅门门通过，而且有三门超过了90分。我去女儿的出租房看她，连她的房东奶奶都表扬说：这个妹子学习好自觉、好刻苦啊！

女儿因此在工作以后有感而发写了一篇题为《不言放弃》的文章发表在《今日女报》上，记录了这段不凡的经历，令人感动、敬佩、振奋。

正所谓没有经历过逆境的人不知道自己的力量。女儿说：回头看，我都佩服我自己。

是的，你必须把路走漂亮，才可以走想走的路，有些路你不走下去，就不知道那边的风景有多美。

女儿那么拼命努力奋斗考出的高分最后却是一场空。依女儿的实力和勤奋，她如果当年中专上师范类，或是读高中考本科都没有问题。她遭遇如此大的挫折，不仅没有倒下，没有颓废，反而重振雄心流泪奔跑，克服更大的困难到达胜利的彼岸，是平时爱的滋养建立了良好的亲子关系，为孩子夯实了强大的思想基础，孩子内心从不孤独而且有满满的安全感。正如孙云晓老师所说："最好的教育就在生活中。"

通过女儿考学的经历，我想告诉天下的父母们：孩子学习好不是目的，孩子有坚强的意志，有克服困难挫折的勇气才是他走向生活、走向社会的法宝。

孩子的学习成绩好坏，关键在于孩子的内在动力、自驱力，而这个动力，最初来自父母对其好奇心、专注力的保护，来自父母为孩子创造的温馨的家庭环境，来自父母给予孩子温暖的陪伴和力量，来自与孩子建立了良好的亲密关系。

在孩子遇到挫折的时候，父母和孩子站在一起，并肩战斗。再痛苦的挫折，再大的委屈，孩子也能够战胜，而且能在家庭温暖和爱的滋润下，迸发出更大的能量，从而创造新的奇迹。

人本主义心理学家罗杰斯强调咨询过程中对于来访者无条件接纳具有重要的疗愈意义。这一思想来自家庭观察,"无条件的爱"对于每一个人的健康成长都是不可或缺的条件。而它只有在家庭中才能正常获得爱的能量。

孩子无论是诞生、领养或过继成为家庭新成员的时候,无条件的爱就像空气一样对她/他的健康成长必不可少。这种爱是通过言语和行为的积极、光明、正性的方面对孩子关注、回应和支持。当孩子获得了更多的无条件的爱,就获得了生存和发展的勇气和力量,他们因此会成长出爱的能量和承担社会责任的能力。在获得足够的爱的基础上成长起来的孩子,阳光、积极、有担当、有使命。

有观察研究发现,多数父母对于刚出生的婴儿的照顾和教育都相当于教育家,给孩子无条件的爱和及时的积极回应。而到了孩子上学、有了考试分数和名次,以及到了青春期的时候就会忘记了,或者说就很难做到了。父母失态表现增多,有的会产生过渡的爱(溺爱)和缺失的爱,这些对孩子都可能造成创伤。

本文的故事让我们看到和学习到如何恰当而又智慧地爱孩子,这是每个家庭都可以有的故事,当然情节可以有不同的脚本和不同的演绎。

陶新华

第二章 温暖教育有智慧

好好说话是人生第一步

在我的家庭教育实践中,我深有体会并且认为最为重要的第一步就是"好好说话"。一般人们会对外人习惯性地本能地克制,十分注意说话时要好好说,因为知道别人不会包容原谅自己。但其实最需要好好说话的永远是我们所忽视的家人,而家里也是我们最容易随便说话、发脾气伤人的地方。其实无论是亲人还是外人,不好好说话都会使他人伤心难过。所以无论是对外人还是对家人,我们都需要好好说话,好好说话是需要从小培养的一种修养。

组建新家庭时我就发现,9岁的女儿常常不"好好说话",她习惯开口就大声嚷嚷,不仅对我,对她最爱的爸爸也如此,辅导作业时父女俩总是吵得面红耳赤。

第一次给女儿辅导作业的画面我至今印象深刻。"这个题怎么做啊?闫阿姨,快过来给我讲这个题。"听到女儿在大声呼喊我,我立刻从厨房跑到女儿面前。女儿把书推到我面前:"讲这个题。"我俯下身子快速阅题,大脑飞转找到答案,顺势我又看下前页,想看看教科书中如何解答此类题,好在我的讲解与教科书的思路方法保持一致。但女儿立马阻止,她很不耐烦地用手指使劲点着那个题吼道:"你翻什么翻啊!就讲这个题,快点!"我只好应着:"哦,好,好。"这是四年级的数学题，不是很难，我不想直接讲答案，想启发孩子自己动脑思考解题过程。然而，我刚一开口讲了两句，就立即被打断了："那就是用乘法？""哦，不能先用乘法，你想想，前面一排桃树……"我还没讲解完，女儿皱着眉又插话了："那就是除法。"我轻声解释："咱们不能直接用除法，两种树是不一样的……"女儿更不耐烦啦："那就是加法减法了。""嗯，你先别着急……"我刚说几个字，女儿立即叉着腰站起来，暴风骤雨般地火了："不是乘法不是除法，不是减法加法，那到底是什么法啊？哎！你到底是给我讲还是不讲？"在女儿的激烈言辞中，我一时不知所措，我搓着手说不出话来，正在此时门开了，爸爸下班回来了。

但是，这样的场景父亲也难以应对，开始了激烈的父女战争，两人声音都是高八度，震耳欲聋。这种场景经常出现，我既不敢参与，更不能阻止。平时女儿也是习惯高声讲话，我在心中思索，如果不好好说话这个问题不解决，就预示着这个家的所有问题都无法解决，我一定要让女儿改掉这个坏习惯。是什么原因导致这样的？怎样解决呢？为此，我和丈夫讨论，丈夫认为，孩子都会吵闹，吵过又会和好，没关系。这终于让我看到了问题的症结所在是家长。吵得快好得也快，就没关系了吗？那还要文明修养做什么？发展下去的后果是孩子无法融入社会！

后来我与先生深入分析，跟婆婆沟通，他们认同了我的观点，愿意合力改变。原来改变孩子的不良习惯，应该先改变大人自己，改变孩子的生活环境。我相信榜样的力量可以影响女儿，我率先在家里建立温暖讲话氛围，以此影响带动女儿低声讲话、温暖沟通。

我的做法就是说话低声点，女儿还高声，我也低声，并且把她说的事尽心尽力做好。我请求我的先生以及我的婆婆都像我这样做，而且我们天天坚持，任何情况下都不高声说话。我请先生率先做出改变，当女儿高声时，不需要制止她，这样只会适得其反，孩子会更加气愤，用心理学的角度来解释就是逆反心理。我们一定要做好示范，从而影响带动她。

试想，一家四口有三个大人都轻声讲话，久而久之，女儿也会开始习惯轻声讲话。事实证明这个方法很有效，把女儿的问题解决得很好，女儿心情好，顺势也产生了改变。在良好的家庭氛围影响下，不知不觉中，女儿也开始温柔讲话了，有一天我抓住机会表扬她："女儿，你现在讲话越来越好听，越来越温柔，你真是个小淑女呢。"女儿说："我本来就是个小淑女呀。"

从此以后，女儿就以这个讲话标准来要求自己。多年不好好说话的这个毛病，就这样简单而快乐地得到了解决。我的先生和我的婆家人都非常惊喜。

如今我用这个办法帮助了许多家长，家长们的反馈效果大多非常好。但也有一些家长表示难以坚持，总忍不住吼孩子和说教。每逢这时，我都会告诉家长，以高声压高声是肯定行不通的。假如我从一开始就这样对女儿说："你不要这么大声说话，这样是很没礼貌的。"虽然这句话本身没有错误，但哪怕我和颜悦色地轻声和女儿说，她也必然会出于孩子叛逆的本性反击我。事实证明，有效的教育并不是说教，哪怕是正确的话，在不正确的时间说也是错误的，我们应该学会身教。

朋友说："你可真是好性格啊，要是我的孩子上课回来不会做作业，还这样嚣张，我一定会生气动手。"我笑着说："动手过后呢，他会做题了,还是问题解决了?结果一定是问题更复杂了,亲子矛盾更大了。你这绝对是大错特错的做法。"在此我还想讨论亲生父母与继父母的区别之一也在这里,如果我对孩子动手,那我将永远失去这个女儿。当然对亲生儿女也不能动手,亲生儿女也会受到心灵的重创,会有后遗症。但我们处在非亲生亲子关系中,一定要更加爱护孩子,理解孩子内心的不安全感和排斥感,他们永远是父母感情崩溃中最大的受害者。我们也一定要明确我们教育的目的,我们是为了解决问题,教会儿女解决问题和处理矛盾的方法,绝不是单纯为了我们自己出气。

我家女儿之所以多年习惯性高声说话,是因为她父亲不希望女儿这样吵,想压住女儿不要吵,结果是他越高声,女儿还会更高声。不知不觉形成了这种状态,是一种习得性情绪。另一方面,孩子习惯大吵也是家长造成的。因为孩子最开始一定是有问题求助家长,家长没认真对待,她不服就有气,就会高点声音,家长不理会嫌烦则再高点声音压制她,她当然就再高声,所以形成了这种恶性循环。由此可见,有些子女会高声训斥父母是因为父母就是这样高声训斥他们的,父母把孩子训练成这样,让孩子误以为这就是人与人之间正常的沟通方式。

而我们组建新的家庭,重新建立规则,开创温暖的交流方式和家庭氛围。我们不仅要善于轻声细语,更要把孩子所说的每一个问题放在心上,积极解决,对女儿的苦恼或情绪真正地以孩子的视角去设想、去理解、去安慰她。父母对孩子说话不在于高声,而在于能否理解孩子,是不是给予了孩子所需要的帮助、鼓励和指引。

在这个问题的解决过程中,作为继母的我收获了女儿的信任和丈夫的钦佩,我们之间的关系变得更加亲近,最重要的是女儿开始给我机会让我去爱她了。我们由此得出一个结论:孩子是可以改变的,关键是父母先改变。家庭教育就是生活教育,是一个愉悦的过程。再次强调:真正有效的教育,其过程一定是愉悦的。孩子不是听父母如何说,关键看父母怎样做,孩子就会学着做。

一个家庭必须建立文明礼仪和必要的规矩和秩序。许多父母在家里做不到,在公共场所父母大声训斥孩子也时有发生,有的孩子默默反抗,有的孩子大声对抗。可以肯定的一点是:孩子就是这样学会了吼叫。

说教不如身教,父母是孩子的榜样,父母的思想信仰、道德品行等方面,对孩子的成长有着潜移默化的影响。在孩子的教育过程中,任何争吵与责骂都解决不了根本问题。从我的亲身经历可以清晰地看到,父母的问题解决了,女儿的问题也就解决了。

孩子的问题正是家长的问题。教育孩子,正确的理念和方法最重要。尤其是重组家庭,更是身教重于言教。父母各方面都做好才能让孩子信服和尊重。好好说话是做人的基本修养,是与世界交往的重要素质,必须从小注重培养。

有一种教育叫闭嘴,即便是真理也不要对孩子唠叨,父母做出正确的示范才最好。真正的有效的教育,是孩子心悦诚服,这必是愉悦的过程。

插红旗与画红花

家家有本难念的经,重组家庭就更难,婚姻破裂让父母的情绪和心态都已不在状态,孩子更加感觉天崩地裂,甚至怀疑自己是不是应该出生。孩子的苦无处诉说,只有通过哭来发泄,我家再婚生活也是这样开始的。家里凭空多了一个女人,女儿无法适应,每一件事情都让女儿想不通而气愤不已。

女儿从小就跟爸爸亲,形影不离,因住房紧张父女俩多年睡一张床,一直到她9岁时,才终于拥有了第一套新房,爸爸还专门给她做了一张小床,也就是说,即使我不进入这个家,女儿也不能和爸爸睡一张大床了,而要独自睡自己的小床。

说服女儿和爸爸分床睡本就是一个难题,而搬新房逢新婚,家里来了一个女人和爸爸同睡大床,让女儿去睡小床,这就更加难了。

按女儿的话说就是:"突然来个外人天天吃我家的饭,坐我家的椅子,睡我家的床。"本来爸爸是她一个人的,可是现在又有人来分享,她怎么能不生气哭闹呢。女儿愤怒至极想不通,为什么自己多年和爸爸睡一张床,睡得好好的,现在却让给了另一个女人,自己则被赶到小床上独睡。她为此大哭不止:"你们都是骗子!说什么女孩大了不能和爸爸睡一起,那阿姨也是女的,为什么她能和我爸爸睡一起？你们就是欺负小孩子的骗子！"小孩子不能理解认同大人的世界，她认定，这一切都是这个阿姨害的。

考虑到照顾女儿方便，我们和女儿挨得很近，大床小床仅一门之隔，可两床相望。

崭新的小床铺得松软，装饰得美丽，但大床依然是女儿的热切向往。寒冬腊月屋里和外面一样冷，每天清晨天还没亮她就匆匆跳出温暖的被窝，三步并作两步地跑上前，"咚"的一声撞开虚掩的房门，"啪"的一声打开我们房间的大灯，然后一屁股坐在我的枕头边，再慢慢地梳头……

并排睡着的两个大人睡眼蒙眬地望着女儿，既尴尬又好笑，但又能说什么呢？索性房门从此不关，免得被突然吓醒。可是站在女儿角度去想，她的内心是多么痛苦才会如此冒着寒冷、起早跑过来呢？

其实，这也是女儿的维权行动，我床头那个梳妆台是她爸爸为新居定制的，女儿长得漂亮，也非常爱美，一直认定这是爸爸专门给自己定制的梳妆台。所以，她每天清晨就要第一个占领阵地，彰显她的主权。绷着小脸端坐着，对着镜子左照右照，把她的短发梳过来梳过去，一遍又一遍。

在这种心境下，女孩就更爱哭了。女儿哭的理由很多，每天必哭，什么理由都可以大哭。比如说橡皮掉地了，女儿大声地哭叫："阿姨，快来啊！我橡皮不见啦！快点。"我忙关上煤气跑去帮她找，后来我趴到地上帮她在她脚边找到了。坐在桌前的女儿破涕为笑："原来在这里啊！"我在想，每天都哭，总百依百顺哄着她也不是事，如此下去，孩子的未来会成什么样？我要怎么帮助她改变？

两个月过去了，我顺着她，观察着她，后来摸到了孩子的特点和脾气，知道了女儿有一个优点，就是很有上进心，学习很认真，在学校表现很好，也很要强。但她是个急性子，什么事情只要她想做，就得立即做，做不好做不到就立刻哭或发脾气，而且任何人绝不能跟她讲一个"不"字。

在女儿没有接受和信任我的情况下如何帮助她改正缺点是个大难题，因为我害怕错误的方式让本就敏感的孩子更加受伤。怎么能在这种不被女儿尊重认可的状态下帮助女儿改正缺点？婆婆也说："她从小就有哭闹的毛病，改不了的。"多年的习惯了，我能够改变她吗？但我决心试试，我不相信不能改变，毕竟孩子只有9岁。

经过反复思考，我想到了好办法，我用A3纸精心设计了两张精致漂亮的考评表，用红、绿、黑三种颜色手工画成，有日期，有项目，有说明，标题是漂亮的仿宋体。然后再找到一个女儿心情好的最佳时机与女儿聊天谈心，做到了"备好课再谈话"。

一个阳光明媚的下午，我拉着女儿的手告诉她："不论是大人还是小孩子，每个人都有缺点，每天都是在克服缺点中不断进步成长的，而且需要别人帮助。阿姨是有不少缺点的人，你愿意帮助我克服缺点吗？"女儿高兴地说愿意。

于是我很神秘地突然拿出一张考评表。

女儿从来没见过，因此摸着这漂亮的表格两眼放光非常惊喜："哇！这是什么啊？你写的字好漂亮啊！"

我给她介绍我的考评表，让女儿每天考察我，看我有没有做错事？如果没有，就给我画一面红旗。我郑重地在监督人栏中写上女儿的名字，让女儿行使监督权力。女儿兴奋极了，捧到手上看了又看，我们两人欢呼着把考评表贴在我的床边。

然后，按我事先的思路，我又问女儿有没有缺点，愿不愿意改。她必然表示愿意，我又亮出一张更漂亮的考评表说我也愿意帮助你，我们俩相互帮助，让我们的缺点越来越少，然后都变成很优秀的人，你看好不好啊。女儿很开心兴奋地答应了。我对女儿说："9岁的女孩每天哭闹，不利于健康还有损形象，你的考评表是画美丽花朵的，只要你一整天不哭就能得一朵小红花，如果还有好的表现，再奖励一朵小红花。我还要把你的进步情况跟班主任老师汇报。"女儿很愿意，我们两人开心地一起把这个表贴在女儿床头。

女儿兴奋地在两张漂亮的表格之间跑来跑去，看了又看，比较它们的不同之处，迫不及待想亲手画上红旗，让她的表格开满红花。

在接下来的日子，因为女儿的生活中有了权力和责任的具体目标，她切实地感受到被信任、被重视、被关爱，便有了一个突然的转变，像一朵被阳光宠爱的春花正积极孕育，就要灿烂地盛开！

女儿真的非常认真地履行职责，一天都没有忘记，我当然也表现优秀，每天都得到了女儿给我画的红旗。然后，女儿拿着笔，很乖地站在我身边，用很期待的眼神望着我："该给我画红花了吧！"一整天，女儿都很注意自己的言行，不哭不闹，争取自己得到红花。

生活翻开了崭新的一页。

女儿每天都在兴奋与快乐中，保持一种积极向上的状态。我们母女俩每天都密集交流，有生活中的小事，有学校的趣事，哪件事做得对，哪件事做得不完美，我们俩互相鼓励，互相帮助。

当夏天的花热烈绽放的时候，女儿在多方面有了变化和进步，展开了更美丽的笑容。我告诉女儿，她的笑容是最美丽的。她感受到了真正的快乐，心灵花园盛开了鲜花！每天哭的毛病彻底地改掉了，这个表执行了两个月,收到很好的效果。后来就不需要了,因我们母女俩相互交流鼓励已成为习惯。

女儿奇迹般地改掉了哭闹的习惯,让我婆家所有人都很惊喜。同时我们母女关系有了质的改变,女儿对我的误解和敌意逐步减少,不仅越来越少地为难我,而且开始佩服我了,她有什么事都会首先找我,而不是找她爸。以前是她离不开她爸,现在已是一天都离不开我了。

女儿感受到了被尊重、被信任,也被深爱着,自己在家中有地位,可以监督帮助家长,也明白了自己只有改掉了缺点才会健康成长,更加优秀。所以,女儿改正缺点的过程没经历批评,没有说教,更没有争执,只有兴奋、愉悦、欢声笑语。

在很多人看来,这件事是不可能做到的,孩子不仅哭闹无常,还强烈反感继母,继母自己在孩子面前都没地位失去尊严,说话办事都得小心翼翼,你还想纠正孩子的缺点吗?而且在很短的时间内成功解决问题。很多亲生孩子也是这种哭闹情况,家长都束手无策,被气得吐血、焦头烂额也改变不了。

但在我家,孩子完全改变的确是真实发生了,为此,我还以《画红花与插红旗》为题写成文章发表在2003年的《今日女报》上,介绍了这个方法。

总结这个教子案例之所以成功,原因有三个方面。第一是抓住孩子上进心强,想表现好的优点去鼓励她。第二是选用一个孩子从不知道没见过的新奇方法让她喜欢并吸引她。第三是最重要的,把她放在与父母平等的位置给予权利,先让孩子考核父母。这一条可以说无论多么不服管的孩子都会愿意配合,而且会兴致勃勃地参与。

父母必须严于律己，有素质有学识让孩子敬佩，要求孩子做到的，自己首先做到，主动接受子女的监督。父母们必须懂得成长本来就是两代人需要共同面对的，绝不只是孩子需要成长和监督。

这里有一个关键点要特别强调，假如我当时只画一个表考核女儿就会行不通，而且会适得其反，她会反感大闹，会认为这是继母想管住她监视她的花招，这正是她一直担心的。所以，插红旗与画红花缺一不可，必须把权力和责任同时给孩子才是正确有效的。

从这件事，我们可以乐观地看到再婚家庭的亲子教育有它有利的方面，比如：新奇方法、新生活的转折点。有素质的继父母对非亲生孩子会克制包容，这种克制反而走近了正确教育法则——冷静备课想良方，而不是盛怒之下教训儿女。

当然，我们原生家庭更有血缘亲的优势，只要父母做到持之以恒地克制和耐心，便更容易收到好效果。

但亲生父母常犯的错误就是自以为是、高高在上、过于自恋和自信："我生了你养了你，你就应该听我的。"这样就把事情彻底搞砸了。孩子并不因为你是亲生父母就必须听你的，还是要看你的言行是否正确，是否可信。

总之，无论是原生家庭还是重组家庭，有一个铁的事实就是孩子是可以改变的，越早改变越好改变，关键是父母做好自己提升自己，学到正确的教育方法，让孩子重新认识你、佩服你、尊重你。

重新组建的家庭必须建立温馨亲和的家庭氛围，给经历过悲剧家庭的孩子更多的温暖，孩子会变得更优秀、也更快乐。

"备课谈话法"有奇效

近几年我到各地做家庭教育讲座，传播爱的智慧，我的一个沟通方法特别受欢迎，就是"备课谈话法"，我用这个方法帮助儿女效果很神奇，百用百灵无一失败。家长们学到后认真去实践应用，普遍反映行之有效，立竿见影。

什么是备课谈话法？就是孩子出错了，我们帮助解决，就要备好课再谈话。经过深思熟虑，写好策划案，先谈什么？再谈什么？家长负有什么责任？孩子负有什么责任？拟出今后具体的改进方法。还要选择彼此最好的状态，合适的时间，合适的地点，总之做好充分的准备，再和孩子交流，平等、真诚地沟通，必然会取得好的效果。

而家长常犯的错误是看到孩子出错了就火冒三丈，立马劈头盖脸一顿批评训斥，这样势必让孩子反感，和家长争辩对峙，这是最愚蠢的做法。孩子不会改错，家长的威信尊严扫地，亲子关系更恶劣，所谓熊孩子就是这样培养起来的。

我怎么想到用这种备课谈话法的呢？其原因之一，我们刚组建重组家庭不久，女儿有个适应过程，加之女儿在溺爱中长大，比较任性自我，促使我学习用更温暖有效的办法帮助她。因为我们的目的是解决问题，帮助孩子成长，光动机正确没用，动机与效果要达到统一才是最好最有效的方法。

例如，当时我9岁的女儿特别爱哭，任何小事都能让她哭，婆家人一直拿她没办法。这类情况会让所有家庭烦恼，为此我容忍观察了多日，又思考策划了两个星期，费尽心思备了课，还做了两张考评表。想好了每一个细节怎么样应对，问题都事先考虑周到，再耐心和孩子温暖交谈，所以一次性解决非常成功。后来我一次又一次尝到备课谈话的甜头。事实证明孩子都是非常善解人意，很讲道理的，愿意生活在温暖中并成为自己生活的主人。

正如孙云晓老师所说，家庭教育的本质是家庭生活教育。生活教给我们学习，生活教给我们改变。

每个家庭生活状况不一样，方式方法也就不同。人际关系心理学研究认为，帮助他人的一条重要途径就是先悦纳他人。具体地说，就是先调整好自己的心态，承认个性差异，看到对方的优点，有同理心、共情心，用心思考如何有效沟通，耐心帮助。

所以，可以参考我家用备课谈话法去帮助孩子：

第一，必须要解决的问题就是接纳孩子，悦纳缺点，共情，情感上贴近孩子，思想认识到位了，才有良好亲切的态度对待孩子。

第二，父母要做到身体力行，做好榜样，要求孩子做到的，自己先得做得更好，尊重并信任孩子。

第三，找到孩子的优点，比如说女儿上进心强，据此设计相关项目。所以我设计了考评表，只要女儿不哭，我就给她画一朵红花鼓励她。根据她上进心强的特点，我预测女儿百分百愿意参与。这样才有信心进行这场谈话。

注意，一次谈话就只解决一个缺点，因为讲的缺点多了会打击到孩子，影响其改正缺点的信心和热情。所以这张考评表只解决女儿哭的问题。

第四，完善方案公平、公正。以女儿性格及继母身份，仅考核女儿，她会反感，觉得是管束她，所以必须贯彻平等的原则，从父母自身找问题一起参与考核。我家是我一张表格，女儿一张表格，这是一份尊重和平等，女儿才开心。尊重、平等、诚恳，是这次谈话活动的关键。温馨提示：表格要画得新颖漂亮，有仪式感，吸引孩子喜欢。

第五，谈话内容要进行过程设计。谈话三部曲：首先吸引孩子重视，给孩子好感；然后客观地（包括自己在内）指出不足；最后是讨论改进办法。给孩子的突出感觉是家长认可赞赏他，帮助他变得更好。注意，不能空讲大道理。

举例说，为解决女儿刚出现的不说实话的问题，我开场白用的是直接询问法，对已有答案的问题故意询问：女儿啊，一直以来，你无论出了什么小错大错，我有没有打骂过你？有没有对你发过火高声讲过话？女儿必然说没有，那么对女儿的错误就可以直接提出了。女儿也会非常地认同接受，且会呈现不好意思的效果，并不是一般家长批评孩子让孩子生气愤怒的状态。

第六，选择最好的时机、时间、环境很重要。好时机是孩子出错不太久的时候，选双方心情好状态都好的时候，这个时候人更理性，更容易接纳别人的意见。

选择时间最好是没被别的事情所打扰，而且是一段完整的时间，不能在孩子身体不好的情况下勉强谈。不能在进餐时、上学上班前或睡觉前匆忙谈。总之，不能在孩子分心走神、状态不佳的情况下谈。要一次性顺利谈完，不能谈了一半，下次再谈，等于老调重弹，没有吸引力了。

地点选择也很重要。地点要很安静，让孩子能很专心，旁边不要有干扰，不能显得很随意，而是很正式，让孩子知道妈妈很重视这件事。

第七，真诚地信任孩子，共同制订改进方案。妈妈要事先想好非常具体的办法，但不要直接下命令式让孩子照做，此时应该是与孩子一起讨论商量的口气，启发孩子说说自己的想法、方案，如何改进，怎样做更好。

还有一点不能忽略，是家长示弱，即应有的虚心学习的态度，告诉孩子："妈妈同你谈话，妈妈也能学到知识，你变得越来越优秀，你也能帮助妈妈，你觉得妈妈现在有什么方面需改进吗？我也想做一个最好妈妈……"

这是让孩子理解：妈妈信任你，妈妈也需要帮助，大人孩子都有缺点，都需要不断改正，你有能力帮助大人。这样，孩子就会更有信心修正自己的缺点与不足。

备课谈话方法简单明了，但几个重要环节全部认真做好才行，一个环节做不好可能就前功尽弃。

做好充足的准备和孩子沟通，态度真诚。这样，既可以帮助孩子改正缺点，又可以获得良好的亲子关系，使大家生活在愉悦幸福的家庭氛围中。

再婚家庭非血缘关系，孩子又在敏感期，如果继母指出孩子缺点方法不当，孩子反感拒绝，会直接影响母女感情，孩子问题解决不好，家无宁日。所以，再婚家庭学习爱的智慧很重要。

备课谈话法非常有效，是现实生活家庭实践多次证实的有效做法，并非空想的理论，但又恰恰符合以柔克刚的哲学智慧。老子在《道德经》所言："天下之至柔，驰骋天下之至坚。"意思是指天下最柔弱的东西，可以驱使天下最坚硬的东西。

在家庭生活的矛盾中，如果孩子出错，如果孩子在愤怒中，家长也气愤地回击或攻击，两者硬碰硬，只能两败俱伤。

当时女儿的特殊状况，只能用这种柔软办法备课谈话接近她、帮助她。备课时花费心思把这件事想通，站在女儿的角度考虑，也就更理解女儿，更贴近女儿的心。所以每次效果非常好，她的缺点克服得干净利落，不再反复。关键是每次谈完话，都是女儿最开心的时候，她因此一整天都会心情特别好，因女儿感觉不是我批评了她，而是感受到我对她真的关心和信任，感觉我真的很爱她。

事实再次证明，有效的教育，其过程一定是快乐的。

我们初建家庭时，人们都担心这女孩该怎么管，但结果只几年工夫却让人们看到惊喜："小女孩完全变了一个人，多好啊，你是怎么做到的？"

我正是用这个"备课谈话法"一个个解决。没有一次打骂，甚至没用一次高声就圆满解决。女儿从没有反感，而是欢欣，我们共同全情投入谈话，开开心心地解决问题。不仅如此，我们时常会感动地一起流泪，聊着聊着，我们会拥抱在一起，母女俩的心情都特别愉悦。而且每次谈话过后，我和女儿的感情就上一个台阶，真的非常神奇。这在一些家长看来是难以置信的，因为他们一提孩子的缺点就会鸡飞狗跳。其实女儿之前也是如此，一个不字不能讲，没人敢惹，她会瞬间变脸哭闹。女儿的堂姐也曾感叹女儿完全变了一个人，并为之欣喜夸赞，我笑问之前是什么人呢？她回答我四个字："无法相处。"

之所以分享我的教育心得，是因为我想告诉大家：如果我们重组家庭这么困难都能够做到，相信原生家庭更能做到，而且会做得更好。是的，请相信孩子吧，孩子比我们想象中更懂道理，更重感情。

可能会有父母认为自己生他养他已为他操碎了心，跟他讲话也得小心翼翼去备课吗？但我们想一想，再小的孩子都有自尊心，现在信息时代孩子又是多么的聪明。而我们想给小学生和中学生们布道解惑，只是随便开口乱讲，孩子怎可能会听。教育孩子是系统工程，这么重要复杂的事，父母不学习、不成长、不备课怎么行啊，有学识、有思想、有自尊的孩子怎么会服你呢？

其实，不仅亲子之间的沟通需要备课，夫妻之间、婆媳之间、同事之间的沟通都需要事先备课再谈话交流。尊重对方也尊重自己，有准备才周全，以诚相待，才能换得真心。

温暖教育，爱的智慧

常有人向我取经说你家关系那么复杂，对于儿子来说是原生家庭，对于女儿来说又是重组家庭，为什么儿女都教育得这么好，二孩家庭这么幸福，有什么秘诀？我说就是温暖教育，具体要做好这六个字：温暖、执着、引领。

有家长说：我家孩子三天不打，上房揭瓦，温暖教育怎么可以？我用事实告诉他，温暖教育才是最有力量的教育。我也结合实践进行温暖教育理论的研究，并于 2016 年出版了家庭教育专著。2017 年我撰写温暖教育专题论文，参加了由中国教育学会家庭教育专业委员会承办的"2017 家庭教育国际论坛"。其中我的论文《改变孩子，从父母开始——浅析"温暖执着地引领"在家庭教育中的作用》经评委组评审，非常荣幸地收录进《2017 年家庭教育国际论坛文集》，并正式出版发行，以下做简略介绍。

随着时代的发展，家庭成员的互动关系、结构特点更加多元，文化伦理、需求差异等多方面状况随之变化，家庭教育的理念和方法愈发引起社会的广泛关注。但万变不离其宗，家庭教育内涵离不开父母给予孩子滋养的关怀和引领。同时，父母更需要学习修炼，解决孩子成长中的问题。实际上，家长必须与孩子一起成长，才可成功引领孩子,从而实现全家人的成长与幸福。

作为一双儿女的母亲,30年的教育实践体会深刻,我总结的有效教育就是三个关键词:温暖、执着、引领。这三个关键词相辅相成,缺一不可,我称之温暖教育。

A. 温暖,教育是有温度的。即对孩子温暖有度,不是过热(溺爱)也不是过冷(专制),而是舒适的温暖。温暖也代表着爱、友善、尊重。

B. 执着,即始终如一的温暖,不是自己开心就狂爱,孩子出错就打骂发火。要坚持不懈地正念地爱孩子,同时执着坚决地纠正错误不放任,且方法智慧科学。

C. 引领,即不断学习成长的父母时刻以榜样为先,不是说教,而是身体力行的引领,本能做好自己及有意识地引领孩子。

我为什么致力于推行温暖教育?

一、温暖——关乎生命与灵魂的需求

(一)生命启程于温暖的环境。

幼小的胎儿舒服地生活在温暖的子宫里,这里所说的温暖是物理的,更是人文的。孩子既喜欢温暖的房间,也喜欢父母温暖的笑。婴幼儿童与父母间有着高度依恋的亲子关系,而温暖能让孩子更有安全感、更快乐,心灵健康地长大。

(二)温暖的家风为孩子奠定文明教养的基础。

孩子如同一张白纸,落入红色染缸是红纸,落入绿色染缸是绿纸,父母最先注入的品格修养最重要。家人温暖沟通、礼貌待人,会让孩子也学会温暖沟通、礼貌待人,从小奠定优良品德修养的坚实基础。两代人最密切的关系和最浓厚的亲情使得孩子本能地以父母为榜样，以父母的行为为准则。很可惜，有些父母没有认识到这一点，自身言行粗劣暴躁，让家中没有温暖，让孩子受到负面影响，而一旦发现孩子哭闹，又会发火打骂孩子。殊不知，这是父母先天遗传加后天面授，直接或间接传给孩子的恶习，这是家长的责任。

温暖言行是一个人的基础品行，做人的基本准则。文明修养无小事，从温暖的言行举止开始，修炼品格，尊重孩子，父母逐步走进孩子内心，密切亲情，父母和孩子一起快乐健康成长。著名教育家蔡元培曾在《中国人的修养》一书中说道："决定孩子一生的不是学习成绩，而是健全的人格修养。想要培养孩子健全的人格，家长首先要做的就是改变说话的语气和方式。"

（三）温暖地对待孩子是对生命的尊重，对灵魂的滋养和保护。

父母和孩子，都各自拥有生命，是平等的，应互相关爱、互相尊重。不允许父母高高在上粗暴地对待孩子，让孩子的心灵备受伤害。这样促使孩子也粗暴地对待别人，这种恶性循环、恶劣影响潜移默化，深刻而持久，对幼童及青少年的身心发展伤害极大。

非原生家庭与原生家庭的孩子又有不同。他们有过创伤的心更易受到伤害。单亲家庭的孩子因为母爱或父爱的缺失，更易在情商上缺少培养，更易不自信，没有安全感。重组家庭的孩子，面对新的家庭成员复杂关系手足无措，旧的伤痛忧愁还没有消除，新的矛盾担忧又向他们袭来。对新的家庭，对继父继母的不适应，又让他们平添苦恼。对这样的孩子，亲生父母、继父母只能是更加温暖地关怀之，才会让孩子走出阴影，快乐健康地成长，让新的家庭获得持久的幸福感。

（四）帮助出错的孩子，温暖的办法最有效。

孩子出错很正常，家长不必发火，理应心平气和地温暖对待。孩子在成长阶段，处于无知的状态，出错了不奇怪，为什么要焦虑发火呢？告诉孩子正确的做法就行了，一次没做好，再做第二次、第三次，总会做好的，要有耐心。以恶劣的态度对孩子，孩子就学到了恶劣，会把爱学习的孩子骂得讨厌学习，把爱钻研、爱思考的孩子的上进心和钻研精神扼杀掉。

孩子都是有上进心的，都愿意在学校受老师表扬，都愿意有同学喜欢自己，和自己一起玩。如果家庭氛围温暖快乐，家长温暖地鼓励帮助孩子，孩子则会增强自信，变得快乐、阳光、有亲和力，更加有进步的动力和兴趣。反之会认为自己不行，不自信。越没心思学就越不行，上进心被消磨。

温暖纠错，温暖方法甚至会发生奇迹。试想，家长在工作中出错了，希望上司温暖纠错，还是希望大骂狠批？答案肯定是前者，那么孩子就更需要温暖了。

我自己的经历更是如此。我新婚时，9岁的继女不接纳我，但我理解女儿是无辜的，是受伤的孩子，所以给了女儿最深切的爱和包容，同时关照女儿的心灵世界。最重要的，在这种极不利的情况下，我照样纠正她的错误，用的就是温暖纠错，孩子在快乐中改变。

只有温暖人心才能改变人心，高吼、训斥、管教永远也治不了女儿的缺点毛病。如果非原生家庭在如此紧张的亲子关系中都可以改变孩子的顽固缺点，那么原生家庭就更加可以做到。温暖的爱，好好地说，智慧地做，就会有神奇的效果。

二、执着——保障教育的质量与效果

（一）执着温暖地对待孩子。

温暖对待孩子，考好考差坚持不变，绝不能因父母心情不好、工作不顺或因孩子出错等变化而迁怒于孩子。表面说为孩子好,但实质是自己情绪管理不善,修养不够。父母应持久地温暖关爱孩子。父母变化无常,孩子就会无所适从,观念错乱。

温暖的执着,即不仅仅是耐心照顾好孩子的吃穿住行,更要关照到孩子的心灵深处,注入善美、智慧和力量,如阳光般温暖孩子的精神高地,让精神花园开放美丽花朵,培养出不仅可以绽放自己还能给予世界以温暖的孩子。

(二)执着地纠正孩子的错误。

执着地纠错,坚定不移不放任不手软。养育孩子也像种植西红柿,及时把分枝蔓打掉才能结出大西红柿,孩子出现这样的缺点那样的问题,必须纠,坚决纠,及时纠。孩子的问题纠正得越早,越好纠正,孩子受到的伤害也越小。

所谓及时纠错,不是发现问题就立即骂孩子,而是孩子第一次出错,就引起父母重视,花时间精力制订纠错方案,考虑周全,备课谈话,完善解决,把孩子的问题彻底解决在萌芽初期。

如果孩子第一次出错不纠正,孩子会误以为是可以做的事。如果孩子出错了,打骂孩子,只能让孩子更逆反,下次会再犯,只是做得更巧妙。

所以孩子犯错,不必发火,只要坚定执着地纠错且方法正确,孩子就会改变。

(三)执着是爱与智慧的坚守。

有效地纠正孩子的错误,需要真爱,需要智慧。我在实践中总结出一种非常实用有效的方法"备课谈话法",这种方法就是对孩子的每一个缺点都做一个策划案,备好课,再谈话。发现孩子的问题,不能轻易开口。一旦开口，就彻底解决。

以上各条都必须做到，才能保证谈话成功，孩子的缺点从此改变。我女儿的缺点正是用这个"备课谈话法"逐一快乐改变的，温暖谈话百分之百成功。

三、引领——教育的前提和关键

引领即父母的榜样引领，这是教育孩子的重要法宝。

（一）引领不易，孩子在看你怎么做，而不是听你怎么说。

俗话说："耳听是虚，眼见为实。"家长榜样最重要，如果孩子看到家长一句话不合就与路人打骂，那家长教导孩子待人有礼、团结同学不打骂，说得再多也白费了。

有一个公益短片的画面非常真实形象地反映了上行下效的道理。一位家中忙着做菜的单亲父亲看见儿子灰头土脸地背着书包回家来，便冲上前去揪住孩子耳朵拖进屋里，一路嘴里骂骂咧咧，突然闻到煳味，父亲才急忙松手跑回厨房。一直没说话任父亲咆哮、骂人、揪耳朵的儿子揉着耳朵慢慢悠悠地坐下，神态镇定，嘴里也小声骂咧着……

（二）父母要不断成长，才能跟上孩子步伐，孩子才会敬佩你、跟随你。

有些父母以为，我生了你，你就应该听我的，尊重我。可孩子却不这样想。一位初中女孩无意说了句话让我吓了一跳，她说："我们班的女生除了我没讲爸妈坏话，都讲爸妈坏话。""为什么？爸妈对她们这么好为什么还会讲爸妈坏话？"女孩为同学辩解："她们父母什么样子啊？哪像我的父母……"

原来孩子们对父母是有要求有评判的，而父母还蒙在鼓里，自我感觉良好。如今科技发展飞快、知识信息爆炸，父母有时还没孩子懂得多，素质修养还跟不上，举止粗俗，怎么可能得到孩子的尊重，让孩子听你的话？父母有学习习惯，孩子更爱读书。父母文明有涵养，孩子才知书达理。父母有学识、格局大，孩子才有规划、有远见。所以父母必须提升素质才有尊严，才有能力管孩子，引领孩子。

（三）改变孩子，先改变自己。父母以身作则才能有效引领孩子。孩子的问题其实是父母的问题。

比如孩子不好好说话，一定是大人说话时不注意，孩子跟着大人学的。这就如同家长讲湖南话，孩子也讲湖南话；家长讲上海话，孩子也讲上海话一样。父母如何表达观点也特别重要。下面是五组对比。

闭嘴！别哭了！——孩子，把委屈说出来吧。

怕什么怕！——孩子，有妈妈在，妈妈在这里。

快点快点！——孩子，还需要多长时间？

没长耳朵吗？——我相信你听到了。

这么简单还不会？——没有谁一开始什么都会的。

上面五组不同的说话方式带来的自然是完全不同的效果，家长好好说话就会有好的效果。

我们家女儿小时候不好好说话当然也是家长的问题，所以我当时就是从我们自身改变做起，任何时候对女儿都是轻声说话。无论女儿声音多么高跟我说话，我始终是轻声细语温暖回应，同时要求丈夫也这样做，家里形成了轻声讲话的氛围，只女儿一个人高声，便高不起来了。不到两个月，女儿也慢慢说话低声了，也能温柔地讲话了。父母的榜样引领就是这么神奇，女儿多年爱大吵大叫的毛病因此彻底改变，而且我从没对女儿批评一次。此案例说明，孩子出错源于家长出错，家长改变，不说教也能引领孩子改变。父母有爱，还需要会引领爱。

（四）引领需要高质量陪伴。

真爱孩子不是过度保护或过度干涉，更不是推给他人。陪伴包含身心的陪伴，书信往来的沟通。没有陪伴就谈不上引领，无法引领。身为父母，天职就是必须陪伴孩子，引领孩子健康成长，家中没有任何事情比孩子健康成长更为重要，所以父母没有任何借口可以把孩子推给他人。因此，如果你说挣钱重要，那只是你认为孩子没有金钱重要。如果你说工作忙没时间，只能说明你认为为孩子花时间不值得。

四、结论

温暖代表亲和、友善、尊重，是家庭教育的姿态和形式。执着代表毅力、信心和决心，是家庭教育的过程和方法。引领代表榜样、灯塔与目标，是家庭教育的宗旨和方向。

总之，父母温暖对待孩子是让孩子学会去温暖这个世界。执着纠错是让孩子成长得更健康善美。引领是父母为孩子的心灵打开一扇窗，让他看到世界的丰富美好；是为孩子内心种下美德的种子，让孩子明确责任，培养追求；是两代人并肩携手，父母和孩子共同成长！

《论语·学而》中有句话："夫子温、良、恭、俭、让以得之。"这是孔子弟子对孔子的赞誉。"温、良、恭、俭、让"也是儒家君子标配的五德。其中"温"字排第一，温和、温暖，这是做人的根本。一个不温和、不温暖的人怎么会善良、恭敬、谦让。无论是在社会还是在家庭中，都应该温和待人，稳重处世。有理也不必声高，再有学问、有地位也要平易近人。

实践证明，只要父母做好自己，温暖教育，温暖执着地引领孩子，孩子是可以改变、可以管好的。期待更多的父母帮助孩子快乐成长，获得幸福！

把坏习惯变成好机会

家长找我咨询,常常是因为纠正孩子的错误而闹得家里鸡飞狗跳,家长无法应对才无奈向我求助。我告诉家长,是你方法错了,所以效果完全相反,其实纠正孩子的错误正是建立良好亲密关系最好的时机。

刚刚组建再婚家庭时是最难过也是最关键的时期,无论是对孩子还是对大人都是如此。对孩子来说,家里突然住进个陌生人,孩子很反感。对大人来说,就是孩子与自己作对找碴,还可能有一些坏习惯。然而,身为父母就要有包容心,孩子如何任性也不要与其计较,必须耐心细致地照顾到位,让孩子感受到无条件的爱和关心。也可以说把这个阶段当作孩子的适应阶段、示好阶段,对孩子品行、习惯的摸底阶段,为建立良好亲子关系打下基础。

即使孩子做错了,也不要不看情况立即纠正。抓好时机这一点很重要。不立即纠正不是不管,而是为了更有效地管好。家长可以先不说话,平静地表现出不支持的表情,静观其变,再选择最好的时机,解决问题。

比如当时9岁的女儿,白天时刻要大人陪着,从早到晚寸步不离,每天晚上要陪到她睡着。那人们会说:"这么大孩子啦,这习惯不好,必须要纠正,不能溺爱。"但实际情况并不是这么简单,孩子的所有做法一定有她的理由。女儿很可爱,从小大家都喜欢她甚至溺爱她，也由于房子小一直同爸爸住一个房间睡一张床，所以睡觉一直是有人陪的，加之后来父母离异对她的伤害，以及父亲再婚让她更没有安全感，产生了逆反心理，要保卫自己的权益，保住在家中的地位。

大人觉得亏欠了她，也就更依顺着她，她便认为爸爸是她一个人的，不想别人夺走爸爸的爱。她这样做不仅是要陪她，主要目的是让我们夫妻分离。最初两个月她不允许我们夫妻有单独在一起的机会，也不能相互讲话，商量什么事情要通过她才行。

在众人认为9岁孩子睡觉还要陪这是坏习惯时，女儿已把此事当作一件很重要的大事，每晚都认真安排，隆重地宣布今天睡觉是爸爸陪她，还是让我陪她。其实她和父亲一起生活时，并不是非得每晚要拍着睡觉的，但父亲再婚了，她则把这件事当成了非要每天做好的大事了，一次都不能漏掉。她以此来表示她的重要，彰显她在家中的重要地位。

我完全理解女儿的心思，所以，我就不把此举当作错误的做法去反感和抵触，而是理解女儿，给她一个缓冲期，给她时间让她走近我。于是，我每晚都争取去陪女儿给她读书讲故事，陪她睡觉，借此机会与女儿相互了解，从中拉近与女儿的感情。同时，我们聊文学艺术、历史文化、古今中外名著传说、趣闻逸事等，无所不谈，丰富了女儿的内心世界，把坏事变成了好事。

从没有人给女儿讲述这些新闻趣事和科普知识，我引领女儿顺着书籍的台阶一步步看到了更广阔的天地，如同女儿的精神高地突然升起灿烂的朝阳，让她惊奇欣喜，对大千世界充满向往，心中溢满阳光。

果然，后来女儿总是主动让我陪她，她说因为她很喜欢听我说话，喜欢听我娓娓道来讲故事，我选择的文章充满正能量，我用阳光向上、善良友爱的情感故事感染女儿。那时候没有网络，我特意四处收集报刊书籍，总能找到她从没听过的故事让她听得入迷，她会跟着我一起笑，会随着我一起感动和流泪。

我常常讲那些感人的故事，讲着讲着我会流下泪来，也感染着女儿，让她的心慢慢变得柔软——善良女子背病夫再嫁并照顾婆婆的故事，让女儿知道家庭的完整和睦是人之生命所需；在困境中被老人收养的女孩为养父母养老送终的文章，让女儿懂得了养恩大于生恩，亲缘可以重于血缘……

每当夜幕降临，灯火阑珊中，有我为女儿点亮的一盏小灯，女儿床头这盏温暖柔和的灯照亮我们母女，也照亮女儿的心灵。

日子一天天过去，女儿渴望知识的心，在我这里得到了充分满足。在女儿看来，我无所不知，无所不能，女儿那被父亲全部占满的心房也一点一点为我腾出地方。慢慢地，女儿反而不愿爸爸陪她了，总喜欢和我在一起。女儿不知不觉依恋我、佩服我，对我有了好感，她不再管束我们了，我和先生也终于可以随便讲话和单独相处了，在家中我们夫妻的婚恋终于从"地下"转为公开啦。

我们母女俩白天也总有聊不完的话题，这与以前女儿带着怨恨的形影不离不一样，这是发自内心地喜欢和我在一起，我们的感情不断加深，加上她看到我怀孕后期肚子大无法在她床边久坐，晚上她就不再强制要求大人陪她睡觉了。慢慢地，我们的感情更好了。没有批评，没有哭闹，一个多年的习惯无痕而圆满地终结了。

现在回过头分析，如果继母一进门就提出孩子9岁了还要大人陪着睡觉是一个不良习惯，应该立即纠正，然后直接对孩子说她的习惯如何不好，不能像婴儿一样拍着睡觉，哪怕用最温柔的口气说，女儿也会非常气愤,甚至会哭闹。因她本身就反对父亲再婚,反感继母,又怎能听得了继母批评呢?

其实,无论是重组家庭还是原生家庭,都是同样的道理,不能不看时机去批评孩子,即使是出于关爱的目的,讲正确的道理,只要时机不对,就会产生不好的效果。

孩子的问题不是一天形成的,不可能一下子解决,尤其不能在继母刚进门时解决。如简单粗暴处理,不仅孩子的不良习惯不会纠正,反而弄僵了母女之间的关系。让孩子的心灵受到伤害,孩子会痛苦地认为:果然后妈进门我就没好日子过了,让本来就生疏的母女产生隔阂,为日后建立感情设立了很难逾越的障碍。

所以,每一个家庭的父母,都不要从表面现象去评说孩子的习惯,应该试着从孩子的角度和心理学的角度理解这种行为,顺应他的心理需求,去影响他改变他。具体到我们家,作为继女的她只是渴求一家人更多地关注她,给予她爱,给予她权利,证明她的存在。所以我应该满足女儿的需求,再去用正能量感染她,带动她改变。

事实上,所有的家庭,尤其是再婚家庭,父母要做的重点并不是纠正孩子的问题,而是努力做好自己,以良好的形象亲近孩子,走进孩子的内心,和孩子建立良好的亲子关系。

概括地说就是父母不断地学习成长,成为孩子的榜样,让孩子从心里敬佩,同时欣赏和鼓励孩子,丰盈孩子的内心。所有的父母包括再婚父母切记这一点:让孩子痛苦了,大人必然痛苦。

让我们重视孩子的感受吧,让孩子在愉悦中改掉不良习惯,让不良习惯促成良好沟通的机会,让孩子得到心灵的温暖和丰盈,让家庭和睦幸福。

你还是不像亲妈妈

对孩子应不应该打骂？社会上是有不同声音的，但我自始至终坚持不应该打骂孩子。首先我的原生家庭对我有良好的影响，我的父母从没打骂过我们四姊妹，我们都健康长大，各有成就，且孝敬父母，让父母很欣慰。

而在我 30 年的家庭教育实践中，我也从来没有打骂过孩子，不是忍住不打骂，而是没必要。尤其是儿子从胎儿起我就重视研究家庭教育，有了先天遗传加后天影响，儿子从没有发生过让我生气到需打骂的事。

我反对任何情况下打骂孩子，提倡温暖教育正面管教。有的家长不接受，认为孩子不打不成材。

我认为打孩子是家长黔驴技穷的表现，没招了只有打，把孩子的自尊打没了，把自信打没了，把上进心也打没了。这样的家庭环境往往造成孩子性格的两极分化：一是暴力暴躁性格，父母的暴力教会了孩子使用暴力，以为人与人之间的沟通就是要用暴力；二是懦弱性格，有些孩子经常遭受暴力，又变成了懦弱的人，习惯讨好他人……打孩子，我认为百害无一益。

有人会说："闫老师，你两个孩子很乖，温暖教育是可以的，我孩子没办法，不打不长记性。"我说不是，我的女儿之前也很固执，但我没打没骂，她照样改变了，而且是快乐地改变，改变得非常彻底，我们母女感情还上了新的台阶。所以说我的孩子不是不出错，而是我正确对待孩子出现的问题，用榜样引领温暖教育，以引导孩子不断进步成长为目的，家长和孩子共同成长。

父母好不好，孩子说了算。继母如何做才算做得好，才像亲妈妈，孩子时刻检验着呢。我的女儿一直希望我把她当亲生女儿，成为一个最好的妈妈，所以一直对我高标准严要求，对我有意见她会随时提出来。我们一直相处都很好，也得到了女儿和众人的肯定，我自信满满地认为我是她心目中的好妈妈。

然而有一天，女儿回来突然很认真地对我说："妈妈，我觉得你还是不像我亲妈妈。"这让我感到很诧异，于是问："为什么呢？"她立即直言不讳地说道："因为我好朋友的亲妈妈都会训斥打骂孩子，但你从来没有训过我打骂过我。所以，我觉得你还是没把我当成亲女儿，所以不像亲妈妈。"

听到女儿这样说，我只有苦笑着摇头了。原来父母打骂孩子的现象比我们想象得更严重更普遍，以至于孩子们都错误地以为亲妈妈就是会打骂孩子，这是很可怕的。孩子们因普遍都被打骂过，所以把打骂视为一种正常行为。于是我对她说，"打骂孩子才是亲妈的观念是不对的。"女儿一脸的迷惑："为什么？"我说："具体到你想想看，第一，我几次和你讨论过教育方法问题吧，我一直很反对这种错误的粗暴的教育方式，为此我还劝说过你同学的家长别再打骂孩子。你同学被父母打骂了，他们开心吗？更感谢父母了吗？"女儿摇头。"第二，你每次犯了错，我一找你谈心沟通，你就高兴地接受了，也改好了，那我为什么还要再打骂你呢？"看到女儿肯定地点点头，我笑着说了第三点:"话又说回来,打骂你,你愿意接受吗?依你的急性子,我哄还来不及,哪里敢打骂你?只要出现一次半次就彻底完了,哪里还有我们的今天,你说是不是啊?"

女儿立即不好意思地笑起来:"哦,确实是啊,我才不愿意被打骂,没谁敢打骂我。哎,也不是,我们班一男生就骂过我,不过我也对他不客气。"

女儿这么一说,也提醒我告诉女儿,父母不能打骂孩子,同学之间也不能以打骂来沟通解决问题。女儿说的事我印象很深,当时本是两个男生在教室里互相丢书,丢到女儿的桌上,女儿顺手就把书扔到地上,男生就过来骂。女儿是不怕事的,她哪能容忍别人骂她,气得上去就是一脚,把那个男生踢得蹲地上大哭。班主任直接打电话找我,告诉我女儿把男生关键部位踢了……

所幸经过检查,没有大碍,踢偏了,否则后果不堪设想!当时女儿还小,不知利害。但我深感害怕,那天我是流泪上门给男孩家长道歉的,男生的家长特别通情达理,告诉我去医院检查了没事,让我放心。

之后,我很慎重地约女儿谈心,告诉女儿为什么不能打人,暴力只会激发矛盾,是不能解决问题的。冲动打人的后果是什么?用什么办法沟通?和女儿讨论交流,从而让女儿舒心地接受我的意见,最终女儿心悦诚服,也再没有犯类似错误。

通过此事,女儿体会到我对她的真爱、负责和耐心,她说:"谢谢妈妈让我在这个家中始终感受到温暖,我比我的同学还幸福。"

总之,对孩子帮助教育必须讲方法,采用错误的教育方法还不如不教育。最有效的教育是身体力行,亲切温暖,相互尊重。

有一种妈妈叫姨妈

我有一个观点,有时会说给那些对孩子乱发脾气的妈妈,"对待孩子要像姨妈"。什么意思呢?就是像对待亲姐妹的孩子,很亲,但是要客气点儿。我提醒母亲们不要因为是生母就可以随意打骂孩子。

那继母如何对待继子女呢?有人说,就应该像亲生的一样,该疼爱就疼爱,该打骂就打骂。而我认为继母更加不能打骂孩子,也是要像姨妈那样,既关爱孩子又要客气尊重孩子,用正确的方法爱孩子,引导孩子。

关于继母像姨妈,在 1998 年上中央电视台《实话实说·继母》节目时,我就在演播现场表明了这个观点,当时虽然组建家庭才 7 年,但这一点已是我最真实、最深切的感悟。2014 年《婚姻与家庭》杂志采访我,记者写了长篇专稿《再婚女人的智慧:后妈应该像姨妈》引起较大反响,杂志第二个月还因此又追加了一篇后续文章。

亲生的有血缘,非亲生的没有血缘,所以在别人眼里完全不一样,在当事人心里也不一样。亲妈打孩子,孩子不会有别的想法,但后妈打孩子,孩子会记恨,在人们眼里就是下狠手,像崔永元在《实话实说·继母》节目中提到的人们的印象:"后妈打孩子,一下是一下。"

所以,"对继子女应该像亲生的一样该打就打,该骂就骂"这个观点完全错误。当然,在我的温暖教育理念中,父母本就不应该打骂孩子,不管是亲生还是非亲生都不能打骂。

有段时间,我的外甥来我这里上小学,他比我儿子大6岁,两个男孩都很乖从不打架,一直相处得很好。但是有一次例外,他们两个人都为同一个玩具争抢了起来。

我走过去微笑着打圆场,劝儿子把玩具先给哥哥玩,我哄着儿子说:"哥哥大些会玩,玩得快些,他玩完了就给你玩。"当时外甥9岁,我的儿子3岁,我把玩具拿给外甥,儿子还没开口,13岁的女儿就在一旁不高兴了,她嚷嚷着:"妈妈你太偏心,不公平,表弟比弟弟大那么多,不应该和弟弟争,可是你却护着大的,你太不公平。"

在我们家我一直鼓励大家畅所欲言,大人孩子平等对话,有意见随时说出来,所以,女儿直言不讳表达不满。

我笑着对女儿说:"好的,妈妈接受你的意见。"然后我抚着女儿的肩,把女儿带到一边:"咱们聊聊,妈妈给你说说我的想法,你看对不对。"

柔和的灯光下,我对正怒气冲冲的女儿说:"妈妈一直都是这样想的,两个孩子有争执,其中一个是自己亲生的小孩,做母亲的如果只护自己的孩子,责难别人的小孩,你说这个母亲自不自私呢?"

女儿立即回答:"自私。"

我拉着女儿的手说:"对于今天的事情,两个人都是小孩子,又不是什么大不了的事,虽然表弟大你弟弟几岁,但他的妈妈不在他身边,而把他托付给我这个姨妈照顾,你说如果我把玩具抢过来,对他说,还是给我的儿子玩吧。那他是不是觉得自己妈妈没在身边自己很可怜。你觉得呢？"

女儿看看我，沉默了。

我接着说："是的，他心里会很难过的，会想妈妈，所以，这种事我是绝对做不出来的。而且女儿你再想想，这样做是不是我一贯的做法。你年龄更大一些，但对你和弟弟争东西包括争玩具，妈妈不也是每一次都要弟弟让给你吗？三年来一直如此，对吧？"

女儿听了这话一下子愣住了，她看看我，然后眨着眼睛若有所思，好似在追寻并未远去的记忆。是的，虽然姐弟相差10岁，但每次他们争抢东西我都是劝弟弟让给姐姐，也是劝弟弟："姐姐会玩一些，玩得快些，她玩完了就给你玩。"有时候弟弟眼含泪水地把玩具给姐姐先玩儿……

女儿好像有一种恍然大悟的感觉，"当局者迷，旁观者清"用在此时最恰当不过了，女儿自己做时一点都不觉得有什么错，当表弟做时她就清楚地看到了问题。

女儿是懂道理的，也重感情，她被点醒想明白了，眼里涌着感动的泪水："妈妈，我知道你人好！你太善良了！"她流着泪一下扑在我的怀里，抱住我，我的泪也流了下来……

温暖的灯光映照着女儿青春的脸庞，我拥抱女儿："好了，别纠结了，我们就这样开开心心的，有商有量的，多好啊！"女儿开心地笑了。

最有效的教育真的就在生活的体验中。从这件事以后，女儿明显懂事了很多，知道了爱护弟弟，懂得了3岁与13岁的区别，不再把自己同弟弟混成同一个年龄。同时，女儿也更加理解和认可了我作为一个母亲的为人和品格。

如今让我重新选择，我仍会做出同样的选择。哪个妈妈不爱自己的孩子，我也爱，包括心疼儿子。但在重组家庭中孩子与孩子之间选择，我别无选择。

这也告诉我们，纠正孩子的问题，至少要注意两个方面：一是要冷静地对待，二是等待最好的时机效果才好。如果我当时简单粗暴地给女儿指出问题，那只会引起女儿的反感，非亲生母女一旦心有隔膜很难消除。当然回头想，在照顾大孩子的同时也应该注意小孩子心灵不能受到伤害。

孩子就像一块无瑕的玉，需要我们精心雕琢。母女之间心与心的交流是爱的圣地，是彼此之间的信任和尊重，尊重孩子很重要。有血缘的亲子关系也不例外，我深切体会到照顾好继子女最好的效果是继母对待继子女，更像是对待自己同胞姐妹的孩子，很亲，很爱，但又要对孩子客气宽容些。爱孩子时像亲妈用心爱，管教孩子时又要像姨妈讲方法。这样做，继子女感受到爱的同时其心灵不受伤害，更容易接受现实，感恩生活。这个过程是感动而欢愉的，这正是好的教育。

谁能让我托付女儿的一生？

谁可以让妈妈放心托付女儿的一生？

人生最大的一件事情就是找到一个好伴侣，这关系到人一生的幸福，没有任何事情比这件事情更重要了。子女到了青春恋爱期，父母有责任为孩子做好婚恋启蒙教育。

一旦选错了人，那么往后余生的每一步都将是错的。找丈夫帅气和有钱不是最重要的，最重要的是这个人的人品、担当和善良，以及他家庭背后刻在骨子里的教养。

我很早就结合自己的经历对儿女说过：人生两大支柱——事业和家庭。如果说事业不易，其实婚姻才更难。因为找一份工作如不合心，可再去重找，重找几次都没关系。但一个爱人没找好，离婚再去找，人心已凉，很难再暖。婚姻是每个人必须重视的头等大事。

我希望女儿将来有美满的婚姻生活，首先就是自己做好儿女的榜样，正面引领。为孩子创造父母和睦、幸福快乐的家庭生活氛围，父母的婚姻会直接影响孩子的思维观念。这种影响不是一两件事，不是一年半年，而是父母和孩子相处的每一件事，每一天，是一辈子。

我和女儿直接谈论关于恋爱的问题的时间比较早，因为女儿外出上学时才 16 岁，那时她聪明好学又长得漂亮，必然会有男孩子追求。可她在单纯的环境中长大，很多事还没经历过，很容易被假象所诱惑，根本背负不了这人生命运的大事。说实话我非常担心，但我没有和女儿唠叨过，而是经过考虑把握最好机会和女儿认真谈了一次。

我认为女孩找对象绝对不能只看男生对你好不好，给你送花、为你花钱、半夜给你买奶茶就是真爱吗？这些证明不了人品。一定要看男方对别人好不好？有没有责任心？怎么为人处世？怎么和家人、朋友、同事相处？怎么和陌生人相处？他交什么样的朋友？他闲暇时在做什么？……通过这些才能真正看清一个人。

越是渣男越会表演，最会走极端。热恋时他会对你极好，甚至让你感动得泪流满面，一旦变脸又会瞬间变成另外一个极端，极其地恶劣。这种人即使是痛哭流涕地道歉，你也要及时止损。当然，人人都有缺点，不怕对方有缺点，但是一定要远离不能控制情绪的人。这可不是你幸不幸福的问题，而是你的生命会不会受到威胁的问题。

当我送女儿去学校报到的途中正好遇到一相关事件，我立即和女儿一起讨论交流，让女儿印象深刻。

当时，我们在学校门口等公交车，看到一对年轻男女大声吵嚷、一路撕扯着走过来，两人看样子很年轻，没有到 20 岁，女生不让男生走，但男生非要走，烦躁地甩开女生向前走，后来女生甚至哭着用双手抓住男生的裤腰带跪在地上抱着他的腿，但还是被男生使劲地甩开，然后男生扬长而去，女生倒在马路上，鞋也掉了。可她爬起来穿上鞋又继续去追那个男生……

我问女儿，你看他们是什么关系？女儿说："一看就知道，两人是情侣关系。"我说："是的，而且关系已相当密切甚至可能同居了。现在男生要分手，女生与男生走得太近不能接受他离开的事实，但强扭的瓜不甜,可女生又能怎么办?只能和这个女孩一样无奈地被甩掉。"我问女儿:"你觉得这种情况女孩还有必要去追那个男孩吗?"女儿很干脆地说:"不必!"

我笑着说:"这我就放心了,因为你能这样回答,说明你压根儿不会发生这类事。任何时候女孩都应该有自尊和骨气。"所以,女孩子要学会自我保护,在恋爱这方面,一定要慎之又慎,看准人选准人,否则一失足成千古恨。

我虽然担心女儿,但也相信女儿经历过父母离异的伤痛,体会到了婚姻的重要,不会轻易选择爱人决定人生大事。

当然我也告诉女儿,恋爱不是洪水猛兽,而是一件非常美好甜蜜的事,像香甜的苹果一样,只是要在成熟的季节摘取,而不能过早地摘下,青涩苦口便是伤害,只有成熟的红苹果才美味香甜。只有自己成长为最好的自己,不仅有健康养眼的外在,还会以内在的学识、魅力、修养去赢得他人的爱和尊重。见面让人过目不忘,深聊让人信任、喜欢、敬佩……要做这样的人,也要选择这样的人。

在日常生活中,我们还会通过网络平台、通过书信交流正确的婚姻观,让父母的爱、信任和温暖一直围绕着女儿,给她足够的安全感、幸福感。上进心强的女儿明白我的意思,知道我不希望她在这所中专学校学习期间谈恋爱。于是,她在校几年把心思都用在学习上,学习一直名列前茅,年年被评为"三好学生",同时学习大专的自学课程,毕业时已经顺利通过了9门自学考试,完成了大专课程的四分之三,平稳地度过了青春萌动期。

女儿以顽强的毅力完成本科学业后走上工作岗位,她向我正式传来她恋爱的消息,女儿这时长大了成熟了很多,已到了谈恋爱的年纪，但社会复杂，我既相信她、为她高兴，也有些为她担忧，女儿是我们的掌上明珠，谈恋爱毕竟是人生一辈子的大事啊，女儿选择什么样的人才能让我们放心托付她的一生？我的心情非常纠结，但怎么说给女儿听呢？那夜我无法入睡，思绪凌乱，于是我坐在了电脑前，在那个微雨的夜晚飞快地点击键盘，一气呵成敲了满屏文字，然后发到女儿的邮箱。

亲爱的女儿：

看你从广州发来的邮件，一遍又一遍。点击回复，我轻轻地敲打着键盘，思念和挂牵缓缓地溢出我的心扉，凝聚在屏幕。夜雨和着早春的冷风，重重地敲打着窗户，敲打着我心灵的另一种孤寂，这是一份不期望理解的母亲的茫然与牵挂。

此时此刻，南方正是初夏的和暖，没有雨，也没有冷风，有的可是繁华街市的喧闹。而我最关切的，在那灯火辉煌高楼林立的包围之中，有一盏小小灯光。女儿，我看到了，我看到了属于你的那盏灯光，你一定还没有睡，你能听到妈妈心中那挥之不去的绵绵细雨吗？

期待女儿成长，是每一位母亲的心愿。你的每一次成长都曾在妈妈含泪的欣喜中走过。二十一个年轮，二十一个春夏，一切是多么不易，这只有我们母女才深深懂得。而你终成为妈妈骄傲的女儿，妈妈怎能不喜极而泣。

女儿，你是优秀的，你知道吗？你不仅仅在妈妈眼中是优秀的，你在所有人的眼里都是优秀的。初中毕业，你在我们整个市区的中考生中，考得第二名。那一年的高考，你又考得 625 分的高分。你没有得到心仪的学校和专业，但你坦然地接受了命运的挑战，仍在年级成绩名列前茅。你聪慧又懂事，从没忘记过母亲的生日，没有忘记过母亲节，你甚至"三八妇女节"也不会忘记送给妈妈一个亲手制作的卡片，写上对妈妈至深至真的爱。

今天想来，那时候，家与大学的距离并不遥远，长长的火车在我们的迎来送往中首尾相连。在温情的雨夜，在静谧的灯下，在宽敞的教室，在凝思的办公桌前我们弹拨心曲，遥寄相思，我们母女的通信足可编成一本厚书。啊，那些美好的日子清晰得一如昨天，只是无法在今夜一一拾起。

女儿，你的相片就放在我的手边，我看了又看，我漂亮的女儿越发秀气美丽，妈妈怎么也想象不到，南方一年，你蓦然长大，我无不惊讶，你说你找好了另一半。回想在熟悉的车站，当南去的列车载你远去，我分明是感到不同以往，那转动的车轮异常地沉重，像是载不动太多的担忧和离愁。于是，我有许多嘱托，但最终还是忽略了一个约定。

家与南方的距离还是太远。女儿，妈妈牵挂你，你是不是太年轻？你是不是太单纯？你是不是太不自信？妈妈牵挂你，谁可以让我放心地托付女儿的一生？真不希望女儿是在茫茫人海匆忙回眸的瞬间一见钟情定下终身。恋爱的季节虽是阳光灿烂，五彩缤纷，但婚姻的列车不打回头车票。妈妈牵挂你，你刚刚扬起人生的风帆，还没有定准人生的航向，就能确定下同行的伙伴？妈妈的牵挂不用理由，时常没有理由。

踌躇中走过生命里的人和事，才知人生艰难，还有什么比选择相守一生的人更为重要。我不能不对我的女儿挂牵，我希望这是多余的挂牵，我希望你真找到了自己的幸福。你是吗？

女儿，妈妈爱着你，妈妈伴着你，妈妈信着你，不论你走多远，不要忘记回家的路。妈妈会为你的幸福而幸福，也会无来由地担忧和牵挂，犹如这绵绵细雨不知落了多少年，还要继续多少年。

挂牵你！思念你！

女儿啊，记住回家的路，温暖的家永远是你爱的港湾。

因为我们母女之间文字来往频繁，所以收到我的邮件，女儿并不惊奇，只是此信关系女儿终身大事，字里行间满满都是妈妈的牵挂和爱，女儿非常感动，她告诉我，她很喜欢，真的找到了人生伴侣，让爸爸妈妈一定放心。

可我的心就是不踏实，在妈妈眼里，自己的女儿是最优秀的，应该找个最优秀的佳婿，眼下我不能说赞同或反对，我们相隔千里，对两个年轻人的交往尤其是对男孩子并不知晓。当然女儿才是有权利做决定的当事人，但我平时操心惯了，这么大的事情，我自然非常牵挂。

既然我无法安心，那我就亲临现场实地考察，我拉上我妹妹为伴，坐上了南下的火车，日夜兼程，一起去为女儿把关。作为准丈母娘在这种关键的时候，眼光是十分锐利挑剔的，但我还是一再提醒自己一定要客观理性。第一眼看到女儿的男朋友，与自己心目中的形象是有差距的，我们有些失望。可在我女儿眼里却不一样，她对着我们惊呼："他还不帅呀?!"我和她小姨笑了，小姨说："我算看见了什么叫情人眼里出西施了。"

但在后面的交谈中男孩给我留下很好的印象，原因是他特别坦诚，也不隐瞒他的缺点，没有故意讨好，更不是那种油嘴滑舌的人。他能吃苦，也很勤劳，做了一手好菜招待我们，虽只是四五道家常菜，但却做得跟餐馆的水准一样。这让我们给他加了分。他也知道我是继母，对我们热情招待也很尊重。通过接触，我看到了他的优点以及不足，然后和女儿交流，我说出我的初步印象和想法，最后仍交给女儿做决定。

我的观点始终是先看重人的性格、人品、责任心，然后看对自己是否是真爱，了解男方的家庭背景。我特别提醒女儿认清对方全部的缺点，每个人都有缺点，关键是这个缺点你可否容忍？如果婚后这个缺点更严重了，你可否还能容忍？

女儿做了认真的思考，最终坚持了自己的选择，我们夫妻也统一了思想，支持女儿的选择。当时，先生在外工作，虽然女儿女婿说不办婚礼，但我为了让女婿知道女儿是娘家的宝贝，让两位新人感受到我们的爱，我仍坚持为女儿筹办了喜庆的婚礼。

女儿婚后，我们更多的话题是探讨如何建设好家庭，处理好各种家庭关系，虽然远隔千里，但我们并没有因为女儿结婚成家而关系疏离，而是和女儿一起成长，见证了女儿的完美蜕变，从家里的娇娇女成长为一位有担当有智慧的母亲。如今她的两个儿子一个读初三，一个读五年级，在学校是好学生，在家是孝顺儿子，女婿勤劳上进有担当，一家四口非常幸福。

是的，儿女的婚姻大事父母应积极面对，无论是原生家庭还是重组家庭，父母都要倾心关爱不过界，正确引领不偏航。这关系到儿女一辈子的幸福以及全家人的幸福。

由此，我将体会归纳为三点：

一是儿女结婚包括继子女结婚不是亲子关系的了结疏远，而是建造了另外一艘舰艇，和父母组成了联合舰队，共同追求幸福。目标相同，各有航道。可以招手致意和增援，但互不干涉内务管理。

二是必须及时给青春期儿女传输恋爱婚姻知识，让孩子有正确的观念和认识，恋爱不走弯路，既不过分沉醉迷失又不惊恐害怕，使之从容应对，智慧选择。父母为儿女挑选恋爱对象提供经验，但要做到只关切理解不越界干涉，提前客观理性引导。

三是女儿一定要富养。通过读书富养心灵与眼界，通过修行磨炼富养情绪格局与气质。记住，真正的富养是了解自己灵魂的渴望，连接善心和菩提心，去追求思想的自由和心灵的高尚，因为人生最大的意义就是追求心灵的富足和生命的绽放啊！

男孩有担当，婚恋才幸福

经历十月怀胎，儿子顺利降生，记得我在坐月子的时候和先生聊天开玩笑："这几个月我身边的孕妇几乎全都生的是儿子，那以后我们家儿子找对象可咋办？"我家先生对儿子信心满满，得意地说："我儿子找对象啊，好办！那些对象排着队来随我选。"果然在父母眼里，自己的孩子是最好的。

我对儿子如何培养，当时没细想，现在经过不断学习才思路清晰，不过回头总结，情况较好没走弯路。比如说我们注重对孩子做人的培养，培养自我管理能力，从家务事开始做起，学会承担家庭责任，将来才可能承担社会责任。儿子的动手能力超强，当爸爸不在家时他会拍着胸脯，帮助我解决家中设施突发问题。

我比较喜欢体育，认为体育锻炼既磨炼意志又强身健体，所以经常带孩子运动，儿子打羽毛球、排球、乒乓球的启蒙老师都是我，孩子在不断的体育锻炼中健康成长。

我注重培养儿子的自信心和组织领导能力，鼓励孩子从小当学生干部锻炼成长，从中培养团队协作精神、包容心以及责任感。儿子从上小学到研究生全都是班干部。

在我家做得不够的就是爸爸参与教育与陪伴较少，有客观原因，但主要是重视不够，要引以为戒。

做父母的都希望儿子找个好对象。其实父母应该明白和重视提前做好的是，你先把儿子培养成品格优秀的有担当、有责任感的人，自然将来不愁娶，花香蝶自来。

儿子也十分争气，从牙牙学语到研究生毕业，1 米 83 的个头，俊朗的五官，在爱的温暖陪伴中幸福长大，爱读书，爱运动，善解人意，是妈妈的小帮手，在家从没让家人生气过，在外也很有人缘，儿子善良朴实阳光，妥妥一枚暖男，所有认识他的家长和老师都对他交口称赞。

我对儿子很信任，因为我一直陪伴在他的身边，彼此信任欣赏，生活在健康和睦的家庭中，不需要刻意去啰唆教导什么，耳濡目染他知道自己未来需要怎样的生活和人生伴侣。

上大学时有一次我跟他聊天，聊起儿子在校的交际圈，他有一套自己的观点："我喜欢和学长来往，从学长那里可以学到多方面的知识。有些学姐也可以交流，她们也可以给我指点和帮助。我还喜欢和学弟做朋友，对我的成长有激励作用，因他会佩服你，跟随你，积极完成你交给的事情。对学妹我一般是保持距离……"儿子说了原因，这里我就不复述了。

总之，儿子在外面交朋友我很放心。他这些思想观念的形成和原生家庭对他的影响非常有关。儿子成长在温暖和谐、欢乐向上的家庭氛围中，所以他积极热情，乐观自信。在婚恋问题的聊天中，我们也达成共识，一定要遇到对的人，因为相爱结婚。不善良、不孝敬父母、不懂感恩的，人一票否决。

在选择对象的问题上，看五官只决定想不想认识你，了解三观才能决定是否和你相守一生。

在他的成长过程当中,我没有逼他学习或是追求分数,没有逼迫他上课外班。因为我认为孩子的成长评价指标绝对不是高分,而是培养孩子强大的心智,健全的人格,完善的心灵,丰盛的情怀。这让孩子有能力正确对待婚恋问题,而且孩子的婚恋观与母亲的素质有直接的关系。在我的儿子告知我,他选定女朋友时,我更确认这一点。

那是2018年1月春节,他回家过年告诉我说:"妈妈,我确定了我的女朋友就是建平。"我知道儿子身边不乏追求者,但他选中了建平绝不是图相貌身材而是看重其内在:好学上进,懂事善良。

他当时跟我说的一句话,我印象深刻,一直记得。他说:"妈妈,建平好像您,好多方面都和您特别的像。"

当然,我相信,母亲绝对能影响儿子的婚恋观。我家的实践也证实:母子关系好,儿子喜欢妈妈,佩服妈妈,他会不知不觉地照着妈妈的样子去选择爱人。

同理,夫妻关系直接影响女儿,如果夫妻和谐幸福,爸爸不仅爱妈妈,而且有担当有责任感,那么女儿在日后的婚恋选择方面,则会参照父亲的模样。

不少夫妻没有慎重地选择配偶,更没有智慧地经营婚姻。生活中矛盾百出,争吵打斗是家常便饭,把日子过得一地鸡毛硝烟弥漫,不仅伤害自己,更伤害孩子,不仅影响孩子的生活质量,也影响当下的学习、心境与成长。而且造成孩子心有阴影,甚至性格另类,成年以后也惧怕交友、排斥婚姻生活。

对于一个男人来说,选择什么样的妻子就有什么样的家风,有什么样的生活。所谓选好妻子第一就是要选善良、贤淑、勤勉、懂得感恩的人。相反，就是灾难的开始。

第二，不能太物质，而要有内涵，有家教，有见识，这些对规划家庭建设和丈夫事业都有帮助。妻子的品质直接关系到下一代的水准。

第三，要能包容丈夫，信任爱人，性格温和，感情专一，给丈夫以体贴。夫妻二人能够相互理解，相处舒服，智慧的女人会智慧驾驭男人，她们既对自己要求严格，又能给足丈夫面子。

第四，也要看女方家境情况，不是嫌穷爱富，而是根据实际情况选择自己能承担的。选择勤劳向上、家风淳朴、亲友和睦的家庭日后才能永久相处。

第五，无论男女都要懂得结婚的意义和目的，绝不是因为孤独，要找一个伴；绝不是因为没人做饭洗衣，要找一个人帮忙。不是父母催婚才结婚。结婚条件绝不仅是年龄允许，更需要心智达标，能力良好。

作为父母不应宠溺娇惯孩子，使其缺少独立生活能力，把自己的孩子培养成"妈宝男"，尤其防止单亲母亲打着爱的旗号，占有自己的儿子，把自己结婚了的儿子也变成"妈宝控"。无论是"妈宝控"，还是"巨婴男"，如果结婚不仅害了女方，也会造成新的悲剧。作为男人，必须有担当家庭责任的上进心和建设家庭的能力。

父母要学会放手，要鞭策帮助孩子成长，无论男女，首先要自己成长，做好自己，提升自己，先把自己的生活过好，才有能力和别人共同生活，创造更好的未来。

好的婚姻是让你重生，让你更加成熟，一定是让自己和对方变得更好，让自己的生活变得更好。

教育智慧其实就是爱的智慧,"足够好的妈妈"就是要给孩子足够的爱,而且既不能多,不能给孩子过分的爱,也不能不足,不能让孩子缺少爱。只有这样,家庭教育才能取得好的效果。好的家庭教育效果就是让孩子在成长过程中养成良好的习惯,好习惯是孩子受益一生的财富。

"有话好好说",全家人的沟通方式非常重要,父母之间的沟通是榜样,亲子沟通是实践。养成"好好说话"的习惯,不仅要管理好情绪、学会理性沟通、凡事讲道理,更重要的是明白自我管理能力是其他所有管理能力的基础。

"做事有分寸"是孩子成长的重要课题,也是社会化过程的重要指标。在家庭教育中要帮助孩子养成讲规矩、懂礼貌、做事有分寸的习惯,这是适应社会的关键。如果在家没有规矩,孩子就没有社会适应能力。

亲历成长,不可以被替代。孩子有担当,直面现实世界和自己的人生课题,才可以成长为合格的社会公民。父母教育孩子时特别忌讳因爱而替代了孩子自己去经历,或是忽略了孩子在历经并克服困难后才更容易蜕变成长。

闫老师的经验值得大家学习和反思。

陶新华

第三章 婚姻幸福靠成长

结婚才是恋爱的开始

什么是婚姻？是一对男女受法律保护相伴到老；是在最美好的年华里，怀着最纯真的那份憧憬，遇见最值得遇见的人，无比珍惜地相爱相依。其实简单来说，好的婚姻就是在继续恋爱。

通常，我们都是先恋爱再结婚。经过或长或短的恋爱时期再走进婚姻的殿堂，正式结为夫妻。

恋爱的时光是甜蜜的，奔着结婚去的恋爱，男女双方都相对谨慎，会努力取悦对方，在恋人面前有所修饰，希望水到渠成，顺利成婚。

但结婚有什么特点呢？先分析两种心态。

有些人属于不太懂生活，以为生米煮成熟饭，结婚证到手，就万事大吉，可以为所欲为，无所顾忌。这种情况婚后一定会有更多问题。

还有人属于没有责任感，对自己不负责，对他人也不负责。只不过是看别人都结婚了，觉得自己也应该结婚。把婚姻当儿戏，完全没有感情基础，这种婚姻就是悲剧。

于是我要表达一个观点：结婚才是恋爱的开始。

我的儿子儿媳热恋三年，相爱而成婚。他们新婚时，我还是给新婚的小两口送了一句话："结婚才是恋爱的开始。"因为从此你们是法律认可的夫妻，彼此是最亲密的爱人，所以必须全情投入，关爱对方也享受对方的爱。

我是认真说的，儿子儿媳也认真地听进去了。儿媳说："结婚是恋爱的开始！妈妈这句话说得太好了，我们会努力的，我也要分享给我的同学们。"结婚证只是法律凭证，不能为爱情保鲜做保证，领了证不是万事大吉，只是爱的起点，真正的爱才刚刚开始。那天，我们热切地讨论，两代人的婚姻观高度一致。

我之所以这样说，是因为这是我的亲身经历、切实体会。我们夫妻从相识到领结婚证仅仅一年，而且一多半的时间没见面，结婚时我就升级为母亲——9岁女儿的继母，我们必须继续恋爱，在爱的动力之下，才能克服婚后各种各样的困难。

我深切体会到婚姻不仅是两个人的幸福，更是生命的延续，要成为负责任的好父母。作为父母，最重要的事业就是把你生养的孩子培养成对社会有用的人。其他事业再重要都有人替代，唯有父母无人代替，如果你失职缺位会造成孩子终身的损失。

我们这样特殊的家庭，如何婚后恋爱呢？答案完全与众不同，新婚蜜月竟然像地下夫妻。

因为婚后，我的恋爱必须从女儿开始，我新婚恋爱的花前月下都是在陪伴女儿。女儿从小到大都非常漂亮，白皙的皮肤，大大的眼睛，精致的脸庞。在家中非常受宠，在宠溺任性中无忧无虑地长大，突然变成单亲家庭和父亲相依为命，她必然非常失落，完全没有安全感。

因为太没有安全感，所以处处提防新来的阿姨抢走她唯一的爸爸。她哭诉："我什么都没有了，就一个爸爸了，你还想抢走他吗？"孩子说的是有道理的，她心有多痛才会说这样的话。

重组家庭的恋爱有一个特点，是在爱人那里汲取爱的养分倾注在孩子身上。这不仅是因为善良而是人性使然。

所以在那些日子里,我整天陪伴在女儿身边。玩游戏、讲故事,让她的心情好起来,陪她写作业、做美食、外出游玩,即使我是头胎高龄孕妇,身体非常困乏,只要女儿在家就按她的要求一直陪她,没有午休过一次。生活常常是充满矛盾的,那一段时间我身心疲惫很艰难,胎儿需要休养好,同时女儿又是关键的适应期、磨合期,作为母亲,我没有选择,只能把女儿放在第一位。

在我们日夜相守的日子里,我细心地照料女儿的生活起居,帮助她的学习成长,用圣洁至诚的母爱抚平她心底的创伤,用她爸爸也无法给她的爱,用更细致贴心的照顾关怀弥补她心灵的缺失和对母爱的渴望。我和学校的老师密切联系让家校合力达到最好的效果,我被众多老师肯定推荐,获选女儿学校家长委员会主任。当然,付出的成果令人欣喜,女儿每天都快乐健康地成长。

继母不仅要能够包容孩子,而且能够承受委屈,理解孩子的愤怒,用真心和爱安抚受到惊吓的孩子,这样才能体会到夫妻爱恋的由衷快乐和女儿的灿烂笑颜,收获一份家庭幸福。

婚姻破裂让孩子受到的伤害是大人难以想象的。因为孩子的内心都非常看重父母。父母是孩子的天。如果天崩塌了,孩子的心理会崩塌到什么程度无法形容。父母关系破裂了,孩子的心连同对未来的希望也破碎了。对这种心灵伤害,很多孩子选择默默地忍受,很多孩子也会以不同的形式爆发出来。

我要让孩子充分感受到家的温暖幸福,家的欢乐无处不在。那么,整天陪在孩子身边,夫妻婚后怎么谈恋爱呢?这个问题也曾有观众问过我。多年前,我们全家四口曾作为嘉宾受中央电视台邀请到北京参加崔永元主持的《实话实说·继母》节目，三个小时的录制，百余名观众全情投入，为我家的故事感动落泪。

有观众提问："闫女士，你整天围着孩子转，那你们的夫妻关系不管了吗？这会不会影响你们的夫妻关系呢？"

我回答说："不会影响，这恰恰帮助我们的夫妻关系更加亲密。因为家庭的建立首先要考虑不损害孩子的心灵健康，给孩子带来幸福感。尤其是重组家庭，没有孩子的幸福，大人怎么能幸福、能安心呢？一个人不善待孩子，他还会善待爱人吗？最理想的状态是爸爸爱妈妈，妈妈爱孩子，孩子爱爸妈，全家幸福开心大循环。"

女儿并没有影响我们恋爱，只是丰富了我们恋爱的生活。每天晚上照料孩子睡着后，我们洗漱完就开启了"床上夜话"模式，把一天不能说的话在此刻尽情说，这种感觉非常好。因为我怀着愉快的心情照料女儿，白天过得很充实，心情也很好。我们如地下夫妻一般难得相聚而更有别样的甜蜜。因为长期睡前聊天，我们便养成了习惯"床上夜话"，夫妻一上床就很自然地聊天，延续了30年。我当年还写过一篇文章《地下夫妻》发表在《潇湘晨报》上。

是的，我们夫妻如今也是如此，即便是半夜醒来，也会说会儿话，再继续睡。前几天的凌晨两三点我们同时醒来，不知不觉还讨论了一部先生刚看的电视剧，后来我还打趣他：这个万籁俱寂的时间点，这把年龄，这么投入地讨论一部电视剧，怕这一大片几个社区也只有我们俩了。我们都笑了，在妥妥的安心与满足中，又静静地一同睡去。

很多朋友都说我们是绝配夫妻，是的，我们求同存异，角色互补。我们习惯一同进厨房，分工忙碌，伴随着锅碗瓢盆，一同说着话，一起干着活，很是惬意。厨房温馨了，生活能不温暖吗？

所谓的婚姻幸福，就是在这些不起眼的生活的细节里，从中获得愉悦和心安。所谓夫妻伴侣，就是放松下来和你身边这个人一同享受生活中的所有并逐步成长。在每一个风和日丽或者风雨交加的日子里，或者甜蜜或者苦涩，两个人相互陪伴，一同品尝，一起面对，学会理性思考与沟通，关键是把对方当作自己最信任的人，去依靠爱恋，同时让自己在婚姻中变得更好。

恋爱不仅仅是花前月下的浪漫，更是柴米油盐的琐碎，是和孩子一起生活起居的忙碌。婚后恋爱是信任，是付出，更是包容。

我相信这个世界渣男渣女是很少的，绝大多数都是普通人，是既有优点又有缺点的人。眼下社会离婚率这么高，且连续地攀高不下，并不是男人不好或者是女人不好，只是没有学习好夫妻关系与亲子关系的智慧，没有在婚姻中继续修炼、成长，没有相互的信任包容和有效沟通，于是小矛盾变成大矛盾，小分歧变成大伤害，累积起来，最终走向婚姻破裂、夫妻离异的不归路。

如果我在如此困难的情况下也能帮助继女改变，养育好一双儿女，让儿女阳光向上，使重组夫妻和睦相处，那么初婚夫妻的家庭更容易做到。

结婚才是恋爱的真正开始，应该心无旁骛、踏踏实实地珍爱对方、谈情说爱。所有的夫妻都需要磨合，都会有矛盾，所以需要真心包容、善意沟通，全身心地去爱恋。在婚姻中主动做好自己，主动去爱的人才是婚姻中的强者。所以，主动并善于爱对方的人才有大智慧，可以获得终身的幸福。

另外，重组家庭婚后的恋爱是先把对方的孩子视为己出。无论是原生家庭还是重组家庭，夫妻恋爱的终极目标都是让全家充满笑声，自己才会笑得安心和长久。

幸福的婚姻是享受优点

如果说恋爱是喜欢对方的优点，那幸福的婚姻就是包容对方的缺点，享受对方的优点。而夫妻的相处模式也会给孩子带来巨大的影响。

美好的婚姻要选对人，婚前睁大眼睛看缺点，能够包容再结婚；婚后睁大眼睛看优点，不要再计较缺点。即便是选对了人，夫妻关系仍需要建设。恋爱期间积累的那点滴爱的雨露，无法滋养婚姻的大树，夫妻感情需要用心培育。所谓的用心正是体现在生活的细节之中，欣赏对方的优点，保护彼此之间的吸引力。

眼下社会离婚率攀高不下。生活越来越好了，学历越来越高了，家庭关系的稳定率却越来越低了，重组家庭就更不被看好，原因之一就是忘记了对方的优点和对方的好。

朋友总会问我："你们重组家庭30年了，夫妻依然恩爱如初，被评为最美家庭，有什么秘诀？"其实，我们夫妻就是普通人，而且不是同样性格的人，甚至价值观也有所不同。先生是理科生，我偏文科；我爱说话且情感细腻，先生不爱说话也不善沟通；我擅长写文章，出了几本书，先生是万能修理工，从家里的电器到企业的数控机床都不在话下；我属于积极热情、乐于助人的人，在学生时代是关心集体的班干部，先生在班上默默无闻，喜欢自己去琢磨数学公式；我喜欢看韩剧类家庭生活伦理片,他要看战争片、谍战片……总之我们有很多的不同。

与许多夫妻一样,我们不可能有那么多的一致同步,不可能没有矛盾,没有伤心流泪。但大目标一致,就是认可对方的人品、认定可以一辈子相守,就朝这个方向努力做好自己。于是怀着虔诚之心不断地学习、改变、提升,怀着善意不断地磨合、沟通、包容。一句话:提升自己,包容对方,享受对方的优点,满怀感恩。

两个孩子在看着我们,而且他们非常敏感,我们互相不讲话他们就很不安。如果我们非常恩爱,他们就心花怒放,轻松快乐。

生活的磨合让我们知道改变对方是很难的事情,例如我公婆有什么特点,我的先生就有什么特点,很难改变。我自己也是一样,在原生家庭形成的一些性格特点都是很难做到根本性的改变。父母是孩子的原件,孩子是父母的复印件,父母的素质会影响孩子的未来。

比如我家先生不善于沟通,也不愿沟通。我尝试过给他写信,跟他谈心。效果有时行,有时不行。甚至有时你正动情地说着他却睡着了,有时他回应了还不如不回应。后来我经过学习明白了一个道理,改变不了别人就改变自己,享受他的优点。不能强迫别人跟自己一样,非要把一件事情说清楚。我先生不愿意纠结细节,尤其已过去的事他不再去想不再去分析对错。我后来想:好吧,这样也行。说得好不如做得好。我努力认可他这点。

我们的儿女也特别佩服爸爸聪明能干、动手能力强。他很有行动力,动手能力是超一流,做事高效率、高质量,往往超过你的预期,让你惊喜,特别的靠谱。所以,我总是人前人后发自内心地表扬他、鼓励他。在家里没有他不会修理的东西,没有他解决不了的生活问题。他甚至买了一台小型缝纫机,缝缝补补,自制坐垫,自制取暖器等，电丝线自己铺，烤箱套自己裁剪缝制。总之，我们家的电器、家庭用品等更换得很慢，一切坏了都能修好，就不需要买新的。省钱不说，也省很多事，自己会修特别及时方便。家里有一个这样动手能力超强的男人，应该感激，就不必还要求他那么善解人意。

有些事情是不能鱼与熊掌兼得的，希望他多在家里陪家人做家事不外出应酬，就不能再希望他有广泛的人脉、高层次的交际圈。享受他的优点长处就好，回避他的缺点短处。夫妻各自发挥特长，取长补短，把家庭建设好。

同时，夫妻之间各自的爱好应该彼此尊重，这不存在好坏，都把它当成优点好了，各自方便的同时还是要找到共同的语言，哪怕是共同玩一种游戏。

2019年，我曾组织岳阳市婚姻家庭研究会在市妇联组织的家庭文化节中开展了几期系列活动叫"亲爱的，请听我说"，每期活动都组织几对夫妻，人数控制在20人左右，面对面真诚对话，非常感人，令参与的夫妻感情上了一个台阶，收到很好的效果。

我们夫妻也参与了活动。这个活动规则首先就是全过程避而不谈对方的缺点，只回顾对方的优点并感恩。首先，我们每对夫妻都写出对方的50个优点。起初有的人对50个优点表示非常惊讶，连连摆手说对方没有这么多优点。有的女士说：我家的男人啊，有3个优点就不错了。

我逐一启发帮助分析，再分享别人写出的一整张纸的优点。神奇的效果出来了，大家都用爱心体会去想对方，真的全部都写出了50个优点。然后轮流当众向大家介绍自己爱人的优点，举两件让自己感动的事表达感恩。很简单的过程，结果却出人意料地让人感动，也有许多对夫妻现场拥抱流泪。每个人好像突然发现对方有这么多的优点，自己做过的一件小事，对方原来这么在意、这么感激。有位丈夫感动地说，这么多年都没有听过她这么夸奖我，原来我在她眼里也这么好。一位妻子说，我现在心情好多啦，我好像才知道他有这么多的优点，尤其生了老二，生活忙得乱糟糟，前段时间对他就有了更多的抱怨。

肯定优点、享受优点就是有这么大的神奇力量。

为什么我们会很在意别人的评判？从行为心理学分析，源于人类的一个本质特征：我们都希望受到他人的关注。换句话说，我们的身体里，天然就有一部关于赞扬和责怪的"雷达"。它极其敏感，而且一直都在运行。这是一个人的本能，和个人的后天修养无关。

不管真实情况是怎样的，每个人都欣然地接受了对自己的赞扬。人们很容易把这种赞扬合理化，归结到自己的努力或者天赋上面。在与他人比较的时候，都更倾向于把自己摆在高于平均值的位置。心理学家将这种现象称为"虚幻的优越感"。

有研究表明：人类无论是在生理层面还是在心理层面，都喜欢赞扬而讨厌责备，并不是因为不成熟不理性，而是我们与生俱来的天性。赞扬对于大脑的健康来说至关重要，而责备则会在很大程度上给我们的心理健康带来威胁。

我也在很多次的家庭教育讲座中都讲过这句实在话：夫妻都是几十岁的人了，性格品行习惯带了几十年，父母、老师都没让他改变，你怎么可能一结婚就改变他。只有自己先改变，对方才有可能改变。只有你主动包容对方，他才有可能包容你。只有你多鼓励他的优点，他才会常常展示这些优点而变得更好。

如果夫妻双方都能这么想这么做，这样就达成了良性循环，夫妻关系就会变得更好。彼此常常享受和感恩着对方的优点，生活必然幸福。

夫妻矛盾女儿调解

虽说幸福夫妻相濡以沫，但还是有牙齿碰舌头的时候，矛盾不可避免。我印象最深刻的是那次钓鱼风波，多次沟通无效，我便不再理睬我先生，自己照料两个孩子及家里一日三餐。

初建家庭，生了儿子，大女儿还在磨合期，这个阶段真是很辛苦，夫妻都是上班族，家务事很多，忙不过来，当时一周只有周日一天休息，时间非常宝贵。但先生一到周末就去钓鱼，家务、孩子全不管，关键还那么理直气壮。我内务外交一肩挑，包揽买菜、购物、煮饭、打扫、洗衣、管孩子，但孩子成长需要父爱，须有父亲陪伴。

为了孩子和家庭，我把自己的爱好放一边，但先生却仍旧全力以赴痴迷钓鱼，不仅星期天占满，平时在家也是研究钓具食饵，周六从傍晚开始全在做周日的钓鱼准备，无论有鱼无鱼，哪怕钓空气也要钓一整天，暮色四合才会一身脏兮兮地回家，我要做好饭菜恭候他。

每周如此，让人崩溃。我开始容忍，然后沟通无果我便生气不理他。父母互不讲话，聪明的女儿当天就看出来了。让我感动的是，女儿坚定地站在我一边，我气得头痛发作，女儿就陪在我身边帮我按摩，安慰我，让我别生气。

女儿直接说爸爸："你不要老去钓鱼不管家里，我们周末要爸爸一起去市区里。"他爸左耳朵进右耳朵出,依然我行我素。所以,每到周末,我都更加辛苦忙累,我是一只手抱儿子一只手做家务。但再忙再累,我绝不会让两个孩子受一点委屈,就算麻烦我也要给孩子们改善伙食,洗换干净,照顾周全,再带两个孩子出去游玩。

难能可贵的是,小小的女儿心思缜密,为家分忧,悄悄地背着我们写了一封调解信和约法三章,还专门给爸爸写了一封深情的信。

调解信是这样写的:

> 爸爸妈妈,你们虽没吵架,但你们不像以前那样好,不是每天家里都充满欢乐了。我知道爸爸喜欢钓鱼,但您也太……我也知道钓鱼是您的爱好,可是当您钓鱼的时候,我们在家不是想您钓多少鱼,而是迫切地想让您早点回家啊!妈妈,您为爸爸钓鱼的事哭过了,可是您在哭的时候还说爸爸以前很好,只是现在太爱钓鱼了,这说明你们本来就是很好的嘛。我希望你们和好,让家里再充满欢乐。能吗?我不想听到一个"不"字,我也知道你们会和好的。
>
> 爸爸,我想问您一个问题,"星期天全家到市区玩,好吗?"我希望您说"当然好啦",然后妈妈在一边开心地笑。我相信我这段话会在我们家实现的。我迫切地希望着。
>
> 爸妈,看完上面的话你们不要责备自己,也不要互相责备,我只想看到你们俩高兴地笑了,从此,家里又充满欢笑,不,应该是比以前快乐十倍百倍。
>
> 星期天全家人去市里(好,不),请把"不"字删掉。
>
> 希望你们都删去"不"字的女儿
> 希望有以前那样快乐的女儿

女儿是多么爱这个家，写这封信时她才上小学五年级，她在信中不仅清晰地表达了希望家庭欢乐幸福的迫切愿望，而且让父母不要相互责备，女儿为此事真的用了心思，动了真情。她还写了一个《约法三章》，让全家人签名。

约法三章

一、不能光想着自己的快乐，要使自己和别人都快乐。（如果没有做到，就要包做一天的家务）

二、做什么事都要和家人商量，做什么事都要齐心协力。（如果没有做到，就要为家人做一件事）

三、放假或星期天家里人一起出去玩，如果有自己的爱好要经家人同意，但不能每次放假或星期日都去。

幸福家庭歌（作者：女儿）

做家务齐心干，有事情都商量。

全家人乐滋滋，欢欢喜喜过假日。

爸爸：_____

妈妈：_____

女儿：_____

请将同意或不同意写在_____上，不同意写出理由，同意一定要做到。

女儿的这个《约法三章》字字珠玑，真的让大人既感动也感到汗颜。而女儿的调解信不仅文字简洁，而且内容深刻，她没有直接批评父母,而是给父母信任,相信父母会和好,会懂得家的含义是全家人在一起,全家人在一起才会快乐幸福。

更意外的是,女儿另外给爸爸写了一封短信,还有七张小纸条。

爸爸:

　　您知道我这是第几次给您写纸条了吗?这已是第五次了,每次我写纸条时,都是很难过的。本来一个蛮好的家庭就被钓鱼这个小如牛毛的事破坏了,我不知用什么语言什么方法让您不要总想钓鱼。我时常想,什么时候才能有您和妈妈、弟弟、我一起去市里玩呢?别人看了这句话都会觉得好笑,节假日星期天都可以去啊。是呀,可是对我来说,是多么难啊!爸爸这时您一定会说:你们几个去了就可以了。可是我要的是一家人都去,在一个家庭里有孩子有爸爸有妈妈,这才是一个完美的家啊!

这封短信是拿作业纸写的,皱皱的,有破洞有泪痕,感觉没写完,也没署名。

那七张长短不一的小纸条,每张只有一句话,但令人深思警醒:

　　孩子最希望什么?
　　孩子最喜欢星期几?到哪儿去?
　　一个家庭最讨厌什么?
　　世界上什么使人最幸福?
　　爸爸,您不要每个星期天去钓鱼,好吗?
　　妈妈请原谅爸爸吧!
　　……

我真的无法用语言形容我当时的心情，既震撼感动又内疚，女儿有多么难过才会写下这么多感人的文字，这是她心灵的呐喊！我很惭愧，因为大人的错，让孩子如此操心为难。我也更加了解了孩子多么盼望家庭和睦，我真心感谢可爱的女儿。她看重情感，看重家庭幸福，虽然任性等方面还有待改变，但女儿真的成长了很多，懂事了很多。从起初不让父母讲话到现在她为父母和解操心费神想尽办法，这种变化可以说是整体反转。

这时的女儿已完全地接受了我，以前她爸是她最敬仰的人，是她的整个世界，但一年时间她就完全围绕在我身边，我已占满她的生活。

最让别人意外的是，我和她爸意见不同或有矛盾时，女儿百分之百站在我一边，这么多年来一直如此。我提醒过先生想想这是为什么？可他还耍赖说："谁知你用什么魔法迷住了女儿。"我笑了，因为这是对一位继母最好的褒奖。自然，孩子是纯洁的，实事求是的，是会站在真理一方。

这次风波也是如此，女儿拿着《约法三章》让我们签字，我和女儿痛快地签上同意。女儿拿给他爸签，他左看右看，不签，可能感觉好像内容全都是冲着他写的，但女儿目光炯炯地盯着他，最后他黑着脸签上"同意"二字。

女儿如此懂事、支持我，我感到莫大的欣慰，同时也反省自己，女儿处理问题都能从以前的急躁吵闹变成今天的温情劝说，我怎么不能再耐心点与先生有效沟通呢？得理也要让人，不理人是解决不了问题的，还是得以心换心，耐心沟通。

我静心思考，先生优点很多且没有恶习。他不打牌不喝酒，只有钓鱼这个健康的爱好,应该支持他,不能因我为家庭放弃爱好就要求先生也放弃爱好,男人没有社交活动等于与世隔绝,要真心地支持他,比如可以跟他协商每两周去钓一次鱼。

我把沟通的时间地点选在了"床上夜话",这是我们的老习惯,最初是因为女儿,后来是因为晚上谈话安静方便,谈话效果最好。那晚我就从女儿这些催人泪下的信和纸条说起,我告诉他,我也是看了女儿的信才知道女儿为此事如此痛苦的,才知道她把全家人一起去逛街去郊游看得如此重要。我是带两个孩子去了,他们也开心,但还是说要是爸爸来了就更好了,还是很有失落感,尤其是看到别人家是父母一起带孩子玩的时候。

我和他倾心交谈:你有工作,我也有工作,你有爱好,我也有爱好,为了孩子我完全放弃自己的爱好,但我会照顾你的爱好,只是希望你少去,不要每周都去而已。你想想,你开心重要,还是女儿开心重要?兼顾一下,大家都开心是不是更好呢?

先生喃喃地说:我以为你陪孩子就可以了。

我真心奉承他:"你现在知道你对家人是多么重要了吧,孩子们是多么喜欢你,看重你,我那么辛苦地陪他们到处走到处玩,到头来,他们还是想你来盼你来。"

先生终于高兴了,开始理解了。但他捏捏我的脸,嘴上说着:"反正你们母女俩就是合着伙来欺负我,写我的罪状信……"

一夜温馨。

不妨也透露一下先生有一个保留节目"撒手锏"比较能降住我,就是30年来他每次凌晨出门钓鱼前的最后一件事都是蹑手蹑脚地返回卧室,轻轻地在我额头上亲吻一下,不管我睡着还是没睡着,甚至也不管前一天我是不是没理他不与他说话，也不管楼下钓友催得多急，他都不放弃一身钓装出门前专程去留下这个吻。我至今没问过他这样做是何原因，是为了他钓鱼有运气吗？好像也不是。总之，我会因此怨气消一点，心情好很多。女人就这么傻，这么笨，在气头上也会被爱人一个吻搞定。而有些男人更傻，性价比这么高的事也不做，非要用吵架或者冷漠去把那个爱你的笨女人逼成厌恶你的女强人。

钓鱼风波终于画上句号，我们最后商量，他平时尽量自觉帮忙做家务，能做完的不拖到周日。其实先生是很能干的，只要他用心做，一定是又快又好，在厨房做饭的同时保持厨房的整洁，出门打包行李箱，多少杂乱的东西他都能瞬间打包利落，最粗的活最细的活，他都不在话下，的确是顾家好男人。

只要周日没有全家活动，就让他开心去钓鱼，而且我还精心为他准备午餐和水果，让他成为钓友中最让人羡慕的那个。有时，我备好晚餐后，还会带孩子一起去路口接他。

夕阳西下，身着钓装的爸爸远远地骑着自行车回来了，两个孩子欢呼着兴奋地飞奔着迎上去，车铃叮当，全家簇拥，一路欢笑，如同小区一道美丽的风景……

这么多年过去了，许多事都淡化在时间长河里。此刻，当我把女儿这几张发黄的纸条逐一摆在桌面上，认真地将纸条上的字一字一句地录入电脑，那些曾经的生活画面便重新清晰地浮现在我的眼前，一切都如此真切，让我震撼感慨，引我警觉和思考：

一、父母一定要重视孩子的心灵需求。女儿盈泪的字条引我们思考，孩子把全家人和睦及一起活动当作她最幸福的事。孩子看重的，就是孩子生命中最重要的，父母就应该重视。

二、夫妻感情不和是对孩子的最大伤害,因为父母是孩子的天,天塌了,孩子会非常焦虑恐惧。父母绝对不能当着孩子的面起冲突,有矛盾尽量早些化解,相互理解谦让,保持家庭和睦。

三、与孩子建立良好的亲子关系,同孩子成为知心朋友,关键时刻孩子会主动出面,解决夫妻矛盾时可以借力,孩子也因此成长,收获成就感。孩子常常是父母的老师。

四、夫妻矛盾决不能影响照顾儿女。任何情况下,照顾好孩子是第一位的,此时给予孩子爱和安全感,能把对孩子的影响降到最小。孩子也会回馈正能量,良性循环助力治愈父母。

夫妻求同存异，引领全家幸福

夫妻和睦了，孩子才幸福。一说到家庭和睦婚姻幸福，常会说要三观一致的人结成夫妻才幸福。的确，三观一致当然很好，但生活中没有那么多的一致，一个爹妈生的兄弟姐妹都不一定一致。

我和我先生也有很多的不一样，但如今，我们夫妻已经顺利携手走过了 30 年，培养出阳光上进的儿女，创建了温暖幸福的家，儿女也长大成人，组建了自己的幸福小家庭。而年过花甲的我们每天出双入对，继续着平常的日子，相互关爱着、唠叨着，一起下厨，一起入睡，日子虽平凡，生活仍同年轻人一样有滋有味。

我的体会就是首先要选对适合自己的人，然后求同存异，彼此信任、欣赏、互相关爱、包容。有爱才有夫妻的愉悦，包容才有家庭的和睦。一见钟情容易，只要有感觉有激情，爱情随时可能发生，但婚姻关系却需要夫妻长时间去经营、去爱，所以夫妻之间也需感恩并时常反省自己。

我先生曾经做过的一件事，让我记忆深刻并一直深深感动着。盛夏的一天，先生下班后放弃午休，汗流浃背跑很远买回了两桶 20 斤大豆油。而我下午下班接回儿子后就扎进厨房忙做晚饭。突然，我听到客厅有奇怪的声音。3 岁的儿子把一桶 10 斤的油几乎倒空，大半个客厅淌满了油,玩具和纸片在油面上漂浮着,儿子正光着小脚丫开心地吧唧吧唧踩油玩。我慌忙上前把小儿提起来,他两只小脚丫直滴油,我急得脑袋一片空白,不知如何是好。

想到先生为了省钱跑老远买散装油,我看着满地的油都心疼,先生见了该多生气,这都怪我没看好儿子。偏偏此刻门外邻居的惊呼声又传来:"这是什么东西啊?已流到走廊上了!"正在这时,门锁转动,大门开了,同时先生温和调侃的声音传来:"这是小儿做的坏事吧?"先生看到我提着儿子正不知所措,立即说:"别急,拿抹布盆子来收拾!"然后他立即动手开始清理地上的油,没有一句抱怨和指责。

那一瞬间,我感动极了,先生好像大救星,他的包容和积极快速的补救行动让我镇定下来,清油工作量虽然很大,真的很难弄,但我们夫妻同心协力,清理工作进行得很顺利。通过这件事情我对先生刮目相看,他本可以抱怨,但是他没有,他的镇定与包容让我感动,我也从中深刻地反省自己,换位思考,我能不能做到像丈夫这样。

家是什么?不仅仅有幸福甜蜜,还必然有意想不到的突发事件、烦人状况,互相指责、一味抱怨是大忌。夫妻之间只有共享快乐,共担风雨,积极化解难题,才能创建真正的幸福家庭。

重组夫妻有其特殊性,半路相逢最需要相互信任包容,尤其有了孩子,更要有强烈的责任感,创造温暖温馨的环境,互相尊重对方,少抱怨,给予对方个人空间,同时夫妻要多交流,增进感情,让生活时时充满温馨与希望。

幸福夫妻之间绝不仅仅是妻子受保护,丈夫也需要呵护。有时妻子是小鸟依人,有时是丈夫需要妻子的母爱情怀。我们也是凡人,我们也有遇到问题和矛盾的时候,包括母亲包办过多,父爱教育缺位等。但唯有包容和做好自己，主动去爱去付出，才能化解矛盾，使夫妻共同成长。

世上很少有完美一致的夫妻，而能做到求同存异，看到对方的优点就能拥有幸福。所以家庭需要建设，当先生不能体察我的思想时我便忽略这点，想想他能帮我按摩缓解我身体的疲劳，同样很愉快。

一句话，男女有别，夫妻各有长短，帮不上的不责怪，能帮上的就感恩，你有你的空间，我有我的世界，发挥专长，互相补台，夫妻之间能有50%的交集合拍，这就是幸运了。我们正是互补型夫妻，也不错。

夫妻之间至少要有一人相对有较好的定力，能顾全大局，即便另一个人固执一点，也可以建设好婚姻，当然这个需要成长、需要付出。当我认为婚姻是一个人的事，要奉献爱，爱好自己，做好自己，放下烦恼，婚姻就不那么累了。因为自己的存在让家人感受到美好，幸福也会源源而来。

我支持先生的爱好，让他找钓友玩，好处是家里的鱼吃不完，他既锻炼身体又开心，我也开心。先生也特别支持我，当我和我的公益团队聚会或讲座，我先生还会帮我做PPT。我所有用坏的东西他都能帮我修好，他需要的文稿我也可以帮他写好，互帮互助，共同成长。

我从恋爱起就包下他的理发，有时我不在家，他头发很长了也固执地非要等我给他理。嘴里却讲："我又不嫌你理得差。"或者表功：我的头只能老婆摸。我心里美着，嘴里不屑："30年了我应该收你多少理发费啊！"但是他夸张地争辩，说他给我按摩的费用还贵得更多呢。

我们时常会这样开心斗嘴，他虽不知"老婆"有一种解释是"始于月老，终于孟婆"，但他这辈子追随了我，我更忠诚了他；我们虽然没那么相敬如宾,但他时常幽默有趣,且不影响彼此敬佩其长处,所以夫妻要不断成长,要有自己的特长和能力帮助对方、让对方佩服,没有一点佩服怎么会有爱呀!

  我相信这句话:始于颜值,敬于才华,合于性格,终于善良,久于人品。虽然夫妻必经磨合,重组家庭比原生家庭情况更复杂,但无论再婚的山路如何艰险崎岖,只要夫妻相爱同心携手,就能翻越高山,幸福绵长。当自己活成一束光,才可能温暖他人,照亮生活。

周末夫妻，让小别胜新婚

一个家庭要夫妻恩爱、长久幸福，须有家庭的近期计划、中期规划、长远目标。要能不同时期有不同安排，扬长避短，分清家庭大事的轻重缓急。所以，重组家庭不宜在夫妻关系不稳定、孩子不亲近时便夫妻分离，如外出打工。看似是为了家庭生计大事，但忽略了家庭中最重要的是亲密关系及亲子关系的建立。

我们是在结婚 11 年夫妻感情稳定、女儿毕业工作后，完成了装修新房的近期计划，先生才去邻近城市工作，进而实现了我们的中期规划，我则在家照顾上学的儿子，先生基本上每两周回家一次，我们成为小别胜新婚的周末夫妻，并且持续了 16 年之久。

这 16 年，对有些人来讲，分离是一种疏远，但对我们来说是家庭目标明确，分工有序，重视情感沟通，则是距离产生美。我们会约好在两地同时看一部电视剧，或是一场球赛，通过 QQ、电话进行远程讨论。虽然外出工作是经济所迫，但对于热爱生活的我们来说是欣然接受，相信一切都是最好的安排，主动去适应并享受这种周末夫妻的生活。

那时我们还有一个习惯，先生每天晚上都会打来电话，每天几通电话是享受，周末夫妻小聚更是享受，有一种思念牵挂，让我们仿佛重回年轻时的甜蜜恋爱时光。先生每晚打电话的起因,说起来应该是我有意无意教给他的。那时我看到一篇讲家庭故事的通讯报道,其中讲到一个细节,时任省委书记的丈夫每天晚上都会给在外地工作的妻子打个电话……让人感动。我只把这篇报道分享给了先生,并没有明说什么,但从此以后他每天晚上都会给我打来电话。

是的,良好的夫妻关系需要建设,爱情之树长青需要浇灌。世事万变,感情也要跟进滋养。我们夫妻做到了,双双随着时代的发展而进步,我们学习着,成长着,夫妻各有特长,都能独当一面,都让对方心服口服。

儿女常感叹爸妈是生活互补的绝配,羡慕父母的爱情,也真正理解了夫妻互敬互爱这几个字的真正含义,互有敬佩才会互生爱慕啊。我们夫妻的恩爱幸福直接影响儿女的恋爱观、婚姻观,所以,他们也顺利成家,婚姻幸福,完全没让我们操心费神。

在这16年里,我驻守在家,边工作边照顾孩子,承担着里里外外全部的家庭责任。我独自照顾了病重病危的婆婆,独自为女儿筹备举办婚礼,独自陪伴儿子小学、初中、高中,直到高考……但先生在外工作同样辛苦,所以我做到了把每次先生回家的日子都当作过节,好东西都留着。儿子放学回来一看餐桌就知道:爸爸今天要回来啊!

我会在这之前把我的工作尽量都做完,好腾出时间来陪他。他周五下班后坐火车星夜赶回,我便提前备好美食,燃亮灯盏,让温馨的家立即洗去丈夫在外拼搏的疲惫。周六周日,我们同进同出,一起购物,一起做饭,一起看电视聊天……我们珍惜在一起的短暂时光。

在婚姻里,两个人一起生活的状况,其实是两人之间的关系相互作用的结果。为什么两个同样优秀的男女也会离婚?不是他们人不好，而是关系没处理好，实属可惜。爱人之间常犯的错误是没有站在对方的角度看问题，常常是自己做得很辛苦，但对方看重的事情却没去做或没做好，最后落得双方抱怨而引起矛盾。

夫妻分居两地打工或持家，双方更要严于律己、忠诚婚姻、孝老爱小，在外工作的人把钱挣回家，在家守护的人把老人孝敬好，把儿女培养好。我们家的婆媳关系从来没让先生操过心，婆婆的事情也都是我去想我去做，婆婆善良勤劳通情达理，20多年来我们婆媳相处得特别好。

我也看到了很多家庭丈夫在外面辛苦打工挣钱，妻子在家做全职太太却把打麻将变成主业，疏于照顾孩子和家庭。这样既没尽到妻子的责任也没有尽到母亲的责任，耽误了孩子，甚至害了全家，夫妻关系不可能好。

而我的体会是，丈夫在外拼搏，家庭大本营由妻子掌管，更加责任重大。作为留守妈妈，我既是指挥员也是战斗员，我要分担家庭经济负担也要承担家庭中的一切管理责任，还要学习自我成长。我心挂几头：自己的事业，女儿的事，儿子的事，先生的事，婆婆的事，事事都要操心，都要沟通。哪里还有时间精力和心思打麻将。关键是，我们要给孩子树立什么样的榜样，要在孩子心目中成为怎样的人。

尤其是重组家庭，要做好留守妈妈更不容易，要更多地关心对方及对方的子女。我的习惯是做好细节，密切联络。女儿说妈妈太操心了，但儿女有心里话都会对妈妈说，让在外的家人感受到妈妈在，家就在，听到妈妈的声音就能感受到妈妈的温暖，家的温暖。总之，家庭主妇必须尽职尽责，家庭生活的轨道才可能进行健康的良性循环。

浪漫的花前月下海誓山盟常常会败给生活中的锅碗瓢盆油盐酱

醋。其实很多家庭矛盾都是家庭琐事引起的,两地分居矛盾更多更复杂。虽然我们是双职工家庭,但我作为女主人还是主包孩子和家务,先生来辅助也很重要,最粗的活,最细的活,在家常归他干。他很会收拾,多乱的地方经他收拾后整齐得让我无比佩服。

我也是婚后才开始琢磨菜肴的,孩子们都喜欢吃我做的拿手菜。温柔的灯光下,氤氲着饭菜的醇香,家人从四面八方赶回来聚在餐桌旁,品尝着妈妈做的菜的味道,这是全家最欢乐的时光。

互补型夫妻按照特长自然分工。家里来客人了,只要先生在家我就轻松一半,我只负责买菜、订菜谱、掌勺,先生负责洗菜、切菜、洗碗,他切丝切得特别细,打下手绝对是一流。客人们都夸赞女主人厨艺好,其实我家先生最辛苦。

先生是数控机床电气高级技师,习惯了严谨的工作,他的电路布线非常整齐漂亮。所以他做完饭后会把厨房锅灶也收拾得整齐干净。他周末回来,美美地享受了家里香喷喷的菜肴之后,有时故意把厨房上上下下擦得锃亮,然后跑到电脑前拖我起来去参观厨房,等我表扬他。

先生知道我吃完饭就容易犯困,不愿意动,他便会主动包下洗碗的活。有的时候周日晚饭后要急着赶火车回公司,我让他不要洗碗了,我提着他的旅行包催促他出门,他还是坚持洗完最后一个碗才走,望着先生已经不年轻的背影,我总是心生感动,这个场景一直刻在我脑海的深处。每次他休完周末返回单位时,我们都相拥惜别,期待下一个归家相聚的日子。

终于,先生在他 62 岁时退休回家了。我们生活更加规律,早晨醒来谁先起床都会去餐厅喝杯温开水,然后为床上的爱人端来一杯温水，这个好习惯我们常年坚持，每天都在夫妻关爱中开启新的一天。爱情之水从口入心，从胃暖至全身，一日之计在于晨，想不幸福都难。

夫妻关系建设体现在生活的细节中。我起得早负责做早餐买菜，他负责做午餐和晚餐。先生的厨艺提高了，但有些菜肴他还是要故意依赖我做给他吃，常常他把一盘盘菜洗好、分好、切好、摆好，就开始喊我："老婆，给你准备好了，快来炒吧。"常常我们一人做事，另一人也腻在厨房，很享受在厨房边聊天边做饭的状态。这也是16年周末夫妻养成的习惯。

现在先生又通过视频学会了做多种面食及甜酒糖姜等。全家厨艺都提高了水准，包括儿子女儿及外孙，都有了拿手菜。我家逢年过节聚会随随便便就可以做出一桌子美食。

厨房温暖了，家就更温暖了。

父母一言九鼎，孩子一诺千金

培养孩子首先要培养他的诚实守信，做一个诚信的人。诚信是一个道德范畴，是公民的第二个"身份证"，是诚实和讲信用的合称。在孩子成长的过程当中，父母要以身作则，待人真诚，处事诚信，言必信、行必果。父母一言九鼎，孩子才可能做到一诺千金。

著名教育家朱永新教授在《成长六字诀》讲座中说过："成长比成功更重要，成长比成才更重要。"成就任何伟大的事业，其前提都是先成为一个诚实守信的好人，被社会认可的人。

在我们家，孩子在温暖欢乐的氛围中长大，享受到满满的爱和安全感，用心陪伴温暖教育是我们家的良好家风。我们从不敷衍孩子，而是看重孩子，认真对孩子承诺，一旦承诺必然落实到位。

在我们这样的重组家庭还有一个特点，不仅没有一个抽屉柜子上锁，大人孩子的心灵也是敞开的。给予了信任，孩子从不乱拿钱，也从不乱花钱。我们彼此尊重，互相从不乱翻东西。孩子犯错只会得到温暖的帮助指正，所以孩子从小没有来自父母的压力，也不需要有任何隐瞒和对抗情绪。没有受惩罚的危险，就不需要付出不诚信的代价。一切都进入良性循环。是的，我们应维护并发扬光大我们自身与生俱来的善良与纯真，这是我们作为人存在的基因和理由。

女儿过14岁生日那一年,我答应了孩子带他们去南湖划船。但是生日当天天空乌云密布,阴沉沉的随时会下雨的样子,我们没敢出去。到了中午雨并没有下。我理解女儿有些遗憾,于是跟孩子们再次商量,两个孩子仍坚持划船的心愿,我们评估了天气,做好预案,决定共同克服困难,妈妈既然承诺了,就撞一次大运,吃过中饭马上出发。

到了南湖边果然没有游客划船,这种天气不是划船的日子,并不是妈妈承诺了不想兑现。但老天爷似乎也想成全我们,天色虽然一直阴沉沉的,但始终没有下雨,于是我们就租游船下了湖,终于划上了船,孩子们笑逐颜开高兴极了。浩瀚的南湖一眼望不到边,只有我们一家享用。划了大半程,湖面慢慢起风了,将我们越吹越远,我和女儿齐心协力往岸边划,有惊无险,终于靠近了一条大船,在规定的租船时间内爬到大船上,安全上了岸。两个孩子非常兴奋,像是凯旋的将军一样开心自豪。孩子的要求并不高,但是非常看重父母的承诺,父母的用心陪伴能给孩子带来巨大的愉悦,而孩子快乐成长正是父母最大的欣慰。

类似这样的事情不少,两个孩子从中深刻地感受到妈妈的爱,妈妈做事谨慎,尊重孩子,信守承诺。他们也在潜移默化中学会了认真做事,诚实待人。真是应了那句话,孩子刚出生是一张白纸,父母画啥就是啥。当然,我们的言行举止直接影响了孩子,而孩子纯净善美的心也影响了我们。很多时候孩子是我们的老师,是我们的榜样。

在儿子大二那一年,他在暑假里勤工俭学,在一个酒店打工,那一年的夏天特别热,热到街道两边的冬青树都出现罕见的晒死,绿化工人除了拼命浇水还破例蒙上大片大片的遮阳网。儿子每天工作9个小时，来回奔波，很是辛苦。之前我和儿子达成共识，他这次勤工俭学的实践，主要是为学习社会知识，力求在多个岗位尝试多种锻炼。他勤奋好学，这两个月在酒店里接触到方方面面的客人，感悟深刻，收获很多。

其间他提出要到长沙望城去看望姥姥姥爷，所以与同事换班轮休，把珍贵的假期放在一起连休三天。他向我借钱，相当于预支他打工的工资给姥姥姥爷等人每人200元钱。儿子说自己的第一份工资一定要用于感谢，不是随口说的，而是一份承诺，必须信守对爱的承诺。他列出了名单，姥姥、姥爷、爸爸、妈妈、小姨家、姐姐家，共计1400元。他说："我自己存了400元钱，妈妈只要借我1000元就够了。"

在儿子结束工作的最后一天，他特意请我去酒店吃晚餐，他说："我要感谢妈妈！这么多年辛苦妈妈了，我要请您在这五星级酒店吃自助晚餐，也享受一下我和我的同事为您做优质的服务。"然后还美美地告诉我："我还会拿到工资哦，然后给您还上那1000元借款。"他头天还给酒店交了一份书面总结汇报表达谢意，让酒店的人也十分感动。他们的人力资源部部长拉着我的手说："您真是培养了一个好儿子，我们第一次遇到如此诚信好学、非常懂事的实习生，他在各个方面都非常优秀，每个人都特别喜欢他，我们非常想留住他，以后毕业了能来我们这里工作吗？"

在酒店吃晚餐时儿子很抱歉地对我说："对不起妈妈，酒店今天没有给我发现金，要等到周四打到我的卡上，我到时候再还钱给您。"我说："算了，不要麻烦了，没关系，我反正还要给你付学费的。"儿子说："不行，借钱是借钱，这是两码事。"

没想到一个月后，国庆节放假，儿子回到家，进门第一件事就是从口袋里掏出 1000 元现金。这正是讲诚信的人克服任何困难都能做到讲诚信，反之，不讲诚信也可以找太多的借口。

我手捧带着儿子体温的这 1000 元，感动得说不出话来，为儿子的爱，为儿子的诚信，也为儿子的成长。

如今在很多孩子看来，花妈妈的钱天经地义、理所当然。在大学里搞攀比，诱惑太多，需要花钱的地方太多，用各种借口想方设法向父母要钱。当同事知道我们每个月只给儿子 1000 元生活费，而且自己的东西自己买时，她非常惊讶，说她每月给女儿两三千，然后网购的东西还都是父母付钱。她问我是怎么教育孩子的。我想想我也没有教过什么，我从来没有说过你要节约要省着花钱这句话。还是靠平时生活中的榜样引领吧。如果父母花钱大手大脚，说话做事随意，不重视诚信，孩子也就会随心所欲，当然花钱也不会有尺度。

所以我们说诚信特别重要，会影响到方方面面。不仅是兑现一个承诺，不仅影响如何花钱如何做事，也不仅仅是一个人的信誉那么简单。

刚看了一个视频，一个孩子说他的父母说话不算数，他都已经习惯了，还举了几个例子，其中讲他刚上小学时不喜欢去学校，他的妈妈就哄他说你去上学，我带你坐过山车看米老鼠唐老鸭。儿子信以为真就高高兴兴去上学去了，结果现在都已经上三年级了，这个承诺还没有兑现。主持人问他的妈妈这件事她是怎么想的？结果这位妈妈说她就是随口一说，没想到孩子记到现在，而且从来也没有跟她提过。对这件事妈妈表示愧疚，孩子听到以后，刚才还带着笑容，顿时就流下了眼泪。

显然这件事情对孩子是有所伤害的，孩子心里有很大的委屈。我们家长应该引以为戒，再不要做伤害孩子的事情了。

对于诚信自古以来都有严格的要求。唐代诗人李白在《酬崔五郎中》中写道："海岳尚可倾，吐诺终不移。"意思是：大海可以干枯，山岳可以倒塌，许下的诺言始终不可改变。这种正确的做人观念从小就要传递给孩子，且首先从父母做起。

不要小看一个承诺的兑现，西方有一句格言：你要小心你的思想，你的思想会变成你的语言；你要小心你的语言，你的语言会变成你的行动；你要小心你的行动，你的行动会变成你的习惯；你要小心你的习惯，你的习惯会变成你的命运。

是的，诚信是价值观的范畴，父母的价值观和习惯会影响孩子的命运，也会直接影响你个人及家庭的命运。

父母有威信，儿女才快乐

一个正常的家庭一定是长幼有序的，父母要有威信，这是基本底线，这种威信是孩子发自内心地对父母的爱与敬重，这样家庭才有生命力，才有可能和睦幸福。

但是很多家庭从一开始就没有重视父母尊严的问题，小学生吼叫顶撞父母，父母还嬉笑，把无礼当可爱，把撒泼当活泼。上了中学更加随便吼父母，父母这时受不了了，想管却管不了。儿女在家中称王称霸，其实并不快乐。只有家中正确排序，全家才可能有真正的快乐幸福。

父母的尊严威信从哪里来呢？尤其是重组家庭的继父继母，该如何建立威信？生父生母是天生的优势，随着孩子的孕育抚养与孩子建立亲密的亲子关系，而继父继母既没有先天的血缘又没有后天的感情，甚至被孩子误当作入侵者，所以继父继母要做得更多更好才行，常须经历一个消除误解、接纳认同的过程。

我的婚姻生活是在不受女儿待见的状态下开始的。那年到中央电视台《实话实说》节目录制现场，一位继父说："闫女士活得没有尊严了。我可不能忍，我一进门，继女一切都要听我的。"每家父母情况不一样，孩子的情况不一样，做法就不一样，但目的应相同：家人互相关爱尊重，儿女有快乐，父母有威信。

我家的情况比较特殊，女儿比较任性，经历父母离异、单亲、再婚一系列的变故，孩子心灵受伤，性格更加暴戾，喜怒无常，对谁都敢吼。在这种状态下女儿更排斥新进门的继母，所以我新婚的日子必然艰难，我没有尊严，女儿也没有快乐。当然这不怪女儿，只是女儿的改变需要较长的过程。她需要先得到温暖，先获得安全感，才有可能慢慢接纳继母。至于被继女认同和尊重，还需要很多因素，继母尤其需要做很多努力。

父母要有威信首先应自己做出改变，而不是改变孩子。我所做的就是全心全意照顾好孩子的生活，对于不合理的事情，也先顺应，先观察，再视情况改变。比如女儿当时9岁了，不能自己倒开水喝，不能自己剥鸡蛋壳。我便先按照她的要求帮她做好。女儿要吃苹果了就喊："闫阿姨，我要吃苹果，给我拿来。"我就赶快给她洗好苹果送过去。过一会儿又会叫："我吃完啦，快给我拿毛巾来。"我就赶快给她送毛巾过去，帮她擦干净手，把苹果核拿走丢入垃圾桶。晚上要睡觉了，女儿就会喊："我要睡觉了，快过来陪我。"不仅如此，我的言行举止完全受女儿管制，比如吃饭坐哪个位置都归她管。总之我们刚组建新家时，我一切都得听女儿的。

别人乍一听都觉得太不合理了，怎么能这么娇惯孩子呢？大人活得没有尊严怎么行？但是具体到我家的特殊情况，必须先顺应，因为这是孩子最没有安全感的时候，作为继母应该接纳，当然这里要注意的是暂时接纳任性是为了之后能有效改变，进而树立长辈应有的威信，而不是永远接纳娇惯任性。

我很感谢女儿，这样艰苦磨合的日子并没有几个月，女儿转变得很快。大家一定很好奇，我用了什么方法让女儿能这么快地转变，甚至改掉了多年改不掉的坏习惯？我为什么不批评女儿，顺应错误做法她就能改变吗？

女儿多年娇惯变得生活不能自理，我如果立即纠正，只能引得她反感，认为果然继母对她不好，剥夺了她的享受权利，欲速则不达。所以我只能先照顾她的习惯，先让她能感受到我对她的爱和关怀，细心照顾她，再慢慢带动她在心灵感动中体会到如何做人。

例如我带头去孝敬婆婆，继而带领她一起做，凡事奶奶排第一，吃东西用东西先给奶奶还有爸爸。她挑食不珍惜别人的劳动，我就带她做下厨游戏，她炒鸡蛋炒煳了，这是她第一次下厨的劳动成果，很兴奋，她赶快把炒煳的自己吃了，把好的让大家吃，我们一致表扬她，她非常有成就感，从此珍惜他人的劳动。同时我每晚陪她睡前阅读，读孝老敬亲的故事，传播正能量，纠正她的三观。用温暖教育，榜样的力量，用前面介绍的"备课谈话法"一个问题一个问题地纠正她，终于达到她心悦诚服地真正改变的效果。

我们刚组建家庭时我就发现了女儿不尊重长辈的问题，多年习惯说话高声，对长辈也大声吼叫。我没有批评她，也没有同她讲道理纠正，而是用温柔的话语及言行引导她。例如女儿对我大声讲话没有礼貌，而我不仅温柔轻声地回应她，还认真地解决她说的问题。同时在家庭制造温柔轻声讲话的氛围影响她，潜移默化地改变她。

本来女儿是最崇拜她爸爸的，慢慢地，女儿发现我比她爸爸更温柔而且办法多，自然而然地她有什么事包括与同学发生摩擦都来找我给她解难。女儿有不开心的事情跟她爸爸讲，而爸爸不善言辞，常会让她哭得更厉害。女儿发现无论她是怎样梨花带雨的气愤状态，只要到了我面前，都能轻松交流，温暖共情的话语如强大的镇静剂可以让她安静下来，转忧为喜破涕而笑，解决了问题。这让女儿越来越信服我了。她依然尊敬能工巧匠的爸爸，也开始尊敬善良知性的继母，威信自然而然在女儿心底树立起来。

女儿是有思想、重感情的，让女儿喜欢和佩服，你必须帮助她，同时也让她认可你的高素质。做受孩子尊敬的父母不仅仅能建立良好的亲子关系，还影响孩子的品质，影响孩子价值观的形成，从而影响孩子的一生。

近朱者赤，近墨者黑，我们常常教孩子要和优秀的人接触，向优秀的人学习。而父母是接触孩子最多的人，必须要优秀，不是拼学历，而是拼骨子里的涵养，发自内心的善良朴实，以及担当与顽强。

我切实帮助到了女儿学习交友及身心健康，是她的家人也是朋友，让孩子依恋。我身体力行，传播爱国情怀，为社会奉献，关心国家大事。我对孩子尊重，平等地和女儿聊天、游戏。不是居高临下盛气凌人，而是善于倾听孩子的意见。在我们家不仅大孩子跟我说话，我认真聆听，小孩子跑来跑去频繁说童言稚语，我都是耐心认真地回应，从没让孩子失望，努力保护孩子的好奇心。因此孩子们也学会了认真对待父母和他们说的话，实现了相互尊重。父母要想在儿女面前树立威信，须人品好，有担当，勤奋上进。

我从女儿身上也明显感受到孩子特别明辨是非，追求上进，有正义感。她在反对父亲再婚、不愿继母进门的情况下，仍夸我写字很漂亮；她敬佩我是一名共产党员，说她长大了也想当一名共产党员；对我评先进、发表文章及论文获奖很崇拜；我当上她们学校的家长委员会主任和校领导坐在主席台上，也让她感到光荣。这些不仅让我在孩子心中越来越有威信，而且切实让孩子发自内心地感到自豪骄傲。

真正的威信是强迫不来的，相反，倚老卖老会遭人反感。棍棒教育吼骂孩子，父母得到的回报就是孩子长大之后也会这样对待父母，其性格人品也会变得扭曲。这些父母没在孩子心中树立起良好威信，会毁了孩子的一生。

人要有教养，家要有家规，《中华人民共和国家庭教育促进法》已经开始实施，重视家庭教养，培养良好家风，尊老爱幼、孝敬父母是国家法定的责任，每一位父母必须做到。做好这些，父母才能在孩子心中树立威信。而不是在孩子小的时候靠打骂或溺爱孩子，在自己老的时候拿钱来乞求儿女尊重关爱自己。

家庭要幸福，父母要真正尽职尽责做好自己，在儿女心中树立威信，让儿女从心底爱你尊重你，一代传一代，这是父母一生的责任和荣光。

带领孩子学会管理情绪

这些年我被问到最多的问题就是:"闫老师,你是怎么有耐心对待孩子,从来不发火的?我作为亲妈也无法做到。"简单回答大家就是八个字:理解包容,管理情绪。即真正理解孩子犯错是成长中必然的经历,就不会去生气了,观念正确才可能管住情绪。

家长的情绪就是家庭氛围的风向标,直接影响孩子。很多时候家长不只因孩子生气,也会为工作及其他事情绪不好,然后把坏情绪表现在脸上,儿女跟着受气。所以情绪管理是父母的必修课,父母要做自己的心理医生。有句话说得好,你可以表达愤怒,但是不要愤怒地表达。

很多人有才华有能力却过得不顺心,主要原因是管理不好情绪。人在负面情绪下,意识会变得狭窄,判断力失控,因为气愤而冲动,祸从口出,伤人伤己。因为情绪影响一个人的幸福感,还影响一个人的健康,所以说一夜愁白头是真实存在的。

一个会掌控自己情绪的人,即便是遇到困境,也能摆脱困扰,赢得自己的人生幸福。父母能够掌控自己的情绪,那么你的孩子也可以如此,身教重于言传,环境塑造性格。

我一直有个观点:准父母应该学习家庭教育知识,这样才能够合格上岗。

在我的讲座课堂互动中，我曾经对家长们说："从来没有发火吼叫孩子、打骂过孩子的请举手。"时常，几十甚至几百个家长没有一个人举手，同时发出笑声，窃窃私语说："不可能，不吼叫不打骂孩子怎么能做到啊?!"我说："只一个小孩子就有能力让你情绪失控，是你的孩子太顽皮还是你无能啊?"家长们都笑了。

我告诉家长们，我养育孩子30年没有打骂吼叫过孩子，没发过一次火。有问题及时地沟通，女儿完美蜕变，儿子也健康成长。同时我也教会孩子学会掌控情绪，积极妥善地解决问题。所以，我的孩子也从来没有冲我发过脾气，即便是我做错了事，他们也从没埋怨过我。例如儿子在上高中期间，交给我一张表格让我填写，然后还要交给老师，等到交表的那天早晨儿子问我索要时，我居然忘了这件事，而且表也找不着了。一般孩子这时都会着急埋怨甚至大吼大叫，但儿子却立即安慰我："妈妈您别着急，慢慢找，我先上学去了，我跟老师说明一下。妈妈您别着急啊!"

还有两次在儿子急等着吃中午饭的时候，我几道菜都做好了，说可以开饭了，才发现电饭煲里的还是生米，忘记按下电饭煲的开关了。也是儿子反过来笑着拍拍我的背，安慰歉疚的我说："妈妈，没关系，没关系，我也不太饿，吃点菜就可以了……"吃完他便匆匆赶去上学了。

儿子常常让我莫名地感动，这样的例子还有很多。他上高二时我开始租房陪读，有一天晚上我跳完广场舞没有及时回家，因为遇到了一位熟悉的老师，我们聊了一个多小时。结果9点多钟回来时看见儿子在巷口张望，儿子见到我如释重负地说："妈妈您总算回来了，我去跳广场舞的地方找您,已经散场了,我很担心您,我们刚搬到这个地方,您人生地不熟的……"望着儿子冻红的脸我很心疼,又耽误了儿子宝贵的时间,但儿子没有丝毫的抱怨与指责,只有温暖贴心的话语。

看到很多家庭亲子关系不和,甚至非常恶劣,我很遗憾和痛心。明明是自己生养的孩子,孩子天生对母亲有种依恋情感,与母亲情感最亲密,怎么亲子关系会变得不好呢?而且我们也知道孩子是最纯真可爱的,谁对他好谁对他不好,他特别清楚,哪怕他只有一个月大,你对他笑他就会对你笑,你对他凶他就吓得哭,小孩子是不会装的,是最真实表达感情的。所以,为什么亲子关系会随着孩子长大从亲密变为生疏,从生疏变为恶劣?

家长管理好自己的情绪,才能教孩子管理好情绪,孩子能够管理好情绪,受益终生。但很多家长就是管控不了自己的情绪,或是乱操心,让孩子徒增许多烦恼,浪费大量的精力应对父母,和父母斗智斗勇,情绪对抗,而不是把全部精力时间放在自己的学业上,放在自我成长上。而这时家长还不自知,又责怪孩子。

其实很多鸡飞狗跳的家庭,家长都是很忙累的,为孩子操碎了心。可他们带着坏情绪忙于纠正孩子的各种错误,反而把亲子关系搞得很僵。结果越是天天管孩子,孩子的问题越多。

相反孩子学习好、表现好的家庭,其父母都会说:"我没什么事啊,孩子不用管。"这些家庭的父母很闲,亲子关系很好。一句话,温暖有爱,良好情绪,事事顺畅。父母给予孩子充分的情感信任,孩子心情舒畅有安全感,精力不需要放在应对父母上,而是放在了学习上,孩子集中精力去学习,哪有学不好的,自然学习越来越轻松,成绩越来越好。一切都进入了良性循环。

很多人知道费斯汀格法则。这位美国社会心理学家有一个重要的理论：生活中的10%是由发生在你身上的事情组成，而另外的90%则是由你对所发生的事情如何反应所决定。换言之，生活中有10%的事情是我们无法掌控的，而另外的90%却是我们能掌控的。这里面有个关键词就是情绪管理。

我们用一个故事来介绍这个论点。丈夫早上洗漱时随手将自己的高档手表放在洗漱台边，妻子怕手表被水淋湿了，就随手拿到了餐桌上。儿子到餐桌上拿面包时，不小心将手表碰到地上摔坏了。丈夫心疼手表，就打骂了儿子。然后黑着脸又骂了妻子一通。妻子委屈，夫妻二人吵起来。一气之下丈夫早餐也没有吃，直接开车去了公司，快到公司时突然想起忘了拿公文包，又立刻掉头回家。他进不了门，只好打电话向妻子要钥匙。妻子慌慌张张地往家赶时，撞翻了路边的水果摊，不得不赔了一笔钱才摆脱。待拿到公文包后，丈夫已迟到了15分钟，挨了上司一顿严厉批评，丈夫的心情坏到了极点。下班前又因一件小事，跟同事吵了一架。妻子也因早退被扣除当月全勤奖，儿子这天参加棒球比赛，原本夺冠有望，却因心情不好而发挥不佳，第一局就被淘汰了。

在这个事例中，手表摔坏是其中的10%，后面一系列事情就是另外的90%。正是由于当事人没有很好地掌控那90%，才导致了这一天成为"闹心的一天"。

试想，丈夫在那10%产生后，假如换一种态度安抚儿子说："不要紧，你不是故意的，手表我拿去修修就好。"这样一家三口都不生气，那么随后的一切不愉快就不会发生了。你控制不了前面的10%，但完全可以通过你的心态与行为决定另外的 90%。

可见，情绪的管理是非常重要的。所谓人要想强大首先就要管控好自己的情绪。我们可以努力做到，当心情不好、情绪不在状态时，不要说话，不要做决定，让自己独处一会儿，整理消化坏情绪。这样你至少不会伤害到他人，不会伤害到孩子。

父母要告诉孩子，所谓控制情绪绝不是压制自己不生气，而是管好自己、提升自己，不用自己的标准要求别人，不被别人的思想和语言激怒。

人的一生都在做情绪管理，所以，所谓掌控情绪是把决定权放在自己的手中。父母和孩子应携手学习成长，始终不忘人生的目标，前行的方向，不被路途中的干扰引诱而中断或改变。

继母不要有过大的压力

女儿 18 岁生日时，她郑重地给我们写了信，让我非常感动，我一直珍藏着。信中女儿不仅表达了对父母的感激和爱，还希望父母不要有什么顾虑、压力。女儿是认真的，还亲自做了一个信封，并且在封面上工工整整写着：写在我的十八岁生日。

写在我的十八岁生日

爸爸妈妈：

　　谢谢你们！今天是我的生日，但我最想说的一句话是，感谢我最亲最爱的父母。18 岁了，按理说算是成人了，但我清楚地知道，我还是一个不够成熟懂事、不够乖巧的女儿，也是一个不够理想、不够优秀的人，我仍然让你们操了很多心，没有你们的哺育培养、关心支持，就没有今天的我，没有今天这个拥有幸福的美好家庭、能快乐生活快乐学习的我，所以，我感谢你们。如果，过生日许愿能实现的话，那我的愿望是，愿爸爸妈妈永远身体健康。

　　18 岁了，虽然盼望了很久，可直到这一天，我又觉得有点突然。因为我觉得，我还不具备许多东西，这么多年风风雨雨，一路走来，你们为我牺牲了那么多，我不知道让你们生过多少气，伤过你们多少心，但你们仍然用心来爱我，给我温暖，给我母爱，给我父爱，这一切是无价的，是我永远都偿还不清的。我会用我的一生来回报你们，永远爱你们，我希望十年、二十年、三十年后，甚至在我白发苍苍时，我都不会愧对这句话，不会愧对你们。不论以后我的路将如何走下去，我都会坚强、快乐地生活着，我知道我一定会遇到许多挫折、困难，但在你们的关怀下，我会克服困难坚强面对，我以成为你们优秀的女儿而骄傲，但愿以后你们能以有我这样的女儿而自豪。

今天是我的生日，我有个心愿希望你们答应，以后如果我有什么做得不对的地方，你们千万别放在心里，一定要提出来，人与人之间沟通很重要，不说出来，很容易产生误会，对自己的女儿还有什么顾虑呢？

永远爱你们的女儿

漂亮如花的女儿笑眯眯地双手交给我这封信，读着信我感动得无法用语言表达，只能深情地拥抱女儿。女儿一句："我有什么做得不对的，一定要提出来……"用温柔的话语告诉我不必有太大压力、太多顾虑。女儿的真情，女儿的成长，让我感到无比欣慰。

面对世俗对后妈的恶名，当年我选择这门婚事，就下定决心用行动证明后妈也有好人，能做最好的妈妈。这样我必然有了较大压力，这些压力既给我动力，但也有教训。如陪伴照顾女儿，我总是不自觉地会小心翼翼生怕出错，开始是女儿要求我百分之百做好，不能有一点闪失，后来是我习惯做好百分之百，精神处在紧张状态。

照顾孩子百分百无微不至就是好后妈？看过一篇家庭教育文章写得很好，叫作《无微不至的"爱"是在"害"孩子》，感觉文章中有些地方说的就是我，辛苦地做了一些不必要的"无微不至"，从长远讲对孩子不利，累了自己，也让孩子在成长道路上走了弯路。

虽说继母要比生母做得更好更周到才可能被认可，但还是应该适可而止，不能过度。

孩子的问题根源在父母，虽然教育改变女儿，我花了很多心血也取得了可喜效果，我们母女关系变得非常好，但唯有教女儿做家务和改变过于自我这两方面，我一直有顾虑，因为女儿不愿做也敏感，而我背负"后妈使唤女儿"的压力也很难，所以我宁可自己做，也从不让女儿做。包括在家里让孩子帮忙传递个东西，我都没有喊她做过。所以，那时女儿没有做家务的习惯，也没有主动帮妈妈提东西的习惯，哪怕我双手提再多再重的东西，她也没有帮忙的意识。

等到三四岁的儿子都争着帮我提东西了，十三四的女儿还没有醒悟。我还在一年又一年包容着。直到6岁的儿子每次抢着帮我提东西，16岁的女儿仍没反应时，我突然觉得再也不能等待她自己醒悟了。那天，我停下脚步笑着对女儿说："弟弟在帮妈妈，妈妈也需要你的帮助。"

我的话不是批评她，只是表明需求，所以效果很好。女儿立即说："好啊，让我提什么？"从此以后，女儿就开始帮我提东西了，有时她仍不记得，我提醒她，女儿从没有拒绝。所以，是压力、顾虑和溺爱使我迟迟没能解决这件事，其实早不纠正，是父母的错。

孩子如果被溺爱照顾多了，她就习惯了自己第一，心里只有自己没有别人，而且心安理得。那次我们一家四口乘火车只有一个座位，我习惯性让女儿先坐上，但 17 岁的女儿这一坐就是近两个小时，没让父母坐一下，直到下车。她爸爸全程站着，我有时跟别人挤座位坐下，让儿子靠在我身上。一大半时间我和儿子都是站在列车过道上。这次坐火车的经历我感受很深，不仅是因为我很累，还因为女儿完全没有察觉到有丝毫不妥，她一会儿让爸爸给她取东西吃，一会儿和我们谈笑风生，她心安理得地一直坐到下车。

这件事震动了我，我反思自己，明白是我做错了，从 9 岁到 17 岁，女儿平时都习惯了公交车上她坐座位，而妈妈提着东西站旁边。女儿不懂妈妈带孩子上街购物提东西有多么累，应该轮流让妈妈也坐一下。这就是因为我平时给女儿照料包办得太多，她也就习惯等我照顾她，而不会为妈妈考虑。

我包容宠溺的结果是她在众人眼里成了不懂事的孩子，别人不能这样包容她，我的爱成了一种"害"。我必须立即纠正了。

那时，女儿在外地上大学，我用心地给她写了封长信，平时是手写信，这次是用电脑打字稿，我精心措辞尽量让远方的女儿心情愉悦地接受我的意见。在信中我不仅写了坐座位这件事，而且我还写了理由，表达了一个新观点："女儿，在你小的时候，你是弱者，妈妈是强者，妈妈要包容你，事事照顾你让着你。但是，现在你长大了，你是强者，妈妈是弱者，妈妈不会再事事照顾你让着你了。你终将要独立面对社会，所以，你要成长，从此以后，爸妈要对你有更高的要求……"这封信分量较重，但女儿接纳了，从此解决了这个问题。可见，父母要相信孩子，正确教育孩子。

女儿出现问题是父母的原因，是我们没教给她应该关爱照顾父母，我只教给她关爱奶奶，关爱同学，关爱他人，所以，在公交车上，女儿也会主动给老人让座。然而，我不好意思对女儿讲让她也一样关爱妈妈，同时我还无微不至地照顾女儿也显得有点儿太强太能干，所以女儿就误认为妈妈就应该照顾儿女，有座位当然也要让儿女坐，妈妈是万能的，像超人一样不会累。可见为了孩子的健康成长，继母也要示弱，应该让儿女知道妈妈也需要帮助。

有很多家庭从小溺爱孩子，不知不觉把孩子培养成只会享受索取而不会付出奉献的人，包括对父母不尊重不关心。到头来，有些父母伤心气愤至极，从一个极端又到了另一个极端，骂孩子没良心。这正是家庭教育的悲剧。

很多时候，继母也有自己不为人知的难处。不是所有继母都心眼不好，但后妈已经成了个坏标签，往往做得再好都要受到别人的怀疑和否定，这是普遍的社会现象。所以提醒继父继母，我们做好自己，问心无愧，埋头耕耘，不问收获但自有收获。我家就是如此，人心是可以被感化的。女儿工作之后更懂事了，会主动说："妈妈你可以让我做任何事。"

在我家，虽然我自己压力大，会辛苦一些，女儿的缺点也纠正得慢一些，但也有一种好效果，那就是女儿看到了妈妈的付出，有更多的感动，母女的感情也更扎实。我用行动影响女儿越来越有上进心，她非常想做一个好女儿。

女儿希望我把她当亲生孩子，多次跟我说："为什么有血缘才是亲生的？为什么我不是你的亲生女儿？"女儿20岁那年再次跟我说："妈妈，我就是你生的，就是亲生女儿！"我告诉女儿：相亲相爱才是最重要的。我们之间也是有血缘关系的。女儿是弟弟的亲姐姐，我是弟弟的生母，于是我和女儿的血缘关系连在一起了。女儿安心了，不再纠结于血缘关系。

无论是作为后妈还是亲妈，什么标签对我都不重要。因为我怀有一颗永远珍爱孩子的心，无论是什么评价，无论世事如何变迁，我善良的母爱之心永远不会变。

总而言之，继母可以给自己压力，严于律己，但不要压力过大，过于谨小慎微或娇惯包办，那样不仅会使孩子更加自我，缺乏责任感，自己也会活得辛苦。孩子是明理的，早些放手，孩子可以早日成长，如果方法正确，丈夫配合，会减轻妻子很多压力，孩子也会进步更快。

努力做成熟受尊重的父母

家庭生活幸福，孩子从心底认可父母，信任尊重父母，需要父母和孩子一同成长。

在一个家庭中，父母应受到尊重，这是底线，如果儿女不尊重父母，处处和父母对着干，长幼无序，则这个家无法安宁，更谈不上幸福。

如何能受到儿女的尊重信任，原生家庭不容易，重组家庭更难。这是一条生命对另一条生命的敬畏，有血缘关系和没有血缘关系，本质是不一样的，必然对重组家庭的父母提出更高的要求。

孩子尊不尊重父母，全在于父母。换句话说，孩子如果不尊重父母，不怪孩子，而怪父母，因为先天与后天教育的原因都与父母相关。许多父母本身就是不成熟的人，怎么能让孩子成熟起来？父母都不成熟，做些幼稚愚昧的事情，尤其做一些伤害孩子的事情，怎么能让孩子尊重你呢？

最悲哀的是，很多父母根本都不知道自己是不成熟的，从来不学习成长，伤害了孩子，还把所有的问题都甩给孩子。最可怕的是，这样的父母随着年龄的增长不但没有变得成熟甚至更加恶劣，让孩子增加更多的烦恼，给孩子带来严重的思想负担。

什么叫不成熟的父母？

控制型。这种父母想控制孩子，高高在上，自以为是，觉得自己说的都是对的，对孩子没有尊重，没有界限，不注重孩子隐私，随便偷看孩子的日记，私闯个人空间，随时中断孩子正开心玩的游戏或正欢愉的同学聚会。父母要求做的事永远是最重要、最紧急的。孩子不能反抗，反抗就是不听话、不懂事。导致孩子自卑懦弱或任性叛逆。

情绪型。这种父母情绪不稳定，总是突然发火。孩子放学回来，没做错任何事情，一进门就看着父母的脸色，让孩子极度没有安全感。这样的父母没有自控性，没有考虑到他人的利益及家庭的氛围，不在意对孩子的伤害。这种家庭环境中的孩子容易情绪不稳定，孩子活得提心吊胆，还要为阻止父母的狂躁情绪担心分神，不能专心地学习。

情感缺失型。这种父母不懂得、不认可家人之间的情感沟通交流非常重要。父母不会主动跟孩子交流，你跟他谈情感、谈思想、谈感受，他不懂，也不理会。没有平等对待孩子，不懂得孩子需要快乐，孩子需要理解和尊重。例如孩子考试没有考好，父母不理解孩子心里的创伤，不会帮他找原因找方法，只是想自己在同事面前丢脸了，自己的面子更重要。这样的孩子会觉得自己虽然有父母，仍然非常孤独。

当然一说起爱孩子，每个父母都说特别爱孩子，希望自己的孩子健康成长。但是想让孩子优秀，那么你自己就应该先成为优秀成熟的父母。我们要怎样做才能成为优秀的父母，重组家庭也可以做好吗？

毕竟生母有先天的优势，随着孩子的孕育抚养与孩子建立起亲密的亲子关系。而继母是在孩子的成长中突然进入孩子的生活，孩子对继母的认可不容易建立。

重组家庭的难度在于，父母必须要做到百分之百，且做好一辈子，一次失误就可能前功尽弃。这 30 年来我对女儿倾注了百分之百的爱，经历各种风浪也没有改变过，所以我们建立了亲密的母女关系，拥有了长辈应有的尊严。女儿从最初大声呵斥我，变成尊重我，我们互敬互爱，亲密互动。

很多母亲跟我诉苦说做好这些太难，想了解我是怎样做的，我提几点建议。

第一，做成熟称职的母亲，必须对孩子用心关怀，让孩子感受温暖，学会爱。要让孩子从心里喜欢你，照料好孩子的生活起居是底线也是基础，尽到母亲应该尽到的责任。

女儿之前母爱缺失，对她是一个打击，而她又是一个感情细腻敏感的人，非常渴望母爱，我在这方面做到位，让女儿舒服满意。她在生活中一刻也离不开我，她的父亲无法给予她的，我能全部给她，在我们家我是家务主管及教育全包，我可以变着花样让女儿吃好，女儿的漂亮发式我打理，美丽衣裙配饰我装备，同学老师我联络，业余时间我陪伴……女儿生活学习的一切都是我参与和引领的……所以，不知不觉女儿变了，她主动跟着我，黏着我，我把她一直当成亲生女儿一样对待，永远不变。这就有了被尊重被信任的基础。

第二，做成熟的父母要爱学习、求上进，有知识储备帮助孩子，要能够在精神上关爱孩子，能够指导孩子正确地为人处世，给予孩子心灵的呵护。

第三，做成熟的母亲应对孩子尊重，注重情感关怀，善于倾听孩子的意见。

我的习惯是，儿女跟我说话，我一定会停下手中的事来倾听，而且是看着孩子的眼睛听他们说话，认真回答他们的问题，哪怕是最无聊的问题，也要让他们乘兴而来高兴而归。女儿在房间里跑来跑去，一会儿跟我讲一句话，一会儿又跟我讲一句话，我都是如此对待，我是用温暖的目光看着她的眼睛，用温柔的话语和她交流，回答女儿的问题时坚定自信，让她信服，从不让她失望。女儿因此学会了和大人说话时也能认真倾听。还有重要的一点就是始终坚持好好说话，我尊重女儿，女儿也学会了尊重我。

要做成熟的有教养的父母，父母在孩子心中的威信就会自然建立，良好的家教家风也会形成。

第四，做成熟的父母首先是做成熟的夫妻，夫妻明事理、重感情，自然家庭和睦，生活幸福。可以说，恩爱的父母更加受尊重有威信。

我30年的家庭生活经历完全验证了这一条。重组家庭若没有良好的夫妻关系，就无法做好继父继母，亲子关系也就免谈。

在我们家有良好的亲子关系，首先缘于有良好的夫妻关系，孩子从没有见过我们夫妻吵架。当然，我们夫妻30年里也怄过气，几天互不讲话，虽然并没吵架，但聪明的女儿也会看出来，每次女儿都很不开心，很紧张着急，甚至出面劝合，可见夫妻不合是孩子最怕见到的事。

第五，成熟的父母让身边的人尊重，孩子会引以为荣，父母有好人品、好口碑，能够让孩子佩服，真心尊重。我也是从女儿这里得知的，孩子很看重父母的形象，包括社会影响力。

希望我们每个家庭都能够和睦幸福，父母被儿女爱戴。父母是孩子心中的榜样，爸爸格局大有担当，妈妈温柔有素质，必然能得到孩子的敬佩尊重。

最好的学区房是夫妻恩爱的家

太多的家庭重视购买学区房,甚至为此拼尽半生财力,其实对孩子来说最好的学区房是一个父母恩爱的家,一个快乐温馨的家。

夫妻关系直接影响亲子关系,亲子关系也会影响夫妻关系。我们夫妻是因为看重对方的人品,真心地喜欢对方而结婚,所以,即使遇到女儿的种种问题,我没有退缩,有爱的强大动力,我努力地感化和改变女儿。世界上最好的家就是爸爸爱妈妈,妈妈爱儿女,儿女爱爸妈。妻子得到丈夫的爱,才会心情舒畅踏实,奉献全身心建造温馨幸福的家。

婚前我和先生制定了一个《不吵架公约》。这个公约很重要也很实用。重组家庭亲情关系本身就脆弱,父母吵架一定会让孩子心中父母的形象轰然倒塌,后患无穷。夫妻之间有分歧很正常,只要不激化矛盾,关键时刻控制住情绪,才能妥善解决。

制定这个公约的目的就是禁止吵架的发生,所以公约规定,出现矛盾时不能发火,要控制情绪好好沟通。如一方率先发火了,另一方不要再发火,就吵不起来。我们约定,不发火的一方会受到奖励,先发火的人要受到惩罚。

为什么惩罚先发火的人,同时奖励不"接火"的人?因为夫妻吵架往往是一个人率先发起的,虽然发火的原因多种多样,但另一方有时甚至还莫名其妙,不知对方为何发这么大火,只是出于夫妻平等的心理:谁怕谁啊?于是把小事吵成大事,把小矛盾激化成大矛盾。因为在气头上,彼此都会说很伤人的话,冲动之下会无所顾忌,还会扯出以前不愉快的事,最后收不了场,给夫妻感情埋下隐患,不仅伤害了孩子,还给孩子树立了坏榜样。所以必须制止吵架。

因此,我一向不同意什么"打是亲骂是爱,床头吵架床尾和,夫妻吵架没关系"。我主张是在情绪激烈的那一刻,尽量控制或回避,忍过这个时段再沟通就会理智些、清醒些,不至于出口伤人。所以我们制定了这个公约,且很有威慑力,我们30年婚姻没怎么吵过架。

不吵架有那么重要吗?曾经我的一个学生对我说:"我不怕父母打我,我就怕他们两个人吵架打架,我情愿他们两个人打我,也不愿意他们两个人吵架。"当这个孩子的母亲又向我告状,说儿子怎么怎么差,我把孩子的话告诉了她,她流泪了。

我劝这位母亲,儿子是多么的可爱善良,父母应该醒悟自律起来,给儿子一个温暖温馨的家。父母要明白一个道理,父母当着孩子的面吵架会毁掉孩子的自信,伤及孩子的心灵。家庭的温馨和睦,从好好说话开始。夫妻如何对话,孩子就会如何说话。夫妻好好说话,全家都会幸福。

好的家庭氛围会带动孩子,从而进入良性循环。例如,我们结婚初期,女儿不允许我们夫妻相互讲话,我们在家里成了"地下"夫妻,但我和先生感情很好,让我更有动力帮助女儿。女儿在关爱中慢慢改变,慢慢接近我,反而渴望父母和睦、全家幸福。

让我感动的是女儿每次都站在我这边。一是我们母女平时感情好、交流多；二是家风民主，女儿知道事件详情，责任在谁；三是我从不因夫妻问题影响做家务和照顾孩子。

爱的魅力就是这么大。夫妻和睦、家庭幸福直接影响儿女的婚恋观。有的家庭夫妻长期不和，儿女则会恐婚，长大成人也拒绝谈婚论嫁。而我家两个孩子的青春期都非常顺利地走过，他们阳光上进，热爱生活，他们羡慕父母的爱情，也渴望自己的爱情，知道自己应该找什么样的爱人，于是顺利地恋爱，顺利地结婚，从恋爱到结婚完全没让父母操心。女婿上进孝顺，我们如同又多了一个儿子；儿媳懂事体贴，我们如同多了一个女儿。孩子们也用小家庭满满的幸福回报我们。

夫妻关系好甚至可以密切家庭所有关系。30年来我从没让先生为婆媳关系操心，孝敬婆婆的事都是我主动考虑，全部做好。我发自内心地写了两篇文章《如母如师好婆婆》《陪伴婆婆的日子》。婆婆很喜欢住在我家，她喜欢融入我们的欢乐生活。

夫妻同心，即使遇到困苦也可以微笑面对。当得知婆婆罹患癌症晚期，我数次泪流，面对婆婆又强作欢颜。先生在外地工作，在婆婆最后的日子里，我把她接到家里衣不解带地日夜照料了两个月。她没有食欲，给她喂饭很难，我想尽办法保证了营养，每天带给婆婆欢笑，让她每一天都过得很有质量。

那天我陪婆婆坐在阳台椅子上晒太阳，我把蛋羹蒸好，故意变换策略，第一次把喂饭任务交给了乘火车赶回家的先生。我对婆婆说："今天我只负责做好，您儿子负责让您吃完。我们分工负责，谁没完成好就惩罚谁，妈妈您就看着办吧。"先生也做害怕状："妈妈，您就吃完吧，不然玉兰就会打我啊！真打呀！"

婆婆开心地笑着说："给我使劲打！"我们夫妻围绕着婆婆笑成一

团,我们就这样在玩笑中,哄着婆婆把蛋羹一口一口吃光。

我收起碗,回头再看坐在摇椅上的婆婆,阳光闪闪发亮照在她的身上,她眼里透着慈祥善良,正静静地望着窗外,是那么美好。多么想永远留住婆婆,永远留住这份美好,瞬间我的泪就流了下来……现在回想起来,这依然是无比温暖珍贵的一幕。

儿女说,因为我们家和睦幸福,让他们在快乐中成长,出门在外后有了比较,这种感觉更加明显深刻,从而更加思念珍惜我们温暖快乐的家。他们觉得自己特别幸运,爸妈的恩爱幸福让他们学有榜样,所以儿女的小家也都非常幸福。

我以前并没想到,夫妻恩爱对孩子的影响如此之大,夫妻恩爱也可以一代传一代啊,真正验证了"夫妻关系重于亲子关系"的理论。

有的家庭只重视买学区房却不注意夫妻感情的培养建立,不重视家庭氛围与孩子培养教育之间的关系。有的重组家庭甚至在二三十年的家庭生活中都没能建立良好的亲子关系,当男方去世,继母就被丈夫的亲生子女赶出家门。有的再婚夫妻不讲方法处理夫妻矛盾,只站在自己的立场想问题,完全不顾孩子的感受。而对于心眼不好的继父继母来说,孩子更会受到摧残虐待……再婚父母感情好与不好对子女的影响是天壤之别,真的令人警醒。

进入婚姻,就意味着你每讲一句话每做一件事情,都不能只考虑自己的感受,还要考虑爱人的感受,考虑孩子及家人的感受。人生是一场修行,其实,修正的是自己的一颗心。心正了,行就正了;心明了,人就不累了。爱出者爱返,福往者福来,何况家人之间,对家人好就是对自己好啊!

"埋头耕耘，不问收获"是经营婚姻一种独特的智慧，认真做好自己该做的事情，履行好不同角色应尽的责任，夫妻之间经常表达相亲相爱的情愫，这样温馨的家庭，才适合孕育新的生命，欢迎新的成员。经过热恋进入婚姻的夫妻要明白婚姻关系需要持续经营，一张结婚证确认的契约关系只有经常进行良好的沟通、呵护、支持，才能让亲密、激情和承诺得到落实。当婚姻的爱情之树常青，家庭才会生机勃勃。这种幸福的家庭更容易培养出蓬勃发展的孩子。

"埋头耕耘，不问收获"也是对家庭成员的信任，相信每个人本质都是善良的，都会积极努力向上发展。全体成员团结协作，生活才会更加美好。当儿女认真帮助父母调解矛盾，帮助协调家庭和谐关系时，幸福感也会油然而生。

每个家庭成员自身所拥有的善的能量在充满爱的家庭中会得到最好的发展，会呈现最美的样式。最重要的是为人父母常常缺乏经验，需要跟随孩子年龄的成长不断学习，甚至需要向孩子学习，父母才能比较完满地履行好不同时期的责任。

但问耕耘，不问收获，收获自然来。结果导向的管理，不仅会造成关系紧张，甚至还会限制了孩子的发展。

陶新华

第四章 价值引领是关键

我是你生的，我爸没骗你

常有人问我，你家的孩子为什么那么听话？我并不能用一句话来回答他，但可以肯定的是，先有和谐的亲子关系，才有好的教育成果。而且这种所谓教育是无痕的，完全融化在点点滴滴的生活之中。

什么叫亲子关系好？至少父母应该能和孩子随便聊天。只有父母尊重孩子，愿意倾听孩子讲话，孩子才会愿意听父母的话，和父母关系融洽。

在我们家，一直以来我们和孩子是平等的，做到了对孩子尊重，对孩子好奇心和专注力的保护，孩子同我说话，我都要停下手中的事，眼睛看着孩子，认真倾听孩子的每一句话，从没有不耐烦。包括幼儿期，孩子跑来跑去一个问题问十遍，我也会重复回应十遍，温暖快乐地回应。所以我的两个孩子从小就喜欢跟我聊天，讲心里话，开心的不开心的，无话不谈。这是一件很自然的事。

在聊天中我们增进彼此的情感，为彼此分忧解难，学习新知识，相互鼓励、共同成长……这是家庭生活中不可或缺的美好享受。我们的许多聊天都让我记忆深刻，每每忆起，还是会深深感动。

记得那一年女儿大学毕业，我帮她联系在我工作的地方实习。偶尔休息时，女儿就会走进我的办公室与我聊天。有一天，她看着我办公桌上摆放着全家的照片，突然对我说："妈妈，你给我讲讲你和爸爸恋爱的故事吧。"这是我们相处十年来，她第一次与我谈这个话题。

"呵呵，怎么说呢，"我拍拍脑门笑着，"这可是隐私，哪能随便讲呢。"我卖着关子。女儿到了恋爱的年龄，其实我很愿意与女儿谈这个话题。

女儿撒着娇："妈妈，讲讲啦！我好想知道，讲讲啦。"

我清清嗓子说："好，从哪里讲起呢？总的说吧，算我上你爸的当啦。"

女儿笑着说："不会吧，我爸哪有那么精明啊！"

我举证："什么不会啊，你爸先修录音机后看诗，我就这样被他蒙骗住了。"

女儿大笑，说："真有故事啊！我以为是爸爸长得太帅了，把妈妈吸引了呢。"

我也笑着说："呵呵，他长相还行吧，关键是你爸找了个婚托把我心爱的收录机抱走去修，我对修好并不抱希望，但只几分钟我的收录机就在楼下唱响了，那是我的磁带，是我最喜欢的、熟悉又优美的歌啊。后来我才知道这都是婚托一手导演的。我说这个人这段时间怎么对我这么热情，每次食堂吃饭都会碰到他，我以为他只是自来熟、乐天派性格的人，弄了半天是你爸单位领导安插的婚托有意接近我啊。"

女儿痴痴地笑道："哇，你们好浪漫啊！是咱家床底下那台老机子吗？"我说："是啊，你肯定想不到吧，落满了灰，还很有故事呢。你爸第一次和我见面就是抱着我这台才修好的收录机走进我宿舍的，后面跟着婚托……"

女儿一直笑个不停,我接着说:"可笑的事还多着呢。见面第三天,你爸带我去岳阳楼玩,他对我说:'大家都说你很会写文章,文采特好。'初识须低调,我敷衍着:'一般般啦。'结果,他在岳阳楼抓着那些诗碑左看右看,上看下看,我心里暗暗想:不错,他挺喜欢诗的,可能和我有共同语言。但最终的结果却是,从那以后到现在,这么多年过去了,他连个诗边儿都没沾过啦!你说我上当不上当吧!"

女儿这时已笑得捂着肚子快从椅子上栽下来了。

我也笑着说:"现在你知道了吧,你爸还真是个骗子呢。骗子的招数还很多,本来我们第一次见面就如实讲了各自以前的婚恋情况,可是从此以后,他就再也不认账了,他每次都说什么他从来没有结过婚,跟我就是初恋,就是初次结婚。你说你爸是不是一个大骗子啊?"

我们娘俩一起开心地大笑起来。

没有想到的是,女儿笑着笑着却流下了眼泪,美丽的眼睛更加清澈晶莹,办公室突然安静了下来,女儿抬头看着我很认真地说:"妈妈,我爸没有骗你,我爸真的没有骗你,他是没有结过婚,而我就是你生的。"她微笑着,泪光点点:"妈妈,真的,我是你生的,我爸没骗你。"

温馨的办公室,我和女儿面对面坐着,窗边的茉莉散发着醇香,阳光正从窗口照射进来,为美丽的女儿披上金色的光晕,那是怎样动人的一幕啊!

我看着可爱的女儿,那一刻,我也被女儿的真情所感染,这么多年,我们共同经历了太多太多,酸甜苦辣一下涌入我的胸怀,我们微笑着,相互凝望着,我的泪也夺眶而出……

母女真情的最高境界是怎样的？不知道，我和女儿只是这样流泪微笑，彼此相望，彼此懂得。我们感受着一份最难得的幸福，它连通着我们的心，共同温暖着我们母女。

这一年，女儿19岁。这是我作为继母和女儿相处的第十年。在女儿身上早已无法找到当年那个怒目圆睁、不允许我和她爸讲话的小女孩的影子了。

如今，又是很多年过去了，但这一幕仍清晰地印刻在我心灵深处，让我时时感动。我虽付出了很多，但我收获的更多，收获了信任，收获了爱。

孩子的情绪是不掺假的。你对他好，他一定会对你好。你一直是耐心地与他沟通交流，他也一定会耐心地与你交流。你总是认真听他说话，他也会认真听你说话，主动与你说心里话。你用真情对待他，他也会用真情对待你。

本来，孩子从出生起一直是黏着你的，直到小学都是想跟你讲话的，但很多亲生父母没有注意到这些生活细节，他们很爱孩子，却经常懒得和孩子聊天说话。高兴的时候亲不够，生气的时候又吼不停，以为孩子小，什么都不懂，就随着自己的暴脾气来。久而久之，孩子跟父母没话可讲，不断疏远。父母还抱怨：孩子越来越不听话，平时跟我没话说。这说明亲子关系已经出现问题了，而且是父母造成的。

所以父母真的要改变、要成长，从细节做起，从聊天谈心做起，对孩子要更加耐心些，修炼好自己，引领好孩子，你尊重孩子，孩子才会尊重你，才会听你的，才可能在一次次心灵的共振中享受暖暖的亲子亲情。

善待继子女才有福报

多子女家庭最常见的矛盾就是没有平等对待每一个孩子,而重组家庭最大的难处是如何摆正继子女与亲生子女的关系。这个亲子关系没有搞好,不仅孩子教育不好,甚至可能影响婚姻关系。

在一双儿女的成长过程中,我始终把女儿摆在第一位,但在生命的延续中我收到了最大的惊喜,那就是小儿子拥有善良阳光的品格,这是真正的福报。虽然也有人质疑,说我两个孩子相差 10 岁,凡事姐姐第一,这不公平,会伤害了弟弟。但是我感觉重组家庭就是这样,必须要偏向继女一点,这才叫一碗水端平。

不少生二胎的家长都有体会,当老二出生的时候,本来比较乖巧的老大突然变得闹事了,且对二宝排斥,这是因为老大没有安全感了,家里突然来了个新成员,老大便恐慌,以为父母不爱他了。重组家庭的孩子更是如此,所以父母应给老大多一些关注,这是必须的。

新婚成家,我全部精力都在女儿身上,没有想到一个新生命意外萌发。于是,新矛盾来了,女儿要呵护,胎儿也要有安宁的生长环境,而当时却无法两全,我父母的教诲、我的为人信念让我选择先顾女儿周全。

怀孕期间,精神上累,体力上更累。女儿从小娇惯任性,只要她在家,我就必须陪在身边,一切都需照顾周到。作为高龄产妇,职场工作及家务忙累,中午特别想睡几分钟,但我从未睡过。女儿让陪她玩,陪她学呼啦圈,上百次蹲下站起,我也硬扛过来了。

我对女儿精心照顾,关照女儿敏感的内心,一直不给自己任何孕妇待遇,从不提一句相关话题,也不买婴儿用的东西。虽然我很会做衣服织毛衣,也没给将出生婴儿动过一针一线,而是在炎热的夏季给女儿织了两件漂亮的毛衣。女儿很看重这件事,每天围着我看毛衣图案变化催进度,特别开心,我们母女的感情越来越好了。

比预产期提前 16 天,我突然发作生产,婴儿用品都没来得及准备,产前发作那一刻我只想到做一件事,就是忍着腹痛抓着女儿的毛衣拼命织,因快完工了,女儿盼着呢。孩子姑姑见了,夺下毛衣嗔怪我:"织什么织啊,什么时候了,还不快去医院,你不要命了!"在待产的病床上,我突然开始担忧胎儿,回想 9 个多月经历过山车般的惊悚,整日操心劳累,几次意外幸好没有流产。不知胎儿有受伤吗?但换个角度想,任何情况下这胎儿都抓紧我、跟着我,这真是缘分啊!当婴儿呱呱坠地,医生高兴地说是个男孩并抱给我看,我不管男孩女孩,我只拼命睁大眼睛仔细看有没有残疾,万幸,一切正常,我这才放下心来。

我特别惊喜,在孕期我完全没管过这个胎儿,没特殊吃喝,没胎教看书买东西,也不曾为他休息过一天,工作、家务、带女儿一样没耽误。七斤二两重的健康婴儿阵痛了 3 个多小时就顺产面世。

接下来的日子里,儿子能吃能睡,胖嘟嘟的小脸儿特别可爱,而且一醒来就笑。我休完产假又要上班了,回家还要照顾他姐弟俩,家务繁重,但儿子从不吵扰大人,他吃饱了就独自乖乖地在床上玩耍。

如何解释儿子如此易生好带,善解人意。朋友说:"是因为你太善良了，感动了上天，善有善报。"我希望是这样的福报，大家都来做好人善事。同时，或许也因为我整个孕期都在陪伴女儿，满脑子想怎样把女儿培养好、教育好。每天陪女儿做游戏、讲故事传播爱，睡前阅读感受真善美，温暖教育纠正女儿三观，家中满满的爱和正能量，冥冥之中也滋养了胎儿。小儿子顺便也得到了家庭教育，所以才会这么出奇的乖巧吧。

随着儿子的降生，如何对待两个孩子？真正的考验才开始。我做到了始终把女儿放在第一位，所以从新生儿食品开始，女儿也随时随刻同享；两个孩子同时喊我，我都会先去帮姐姐，无形中让小儿子从小学会了等待谦让和分享包容。

更加难能可贵的是，儿子在自己困难和病痛的时候也不忘感恩、关爱他人。他五六岁那几年病得最多，还连着出麻疹、水痘，孩子一生病做母亲的当然是又急又累又内疚，一夜起身多次，小儿感觉到了这点，所以他夜里发高烧，小脸烧得通红，非常难受，可他不会吭一声，怕妈妈起床受冷受累。他嘴烧得发干，也忍着不喝水，或者大冬天穿着单衣悄悄爬起来喝水。总之，病中的儿子始终心系妈妈，尽量不让妈妈受累。

儿子的懂事连医生护士都很感动，输液被扎出血包时，有的小孩会痛得大哭，可他硬是忍住疼仰起脸赶快安慰妈妈："妈妈别着急啊，我不疼，我不难受。"而且，他病着的时候还总想多做点家务，"这个事我来做，妈妈你快歇会儿"，因为他觉得生病的时候麻烦了妈妈，很是过意不去。

有一天夜晚，6岁的儿子病得重，哮喘憋得出不上气，需送去医院看急诊，当我带着他下楼刚走出楼门，迎面吹来一阵阴冷的夜风，儿子刚咳得满身大汗，这时不能吹风，我忙转头冲楼上的先生大喊："有风，你再拿个毛巾被来。"没想到，话音未落，儿子本能地一下就钻到我身前，两只小胳膊伸开，用自己的小身子护住了我，急切地说："妈妈，有风啊，我给你挡着。"我感动得不知该怎么表达，孩子病着，是那样弱小，而他的爱心又是这样巨大，我的心被强烈地震撼了，忍不住流泪。

儿子 8 岁时的一件事让我至今难以忘怀。那是一次近郊游玩，穿行在碧绿的菜地与金黄的油菜花园之间，我和儿子交流植物知识，讨论中央电视台的《开心词典》节目，儿子突然说："如果我要上节目，我的第一个愿望就是给爸爸买一个可以看到鱼的高级钓竿，第二个愿望是给奶奶买辆汽车，第三个愿望是给姐姐买座房子。"我笑道："没有妈妈的份儿吗？"儿子说："妈妈喜欢姐姐，就住姐姐的房子里吧。"

我随口问道："节目规定只能有四个愿望，最后一个都是给自己的愿望，你还没讲自己准备要什么东西呢。"儿子轻轻地说："我给自己的愿望就是，我想要天下所有的人都过上好日子。"我顿时惊得停下脚步、急忙弓下腰，双手拉住儿子感动地问："你真是这么想的吗？"儿子点点头。片刻又担心地问我："妈妈，你说王小丫（主持人）能满足我给自己的这个愿望吗？"我望着善良的儿子，不知该怎么回答这个问题才不会让儿子失望。

常听人夸奖、羡慕我儿子懂事，有时我也奇怪这是因为什么？许多父母抱怨如今的孩子太自私任性，我的儿子却爱心满满，懂事得让人感动。可我并没有刻意地跟他说教什么，也没有研究所谓教育技巧，只是过着最平常的日子。儿子看着我、跟随我，我们融入彼此的人生，快乐充实地生活着，相互陪伴，共同成长。在我们温暖幸福的家中，他那常为他人着想的品德是与生俱来、又是后天养成的。原来教育就在生活的细节中，就在人与人之间的感情里。

当然，儿子也常有他自己的要求和愿望，他曾说："妈妈，你就是喜欢姐姐，姐姐要什么都答应，我要什么基本都不答应。"但儿子还是接受了我的解释：姐姐是大姑娘，应该穿得好，用得好。

儿子上初中时，我才发现儿子的音乐天赋，他姐夫送他一个不到一米长的旧电子琴儿童玩具，儿子从没见过，但鼓捣两天就会弹出优美的曲子，让他姐姐、姐夫也惊讶不已："这是用我家那个琴弹的吗？"最让我惊讶的是，他上高中时偶尔陪伴学特长练钢琴的同学，方便时也弹两下，居然也学到了皮毛，弹得挺好听，后来他在街边顺手弹一曲，都引得路人驻足聆听和拍照。

记得儿子上高中时，在家学习学累了放松一下就会弹那个玩具电子琴，有好几次，我被动听的琴声吸引，优美的乐曲正从儿子的指缝间缓缓流淌，小小玩具琴竟也可以把钢琴曲弹得如此流畅动听！望着正专注弹琴的儿子的背影，想到我对如此懂事聪慧的儿子过于苛刻，包括欠他的童车、自行车，欠他的架子鼓、钢琴……悠扬乐曲那跳跃的音符便瞬时击中我心中的歉疚，泪便流了下来……

2004 年初儿子 11 岁的时候，我曾看到他的一篇日记，他记下了想拥有一辆自行车的愿望和对妈妈的希望。当时，我的泪水就在眼里打转，我知道买自行车是儿子从幼儿园时起就有的愿望，至今没能实现。如今，他的许多同学都有了漂亮的自行车，他便心有所动。那日在超市里，他喊我看看那些自行车，我没在意，只顾买其他物品，是儿子的宽容大度助长了我对他意愿的一再忽略。

在回家的路上，儿子帮妈妈当搬运工，他汗流浃背地提着两个大西瓜说："妈妈今天太让我伤心了，我看到了我最喜欢的自行车，very very 喜欢的自行车，让妈妈去看一下，但妈妈却听也不听，看也不看，理也不理……"他希望妈妈在适当的时候能够满足他的一点点愿望。当天晚上，儿子就把他的愿望及他对妈妈的包容记在了日记里……

在儿子过 12 岁生日的时候，我发表了一篇长文《成长的感动》，记录了几件儿子的生活小事，没想到引起很大的反响。2017 年我在自己的公众号"书女三人行"上重转此文，引起更大的反响，几天就有 7000 多个点赞，百余条评论，同时收到众多私信。普遍的反应是惊讶、赞美、感动、落泪，是善良的母亲引领孩子的成长。有评论写道："母爱的传递，榜样的力量身教胜言教，善良的情怀、好的家风是孩子成长的关键。人之初，性本善。一张白纸可写最好的文章，可画最美的图画，如何教育孩子德、智、体、美等全面发展，是家长如何用好家庭教育这支笔。玉兰，你做到了！""认真品读您真诚的文字，聆听您声情并茂的朗读，更是让我从心底里佩服您的才气和追求完美的心灵！您是一个睿智、优雅的人！作为一个母亲，一个继母，您的双重身份所经历的一切我能体会。但您对孩子的教育能如此耐心细致，让同是母亲的我汗颜。您的心血没有白费，孩子们知道感恩，而他们的善良和懂事都是以您为榜样成长起来的。读您的文章，得到了一次心灵美的净化！一次对人间情爱的呼唤！向您致敬！"

太多的人都问过同一个问题：你儿子是怎么教育培养的？众多读者评论回答着这个问题，的确与我们特殊的家庭直接相关。儿子不仅遗传了父母的善良包容，还从胎儿起就陪伴着妈妈培养姐姐做阳光善良的人。在对姐姐的谦让中学会包容、爱和善良，在温暖有爱的家庭中健康长大。

　　儿子的成长经历有力地诠释了爱的教育就在家庭生活中，什么样的家庭就会培养出什么样的孩子。善没善待继子女，关键看继子女在家中的地位，以及亲生子女是否专横跋扈。假如后妈自私，生活中处处优先和娇惯亲生孩子，那他就会变成骄横自私的人。这让我们再次确认一个真理：助人就是助己。种瓜得瓜，种豆得豆。

　　当然，无论在中央电视台演播现场，还是阅读记载有我家故事的书籍文章，都会有人担忧质疑我的做法会对儿子有所伤害。有读者评论留言："姐姐，我看这篇文章的时候泪流满面，但我想的更多的是儿子的感受。那么小的孩子，承担起那么多的内心责任。我怎么觉得那么心痛呢？""您很善良，您可以对继女很好，但同时也要满足儿子的需求吧？他也只是一个小孩子啊，不能对他造成伤害……"读者的关切引发我的思考和共鸣，因此我跟正在读研究生的儿子做了交流。我把读者反馈的关切担忧发给儿子，儿子给我回复："妈妈不要多想了，没有事啦，那时候我还小，现在更能够理解妈妈的不容易。"儿子的回复在我的意料之中，语气一如平常阳光快乐、充满朝气。儿子自从离家去外省求学起，本科生、研究生、欧洲交换生，一路走来，竟然一次也没跟妈妈抱怨过，从不让我担心牵挂，不是他没遇到过困难挫折，而是他选择了自己勇敢承担。

　　一个家庭一本书，都有不同的故事，没有标准统一的做法，适合自己的就是最好的。为帮助继子女而牺牲亲生子女利益，有时会让母亲心痛自责，但摸着良心想想做人准则，你就会忍住心痛。上天会看到你的善良付出，护你周全圆满。你善待了继子女，你的亲生子女就会获得善待，就能拥有善美心灵、健全人格以及幸福的人生。

教育孩子多方借力

做合格的父母,须学会和孩子一起成长,每对父母都有自己的局限性,帮助孩子力不从心,而多方借力犹如雪中送炭、暗夜逢灯,可达到事半功倍的效果。尤其是重组家庭,继父母不仅要让孩子得到自己的爱,还要争取更多的机会让孩子得到更多的爱和成长。这种借力的方法能补充继父母能力的不足、地位眼界的受限,能让孩子增长更多的知识,丰富孩子的精神世界,建立正确的价值观,帮助孩子更加健康地成长,从而让家庭和睦幸福。

一、向老师借力

孩子从 3 岁到 18 岁,从上幼儿园到高中毕业至少有 15 年的时间在老师的帮助下成长。家长必须与老师密切合作,我的一双儿女能够健康成长,特别感激老师的关爱帮助。

(一)首先要帮助孩子建立良好的师生关系,让孩子尊重老师。学生时代是孩子成长的关键时期,很多家长认为孩子成绩好就是要智商高,其实最重要因素是他的情商,是他与世界交往的能力,包括师生关系、同学关系。

如果家长目无老师,孩子就目无师长,必然不学无术。我家有尊师重教的家风,理解老师,尊重老师。无论老师对我讲孩子的优点还是缺点，我都会在孩子面前树立老师的威信，反映老师对孩子的重视和关心。

女儿的班主任曾反馈过女儿不爱分享，春游时共享别人的美食，但自己带的东西吃不完也不给同学们吃。我也看到女儿有这样的问题，她的同学来家里，我给同学们拿吃的，女儿会找借口阻止。所以我很重视老师的意见，但不会因继母身份怕担责而告诉女儿是老师说的，我也不会直接批评女儿，而是等待时机帮助女儿改变，让女儿学会分享。

我也会和老师保持良好的沟通，那次女儿没选上中队长，我及时知道了。果然，女儿放学回到家，红着脸向我哭诉："我快气疯了，今天选中队长，本来可以选上我的，但那些同学表面上和我很好，到关键时候却故意不投我的票，害我只当了小队长。"

这正是我需要帮助女儿的好机会，所以我胸有成竹地鼓励女儿："好事啊！当小队长也是大家的信任呢，有经验了再当中队长更好。至于投票是有偶然性的，关键是我们做好自己就可以了。我今天正好到你们学校去了，你们老师表扬你了呢，说你学习认真。"

女儿的情绪立马缓和了，惊喜地说："真的吗？"小孩子都有这个共性，特别看重老师的评价，女儿当时很崇拜她的班主任，获得了老师的好评非常开心。

看到女儿心情好了，我顺势和女儿聊天，如何与同学建立良好的关系。我问女儿："如果同学对你不好，你会对同学好吗？"女儿立即回答："不会。"

我接着告诉女儿："是的，爱是相互的，你也要对同学友好，同学才会对你友好。前天你带同学来家里玩，我给同学好吃的，你却不让，同学们肯定不开心。你想，要是你到同学家玩，同学的妈妈给你吃的，你同学却不让，你的心情怎么样？"女儿若有所思地说："是的，我会不高兴。妈妈，那我以后改。"

我立即拥抱女儿："这就对了，平时做好这些小事，就会和同学们的关系越来越好。"第二天，同学们来家里，我把水果准备好，让女儿端给大家，大家都很开心。只有和老师保持良好的沟通，才能及时知道孩子在学校的表现，结合在家的表现，真正帮助孩子。

（二）向老师借力教孩子学会感恩，从感谢师恩做起。首先，家长应发自内心地感谢老师。我组建家庭后接触的第一位老师就是女儿的班主任向老师，起初我不认识她，但是她知道我。我们第一次见面她就称我"闫姐"，没想到，只是一个普通的称呼，在单位很多人都这么叫我，但班主任的一声"闫姐"却分量很重。当时女儿不愿意爸爸再婚，没把我放在眼里，而当女儿看到她最喜爱、最敬佩的班主任竟然非常尊重地喊我"闫姐"，非常惊讶，她看看我，又看看班主任，表情变柔和了，从此对我的态度也有了变化。

所以说向老师借力非常重要，孩子特别信服老师，尤其是重组家庭，老师的作用更加不可或缺。我深深体会到这一点，特别注意向班主任请教，在女儿的教育上，常常征求班主任的意见，来自班主任的帮助是专业的、也是直接有效的。

女儿的班主任是一位有师德、有水平的语文老师。在她的启蒙和严格要求下，女儿有很扎实的语文基础和良好的学习习惯，学习自觉认真，学习成绩也一直在班里处于上游水平。

有些家长认为，到学校就是学知识，死死盯住孩子每科的考试分数，不管其他，课外书都不让看。虽然知识传授与技能教育很重要，但教育最根本的使命是唤醒孩子的生命力,提升其价值判断力和审美鉴赏力,使其成长为一个有道德认知和社会责任感的人。

所以我一直支持孩子有多种爱好,鼓励她多参加课外活动,多磨炼与思考。家校合作非常重要,尤其是孩子看重的事情,家长一定要重视,与老师及时沟通,取得帮助。

有一次,我发现女儿心事重重,原来她特别想参加学校的腰鼓队,但不敢跟老师开口。我鼓励女儿一定要及时向老师表达自己的心声才不会失去机会。女儿听了我的意见主动找到老师。学校正想招募积极热情的同学加入腰鼓队,结果皆大欢喜。女儿也跟我越来越亲,什么事情都愿意跟我讲,她知道妈妈是她的同盟和"军师"。

在女儿临近小学毕业时,班主任老师为了全班同学毕业取得好成绩,自己病了还坚持上课,她想等毕业会考完再去住院,结果晕倒在教室里,被紧急送到医院做了手术。这让大家都很感动,我立即联系了电视台报道老师的事迹,感恩老师,全班同学都上了电视,学生和家长都受到了教育,女儿因为妈妈的用心和付出也特别开心。

学校是孩子的另一个家,孩子很看重。家长尊敬老师、看重学校,重视孩子看重的事,孩子也就更喜欢学校、更尊重老师,也会有良好的人际关系。

家长和老师建立良好联系,是对老师真心的尊重感恩,是家长与老师形成合力教育好孩子,也是父母学习成长的过程。

(三)与老师关系良好需依靠人品。可能有的家长认为要和老师建立良好的关系,就是靠送礼巴结老师,其实不然。两个孩子上小学和中学,我与多位老师建立联系,得到她们很多帮助。她们不图名利,一心为学生,没有一个是靠送礼建立的关系。女儿小学、初中阶段共有三任班主任，都是非常敬业尽职的好老师，多年来她们见证了我们新家组建及女儿的成长。女儿也曾写过几篇作文，如《跟老师说说心里话》等，讲她对继母的感激，讲我们母女之间的真情故事。老师们很感动，对我们这个特殊家庭、对女儿也就更加理解和关心了。女儿在学校学习和生活自然很顺利很开心。

我一直是家委会成员，曾任学校家委会主任，牵头为学校募捐修建篮球场等。积极为学校贡献力量，关心学校，尊敬老师，老师也尊重我，关心我的孩子。

要明白做高素质的家长才能赢得老师的尊重。孩子升入中学，新生家长会上很多家长都围着老师争相介绍自己孩子的情况，老师不知听谁的，都是新生也对不上号。我便给老师写了一封信，信中介绍了我儿子的情况，写了我们对新学校及老师的信任和期待。这正是老师需要的信息，作为班主任老师，当然希望尽快了解每一名同学的情况及家庭教育情况。

儿子在上初、高中时，我很幸运地结交了众多好老师，及时和他们沟通孩子的相关情况。老师也有自己的孩子，我们可以交流育儿经验。我在作文方面也可以帮助他们的孩子，他们高兴地跟我反馈说："孩子不仅跟您学习了写作文，还学会了做人，我们也跟您学到了知识。"

无论是老师还是家长，我们互帮互敬，相处愉快。正是在这样良好的环境下，孩子得以健康快乐地成长。我的儿子一直表现优秀，高票当选班长，连年评为学校优秀干部。他朴实善良的品格受到广泛好评，每一位任课老师都夸赞他且对他印象深刻。

这个与老师沟通的好方法我也传给我的女儿。她的儿子上小学一年级时，她给班主任老师写了一封热情诚恳的信，老师从中看到了我女儿的素质和能力。虽然她只见过我女婿，没有见过我女儿，但班上选家委会时，老师力推了我女儿。女儿参加了家长委员会，她的儿子受到鼓舞，在学校也更加积极，学习更加认真。女儿说，妈妈的方法真好，她还要继续下去。果然，小儿子上幼儿园她再次给老师写了信，老师也格外感动惊喜。

30多年过去了，我依然与孩子们小学、中学的多位老师保持联系，儿子的婚礼多位老师都参加了。我尊重他们，感谢他们。而老师们说："您是我们最优秀的家长，我们现在是敬佩您的粉丝。"

家长用自己正直善良的品德、用人格魅力赢得了老师的尊重。受此影响，我的儿女从外地回来，方便时也会去看望老师，感恩老师。他们阳光善良，富有感恩之心，这是一辈子的财富。

二、向社会借力

回顾儿女的成长，要感谢的人很多：同学、同事、亲友等，要全方位引领孩子，需多方借力。一位同事的女儿很优秀，她在外省工作，第一份工资就买礼物寄给长辈，她们母女的通信写得特别有情感有水平，我看了非常感动。我相信，这些信可以帮助女儿，同事特别支持我，全部让我借阅。

我有目的地启发女儿，一次只给她看一封信，母女一起讨论，而不是一堆信随便丢给她。我给女儿看的第一封信就是同事女儿刚离家写给妈妈的，写得情真意切，让人感动。女儿已上初一，第一次看他人的信，那漂亮的字迹和饱含真情的话语，让她很欣赏，也很羡慕。

次日，我又借来那位母亲的回信复印件，回信也写得非常温暖。女儿感受着她们母女情深的幸福情感，这深深地吸引了她。因为同事的女儿是她身边熟悉喜欢的小姐姐，让她感受更加真实亲切。她希望自己的未来也能这样。

第三天，我给她看了我写给同事女儿的一封长信，我写了她的妈妈作为单亲母亲是多么不易，多么爱她，也写了我和女儿看完她的信的感动。女儿看我写的信，特别地惊喜敬佩，连连点头："妈妈，你的信写得太好了，你以后也要给我写这样的信。"这正是我希望听到的女儿的心声。

过了一周，同事的女儿打来电话，说她看到我给她写的信都哭了，特别感动，她的同事看了也问她："你这位阿姨是不是作家啊？写得这么好。"我把这个信息不经意地告诉女儿，她听得津津有味，很有收益。

后来，同事的女儿回来探亲，我为了让女儿和这个姐姐当面交流，带着女儿登门拜访，让女儿学有榜样，接触优秀女孩。果然，两人聊得很开心，女儿也从姐姐那里得到启发。这次交流给她留下了深刻的印象，后来，女儿去外地上学，我们母女通信频繁，她工作后发的第一份工资用来给家人买礼物，也是寄来温暖的信，还在母亲节寄来感动人心的贺卡。自从有了电脑，我们母女便写电子邮件，上MSN，上QQ，上微信，彼此挂牵思念，互报情况，沟通情感。

女儿成家生子后，继续给我发邮件，或用手机发来长长的短信，再后来我们还建立了家庭微信群。读女儿温暖的信总是很感动，有亲朋好友看到既羡慕又抱怨，说自己的孩子30多岁了，从没写过一次这样让父母感动的信。我想这个原因不在于孩子，而在于父母培养教育的缺失，没认识到情感交流及书信表达的重要，既没有从小引导，也没有亲自示范。

亲人与陌生人的区别就是有联络、有交流、相互关爱，而不是长久不往来、不挂牵、不交流思想，没有内心情感的表达与沟通。

继子女更加敏感，再婚家庭比一般家庭的子女教育更需要注意教育方法，才能达到最好的教育效果。继母需要考虑后果，不仅是这次教育孩子服不服，而且是这个家庭会不会因此崩溃。而生母则无需考虑后果，因为有血缘而没有这份担心。其实，从正确的教育理念来讲，教育孩子就是要考虑后果，考虑教育成效。

起初女儿享受妈妈的厚爱并不觉得如何幸福，没有借力对比，便不知甜苦，不会成长。当女儿走入妈妈无法呵护的复杂社会，走入不被排在第一，缺点不被包容的大千世界，才会有感而发："走出家门才知道，只有爸妈对我是真好，别人都是假的。"但我告诉女儿不是这样的。父母照料孩子是法定责任，但别人包括亲戚并没有这个义务，不仅不能要求十分，就算别人为你付出一分，都要万分感激。借力生活的摔打，女儿才会知道，不能要求别人关怀，没有理所应当，别人不欠自己的，自己的人生终究要自己负责。

我所在的工作单位领导及同事都给予了我这个家庭很多的关心，只要是我女儿的事，大家都非常积极地帮助。中央电视台播出我家参与的电视节目《实话实说·继母》，我厂党委书记要求厂电视台录下节目在厂里重播，并安排党支部书记会议做重播宣传，安排党委工作部做一期专题宣传橱窗。因为我自己在党委工作部工作，我诚恳感谢但坚决阻止做任何宣传，最终获得领导的理解。

我坚信近朱者赤，经常带着女儿和同事接触，让女儿学有榜样，我的朋友素质优秀、阳光向上，女儿也都熟悉，潜移默化地影响了她。我有目的地把女儿带入我的交际圈，让女儿也收获成长。

亲朋好友借力，媒体借力，多方位借力不动声色地引导孩子，给孩子灌输正确的思想理念，善良的品格，感恩的情怀。让女儿学会自己成长，对自己负责。不是光要别人包容自己，自己更要包容别人。

女儿体会到了，继母的到来不仅带来了一份母爱，更带来无数的关爱和更大的成长天地。而我只是一条小溪，尽最大的努力让女儿享有爱的海洋，在良好的环境中幸福长大。女儿转变也就成为必然。

当然，借力不是天上掉馅饼，关爱与帮助是相互的。自己富有爱心、积极奉献，别人才会帮助你。自己优秀才有优秀的朋友圈。我得益于我本是一个乐于助人的热心人。虽然，重组家庭容易受到非议，我也曾被中伤，但我还算幸运，总能得到众多的帮助支持和信任。重组家庭应坦然乐观地立足于社会中，不必孤僻自卑，从容地帮助他人，也从容地接受帮助，孩子的教育改变尤其需多方借力，才有利于孩子的健康成长和家庭的稳定幸福。

反过来，如果继母冷漠自私，或结交素质低的朋友，从不在意孩子的品性，没有良好的口碑，也就得不到众人的帮助。这样的重组家庭很难有真正的幸福可言。

总之，做好继母不仅要关心孩子的眼前利益，更要让孩子内心充实，争取更多的机会让孩子长见识、增才干、提素质。不仅让孩子得到继母一个人的爱，还要让孩子得到更多人的鼓励和引导。如果能做到这些，不仅孩子是受益者，继母也是受益者，借力会让家庭更和睦、更幸福，同时助力培养孩子成为一个有道德认知和社会责任感的人。

善良是幸福的源泉

如果说我家夫妻恩爱、孩子懂事有秘诀,那我认为:一切源于善良。生命中有了善良,人生才能经常充满喜悦,孩子才能健康成长,家庭才能拥有长久的幸福。女儿几次对我说:"妈妈你太善良了。"的确,善良是我的为人准则。英国著名哲学家罗素有句名言:"在一切道德品质之中,善良的本性在世界上是最需要的。"对此,我信奉不疑,并在我几十年的人生中始终践行和坚守。

父母引领孩子,首先要把善良的种子植入孩子的心田,为孩子的人生打下良好的基础。任何一种好的道德品质都与善良分不开,甚至是以善良为基础和前提。孩子的品性无非来自两个方面,一是先天遗传,二是后天教育,所以,父母自身要有善良本性,而且为孩子营造同样价值观念的家庭氛围和教育环境。

在原生家庭中,孩子为什么会信任父母?尤其是重组家庭没有血缘关系的联结,为什么孩子要尊敬你、听你的?这就需要孩子打心眼里佩服你,所以父母有良好的素质最重要。父母可以不聪明,但是要善良;可以能力弱,但是要为人真诚。孩子原本单纯的心首先认可善良的好人,继母能成为孩子心目中的好人,孩子才有可能接受,进而接受指引做一个善良的人。

结婚当初，有朋友并不看好我们。因为她来我家看到女儿处处管着我，我只能听女儿的。家里来了客人，我也不能与客人讲话，也不准我们夫妻说话，这让她大为震惊，也十分为我担心。我告诉朋友不必担心，孩子接纳有一个过程，我会以善良的心，站在女儿的角度，包容并影响她，让她顺利度过这个适应期，变得越来越好。眼下女儿的强势不过是她的自我保护方式，她怕自己被忽视，所以强化突出自己，提醒我们对她关注。我坚信，善意一定能唤醒善意。后面的事实果真如此。无论是初婚家庭还是重组家庭，都要有思想准备迎接困难挑战，而且都要积极主动释放善意。对无血缘的孩子更要做好充分的思想准备，不求孩子回报，只有付出，付出时间，付出精力，付出你最珍贵的情感。当你更多地释放善意，孩子接收到了更多的善意，也会学习到善意。

我说过自己的一个体会，重组家庭要倾向非婚生孩子一些才算一碗水端平。也正因为这样，我从没有对儿子娇生惯养，一张白纸好画新图，小儿子从小学会了等待，学会了谦让，学会了包容，培育了善良的品格，以及温暖平和的性格。

当然培养孩子的善良品格，不是一件事或几件事，而是长期以来父母价值观潜移默化的影响，父母日常生活中言行举止的榜样引领。莎士比亚说过，善良的心地就像黄金。

儿子的善良课上得最早，可以从胎儿时期算起，因我怀他时就是满脑子教女儿如何做善良的孩子，所以他从小就非常善良，非常爱笑，不累大人。我们在家说话都是很温和的，所以，他有事需要我帮助，都是先说："妈妈你有时间吗？你要有时间就帮我……"他从不轻易麻烦别人，做事先为他人着想。

生儿子时，我并未学习心理学的延时满足，但却无意中训练了他。所以小小的他，哪怕看到最喜爱的玩具，也可以趴在橱窗那儿开心地看来看去，好像看到了就算玩过了、满足了，小鼻子在玻璃橱窗挤扁也不会吵着买。当我看到孩子太懂事了有些自责，让孩子选一个，他还是要确认一下，踮起双脚看妈妈的钱包，因为他知道家里钱不多，他是真的可以等待。而且儿子极有感恩之心，他从众多玩具中选了一个小玩具珍惜地抱在怀里，发自内心地感谢妈妈，仰着纯真可爱的小脸看着妈妈，表达他的欢喜和感激："妈妈，我很喜欢，谢谢妈妈！"那情景能使你心头发热，瞬间破防。

儿子从小跟着妈妈，看多了妈妈的忙碌，所以最愿意帮妈妈干活，跟在妈妈的左右，递这个东西，取那个物品，小腿跑得飞快。妈妈只要拿着东西，才上幼儿园的他总是挥着小胖手争着抢着帮妈妈提，你这儿才付钱，他已经抱起东西扭着小屁股走了。小孩子一般都是非常好吃又护食的，可越是儿子喜欢吃的东西，他越是要先喂给妈妈吃一口。儿子总说他学了我，的确，我属于热心肠，特别爱帮助别人，常常为了帮别人忘记自己家的事。关爱他人也从小在儿子心中扎了根。

儿子的每一任老师都对他有一个共识，那就是善良懂事，帮助同学，关心集体。有的老师甚至对我说："你怎么教育的啊，这要是我的儿子该多好。"

善良是刻在骨子里的，那年他上高一，没有人在意一位老师将给他们上最后一课意味着什么，但作为体育委员的儿子注意到了，他利用管理做眼保健操的机会对全班同学说："下一节是老师的最后一次课，希望每一位同学都认真听，让老师有一个美好的结束。"儿子在班上很有威信，这节课同学们上得特别好，最后儿子带领大家起立鼓掌，感谢并欢送老师，老师很欣慰。事后我还故意问儿子："这不是你的职责吧？"儿子说："我想到老师不再教我们了，就忍不住那样做了。"

我始终认为，父母最重要的责任就是把孩子培养成一个善良的好人，一个阳光向上、积极生活的人。作为继母，只有怀着一颗善良的心，才能把握好亲生与非亲生孩子的关系。如果继母没有善待继子女，那么她不善的心一定会传导给自己的亲生孩子，植入不善的种子必然结出不善的果实，其后果必然是亲儿变坏，恶果自食。

虽然社会竞争激烈，也绝不是智力最重要，高分是第一。我认为，孩子再怎么聪明其善良的品质也不可丢。如果一个人被定义为"这个人不善良"，那他再聪明，别人也不敢交往，不敢聘用。如果不太聪明，但很善良，还有勤能补拙的机会，也有适合的岗位，更有很好的朋友。

我特别敬佩赞赏新东方总裁俞敏洪，如果说，他成功的原因只在聪明与善良两者选一的话，我毫不犹豫地选择善良。他在北京大学绝不是最聪明的，但他为全宿舍同学打四年开水、做四年卫生是最善良的。所以，当他事业发展需要人才时，那几位在国外发展的聪明同学被俞敏洪轻松地"引进回国"，凭什么？同学们的回答是，就凭着那四年的开水，凭他善良的心和质朴的人格魅力。

善良是不可或缺的。事业如此，家也如此，再婚家庭更是如此。人生需要聪明，更需要善良。当你善待了人生，善待了孩子，人生也会善待你。

培养温暖而有趣的孩子

每一位父母都爱自己的孩子，但是一定要明确，我们培养孩子的目标应该是培养一个阳光快乐的孩子，一个自信自强的孩子，让他（她）有能力解决生活中的各种困难，能在社会中确立自己的位置并快乐幸福地生活。这样的孩子是坚强而勇敢的，同时又是温暖而有趣的。这些特性是我们人性的美丽色彩，是生命成长的根基，而这一切都要从小培育。

父母绝不能因为有中考、高考的存在，就把考试分数当成第一位，不能拿全班前几、年级前几的名次排列来评判孩子所谓的优劣。我一直都是这么认为，智商高、分数高、会学习，很好，但绝不代表一切。社会更需要情商高、阳光向上、快乐有趣、内心丰富、有责任感、有担当的人。自己快乐幸福，也能够带给别人快乐和幸福，这样的孩子学习成绩也不会差。

不是每个孩子只要拼命努力就能考上北大、清华。我们做父母的考不上，也不用逼迫孩子。条条大路通罗马，我对我的两个孩子的学习要求就是真正尽力了就好，我尤其关心孩子在学校是不是快乐。这里的"快乐"不是指那种单一的游戏快乐，而是更具广义、更有内涵，包括思想情绪、学习动力、兴趣爱好、人际关系等处于让人愉悦的状态。有一位家长的讲话令人深思,他说:"我不担心我的孩子考不上北大、清华,我更担心他考上了北大、清华却不懂得生命的意义。"是的,培养孩子的情商比智商更重要,孩子更需要拥有的是抗挫能力和幸福力。

我的儿子虽然是中上成绩,但是他从小学、中学、大学、到研究生都受到同学和老师的喜欢。有一次,一位我不认识的老师路上偶遇我们母子,他喊我儿子的名字,原来他曾在高中给儿子带过半学期课,他对我说:"他这个班我没有记住几个学生的名字,但是我记住了您的儿子,因为他特别阳光懂事,所以印象深刻。"

其实,在忙碌的工作生活中我并未刻意教孩子什么,就是单纯地做好自己,希望孩子将来成为什么样的人,自己先做这样的人。孩子看到了父母认真敬业地学习工作,热情积极地生活,感受到妈妈温暖有爱的陪伴,也一定会被感染和带动。

正是在彼此关怀、温暖快乐的家庭环境影响下,儿子在两三岁时就懂得不打扰他人并关怀他人。他要我帮他做事都会先问:"妈妈,你有时间吗?"他如果有需求,都会快乐地用理性或有趣的方式表达和沟通。

比如,他第一次自编自唱《橘子好吃》是在他两岁的时候,因为他想吃橘子。当时我们已经睡在床上,也讲过了故事,我都快睡着了,他突然想吃橘子,我就说晚上不能吃了。他说,妈妈那你再给我讲个故事吧,我讲了,然后他又说,妈妈你再给我唱个歌吧,我说妈妈困了,明天再唱吧,他就说,那我给妈妈唱个歌吧。然后就有声有色地唱起来:"橘子橘子好吃!橘子橘子好吃!……"他边唱边笑着用小手把我的脸扳向他。我被天真可爱的儿子逗笑了,睡意也被赶走了。我夸赞儿子歌编得好、唱得也好,但是没同意他吃橘子。我跟他说因为太晚了,我们人困了,胃也困了,胃工作了一天也要休息,如果再放东西进去累它,胃会不舒服不高兴的,会影响睡觉,如果让它好好休息一晚,明天早晨再吃橘子,你吃着会更开心,胃也非常欢迎哦。儿子听懂了,我们在故事中慢慢睡去。第二天的早餐我就给儿子准备好了橘子,他非常开心。

在这个事例当中,妈妈既没有因为自己劳累困顿而烦躁训斥儿子不应该吃东西,也没有惯着他让他晚上随便吃,而是肯定他唱的歌好听,鼓励他是一个快乐的孩子,同时温暖耐心地跟他讲清楚原因,虽然没有吃到橘子,但他也感受到了妈妈的爱和关怀。

我们希望孩子在一个宽松快乐的家庭氛围中长大。陪伴孩子的过程也是和孩子一起成长的过程,充满斗智斗勇的生活趣事,只要无伤大雅,我们愿陪伴他玩耍,依顺孩子快乐的天性。

培养孩子温暖而有趣的性格,父母一定不能用吼叫粗暴的方式,即便是孩子出错了,调皮捣蛋了,也不能吼骂孩子,这是底线。30年来,我们夫妻做到了,一次都没有对孩子发火、吼叫过。因为在吼叫的家庭中孩子便学会吼叫,在温暖沟通的家庭中孩子便学会温暖沟通。生活教育就这么简单直接、立竿见影。

一句话,亲子教育关系的烦恼与快乐都是自己给自己的。

研究表明:儿童与青少年时期,体格、智力、心理都在不断地发育,且都有各自的敏感期。在这些时期家长如果能够给予孩子特别的关爱和指引,会获得事半功倍的效果。

我们家做到了,我和先生特别注意对孩子的陪伴和鼓励,尤其在孩子十一二岁的成长敏感期,适当示弱,向孩子请教学习,尊重并放手,把孩子当作朋友甚至当作老师,促进孩子的成长。当然,生活中我们也有观点不同的争执和乐趣。有时儿子对我穿的某一件裙子不满意,他会笑着说:"妈妈,等一会儿出去的时候,你穿这条裙子可要走得离我远点啊,千万别说你认识我。"

在我们家,亲子关系始终是非常随和的,一起游戏打闹,互相开玩笑。我们也会为自己喜欢的电视频道抢夺遥控器。

我们的亲子关系30年来都是这样,彼此关爱,彼此珍惜,天天开心有趣,每天都是美好时光。只要在一起总也待不够,聊不完,没有任何的隔阂,只有非常亲近,时时被温暖着、感动着。

身为父母,对孩子的影响是至关重要的,父母要做一个有趣的人,更要做一个有爱的人,不仅是对家人,对别人也要温暖有爱。

儿子高中班上一个同学见儿子吃我做的韭菜饼,很羡慕,甚至说出钱来买我做的饼,当我知道这个同学是班上成绩不太好的学生时,我没有瞧不起他,更没有像有些家长那样只让自己孩子和学习好的同学玩。我告诉儿子,妈妈要亲自给他送到教室里去。

那日傍晚放学,我将韭菜饼送到那个同学手中,全班同学羡慕地看着他,只有他一个人享受着家长送来的香香饼,他感觉很有面子,自己如此受重视,这让他很感动。后来,他对我儿子说:"我永远也忘不了你妈妈送我的韭菜饼。"我告诉儿子:"妈妈就是想鼓励起他的自信,没太受过表扬的孩子,更需要被爱,你也要多关心帮助他。"儿子做到了,他让身边的同学感到温暖,大家有心里话都愿意同他讲。

对我来说时间过得太快,我一直是儿子心目中最重要、最爱的女性,我心中充满幸福,享受其中,从没有想过要跟儿子分开,可儿子迅速地长大了。那一年的春节，26岁的儿子很认真地告诉我，经过慎重考虑，他确定了心仪的爱人，同时特别强调："妈妈，她特别像您，您不是失去了儿子，而是多了一个女儿。"

28岁时，儿子结婚了。他从小到大，从恋爱到结婚，从没让父母操一点心。所以说，负责任的父母就是要把孩子培养成积极乐观、温暖有趣的人，他才能更好地驾驭人生。

事实也是如此，儿子在该恋爱的时候恋爱，该结婚的时候结婚了。包括求婚仪式及结婚典礼都是他自己做主操办，父母只需配合就好，结果圆满顺利，如意又欢喜。

从小生活在温暖幸福家庭中的孩子，也会热爱生活，渴望婚恋幸福。我不仅是不用操心，而且对儿子佩服得五体投地。不仅因他的爱心，他的重情重义，还有他对活动的策划力和执行力，尤其是儿子只让父母分享快乐，而从不让父母分担任何辛苦。

疫情期间儿子也坚持要给女友一个隆重的求婚仪式。我作为曾经的新娘、儿媳、过来人，特别理解、特别赞赏儿子的做法。

儿子用真心对待这位愿意与自己终身相守的女孩。他用心地准备好一切，只分配我做一件事，就是头一天帮忙收下3个快递箱子，不需要我打开，我也不知道里面装的是什么。求婚仪式当天，儿子乘高铁跨省飞驰5个多小时后，于下午四点到家，立即拆开3个包装箱，仅用3个小时就像变魔术一样，把整个客厅布置成彩灯炫目、富丽堂皇的求婚礼堂。当晚8点他手捧99朵玫瑰把心上人从车站接回，在求婚现场，屏幕上播放着3个用心制作的短视频及现场告白，让这对恋人激动泪流，我也感动流泪。一场求婚仪式经过儿子精心地策划，如行云流水、高质高效、浪漫温馨，令在场的每个人都感动万分。

结婚仪式也同样，小两口相亲相爱高度一致。儿子说一定要办成他们自己想要的婚礼，虽然两人在外地工作，回父母家办婚礼，也尽量不让父母累着。从配乐到台词，整个婚礼的筹备都是儿子亲自策划组织，让婚庆公司也省事不少。儿子儿媳取消俗套的环节，增加温馨的项目。接亲常是婆家最费精力、婚礼最难最累人的环节，但我的儿子和儿媳没让我们操心出力，自己策划组织，伴郎伴娘自娱自乐举办了温馨别致的接亲仪式，欢乐又喜庆。婚礼现场，新郎新娘真情的告白，嘉宾的真诚分享，让所有来宾非常感动，称赞这是一场难得的特别走心的婚礼。

　　对我来说和孩子相处的岁月是如歌的岁月，给我们带来欢乐，带来享受，带来无数的温暖和感动，孩子清澈的爱会让你的灵魂得到洗礼。我家孩子能成为温暖、阳光的人，并不是我跟孩子说了什么大道理，而是发自内心地喜爱孩子。作为一双儿女的母亲，我总是觉得自己特别幸运和幸福，孩子是那么美好可爱，和孩子在一起的每时每刻，都是那么欢喜。

　　是的，在温暖的家庭生活中我们自然而然地相互影响着、相互感动着，父母和孩子共同成长着。

受尊重的孩子不撒谎

在我们家庭教育的咨询中,经常会听到有家长抱怨:"我家孩子不诚实,就是爱撒谎。"而我想说,孩子对父母惧怕成什么样子,才会这么费尽心思地编谎话。一直不被信任,一直被恐吓的孩子,会变得不信任他人,也会变得爱撒谎。

孩子一生下来本是非常纯洁的,真实地反映自己的意愿情感,不说假话,为什么随着慢慢长大却变得不敢说真话,孩子在掩饰什么?或者他会担心受到什么伤害?父母应该先找到这背后的原因。

父母应该在第一次发现孩子出现问题苗头的时候就引起重视,无论是原生家庭还是重组家庭,都要用积极的、诚恳的态度及时解决。绝不能用粗暴的方法,更不能放任自流。相对而言,早期更容易解决问题,而等到问题严重后便很难解决了。如果家长偏要等到这个时候再来教育孩子,那就很可能让孩子变得爱撒谎了。

女儿跟我生活之后虽依然任性,但她敢于直言,不需掩饰,从不撒谎。小小的她从不惧怕什么,向来都是有什么说什么,这是她的突出特点。她一直在宽松宠爱的环境中长大,她做错事从没有受到恐吓,她的人格权利一直受到尊重和保护,所以她没必要撒谎。

不过,孩子在成长的过程中,也会有一念之差的情况。会因为某种压力或者担忧而语言失实，没讲真话，这个时候父母千万不要大惊小怪给孩子扣上撒谎的大帽子，只需轻轻点拨就能让孩子醒悟并记忆深刻，不再重犯。

女儿读小学六年级时，我家曾发生了这样一件事。那是一个夏日的傍晚，夕阳斜照，我迈着轻快的步子下班回家，走在楼梯间就看到自己家门口有三堆瓜子壳，非常显眼，几位邻居边走边议："怎么满地垃圾啊。"我也觉得奇怪，刚一打开家门，正好看见女儿就在客厅里，便顺口问女儿："门口有许多瓜子壳，你知道是咋回事吗？"女儿回答说："我不晓得。"

很明显这不是别人倒垃圾倒在这里的，应该是站在这里吃瓜子把瓜子壳吐在这里的。会是谁站在我家门口吃瓜子？不管怎么样，不能影响邻居走路，我立即拿扫帚把门口的瓜子壳打扫干净。

同以往一样，我边做晚饭边和女儿聊天，我和女儿嘻嘻哈哈说着当天的新鲜事，女儿说，上学时想放假，可放假的时间太长就又想开学了，老在家里待着挺无聊。

我便说："不然，你出去找同学们玩玩吧。"

女儿说："哦，君子和小星下午来找过我了，在门口说了会儿话。"女儿顺口回答。

我顿时明白门口的三堆瓜子壳的来源了，但我没有继续追问。这是我的习惯做法，叫作"备课谈话法"，即对女儿的任何问题，我都不会当时批评，避免说错话，过后想好了方案、备好了课，再慢慢同孩子聊。我的目的是，确保让孩子在开心的状态下解决问题，而不是继续追问女儿实情，让女儿当下难堪。

我也在想原因，又不是什么大事，女儿为什么不承认呢？一定有她不得已的理由。是我给了她什么压力吗？我希望女儿能开心地生活，但也希望她养成良好的说话习惯。

经过几天的考虑，我备好了课。在一个适合谈心的温馨午后，我问女儿："你信任妈妈能帮助你吧？"

"当然，太信任啦！"女儿开心地答道。

我笑着又说："这几年来，随便你做错了什么事，我有没有打你、骂你、对你高声吼过呢？"

女儿痴痴地笑起来："都没有啊！妈妈你是怎么回事，怎么说起这个来了？"

我拉过女儿的手说："孩子，妈妈问你，上周你是不是和两个同学在家门口聊天并且吃了瓜子？"

女儿说："嗯，是的。"

看到女儿说了实话，我很欣慰，立即站起身来拥抱女儿："很好！孩子，做得好。"我立即对说实话的女儿进行鼓励，才方便后面的谈话。

我和女儿坐下来接着说："和同学聊天吃瓜子很好，没有一点问题，可你那天为什么不承认呢？有什么为难之处吧。"

"是的，我们把楼道搞得很脏，所以我没敢说。"女儿不好意思地说。

我又拉起女儿的手说："孩子，其实你是想做个乖女儿，你是怕妈妈失望才那样说的吧？"

女儿立即说："是的是的，妈妈你怎么知道？"

我说："我当然知道。而且你也知道，无论你做了什么错事妈妈都不会训斥你，不会怪你，而是帮你解决好问题，所以，你不应该瞒我实情，你这样不相信妈妈能帮助到你，妈妈反而会伤心失望的。"

女儿拉着我的手眼圈红了："妈妈，对不起，我错了。"

我扶着女儿的肩安慰道："好孩子，妈妈只是希望你知道，任何时候，任何情况下，妈妈都会帮助你的，千万不要出了问题自己悄悄扛着，怕妈妈担心和生气而瞒着不讲。其实这次事件只是忘记打扫瓜子壳而已，妈妈回来后你才想起再打扫也不迟啊，这本来不是什么错误，但你却傻傻地为此没讲实话，这倒是错误了。如果养成撒谎的习惯有可能会坏大事，你想想，是不是这个道理啊？"

"是的，妈妈，我以后不说谎了，我真是因小失大了。"女儿真诚地说。

我再次拥抱女儿："哪有不出错的孩子，但不要把'说谎'这两个字扣到自己头上，妈妈相信你永远不会和这两个字沾边的，因为有再难的问题、有天大的事，都有爸爸妈妈做你的坚强后盾，永远和你站在一起，支持你、帮助你。"女儿使劲点点头。

通过这次谈心，女儿更快乐轻松、更有上进心了，在学校、在家中也表现得更好了，我们母女的感情更深了，女儿无论有什么话都信任地和我讲，一切都进入了良性循环。从此再没有发生过说假话的事。

如果是相反的做法，继母因为孩子没讲实话而生气，当时把女儿揭了个底朝天，冠以撒谎的罪名把女儿批评一顿，后果便不可想象了。

这是对孩子的伤害，更不会有好的教育效果。作为继子女就必然会想得更多，更加难过，孩子除了伤心就只有气愤，软弱的孩子会自己流泪，强势的孩子会与继母争辩，孩子不会因此认识到什么道理，只会走向叛逆，从此真的学会撒谎。因为家长没理解孩子，只是冤枉伤害孩子，小题大做，把"撒谎"二字强加给孩子，让孩子想忘都忘不了，所以这是家长教会了孩子撒谎。

对此我们可以用心理学书籍《快思慢想》来解释，作者是诺贝尔经济学奖得主兼心理学家——康纳曼。他的"快思"与"慢想"，代表着两种不一样的思维系统。

快思是系统一，代表直觉式思考。这个系统很情绪化，依赖直觉，并能够帮助人们对眼前的情况做出反应。但它也很容易被情绪、偏见和错觉引导，让人们做出错误的选择。

慢想是系统二，代表逻辑式思考。这套系统的动作比较慢，擅长逻辑分析，正确率相对高。

在孩子说话办事的时候，也是被这两个系统在操控着。孩子犯错误，就是受到"快思"系统的影响。

比如女儿正是如此，看到邻居抱怨走廊很脏，又被妈妈突然一问，本能的"快思"系统启动，出现防御冲动，脱口而出就是"我不晓得"，以此来保护自己。这时，她的"慢想"系统来不及发挥作用，所以这和本质的撒谎错误毫不沾边。

尤其是学前儿童由于认知发展水平较低，在思维、记忆、想象等方面出现差异而造成了说谎，这属于无意说谎。这种"谎言"不是儿童有意编造的，而是由于他们心理发展水平的限制而产生的。对此我们要更用心更耐心地给予孩子科学的指导。

当然也有些儿童，由于怕受到惩罚，就在做了错事的时候故意编造谎言掩饰错误，这是有意说谎，也是免遭惩罚的自卫手段。

这就需要父母首先做好自己，不再恐吓控制孩子，而是控制好自己的情绪状态。改变孩子先改变自己，否则就会迫使孩子变成习惯性撒谎的人，或由于自卑、想报复别人，引起他人注意，或者为了满足自己的虚荣心说谎。这有可能构成严重的品行问题，这才是我们最需要重视预防和解决的大问题。

总之，教育最好的状态是启发式。最好的效果是受教育者不被教育者所控制，更不会被恐吓，而是从中获得了启发和快乐，带来了脑回路的活跃，使之更积极愉悦，更希望吸收新的知识，从而感受到更大的快乐，建立健康的自我概念，塑造美好的人格，成为更优秀的自己，更加自信及肯定自身的价值。

所以我们说，孩子撒谎的根源在于父母，在于父母的不成熟，用不成熟的方法，用肤浅的逻辑给孩子下定义、贴标签。用自己的错误观念或者逻辑，控制孩子的思想，让孩子服从于自己的情绪和价值观。

幸福的童年，治愈一生；不幸的童年，用一生来治愈。有的孩子常撒谎也是被家长逼出来的。助力孩子健康成长，保护孩子的自尊心和上进心，父母要讲求方法和实效，让孩子反感的训斥打骂不能再用。温暖教育"备课谈话"，才会让孩子接纳并收到良好效果。受尊重的孩子不用撒谎，你尊重孩子、用心交流，孩子也会尊重你、认真倾听，这样才能解决问题，让孩子口服心服、快乐成长。

贺卡文化传递亲情

回望来路，清点幸福，小小贺卡的功绩不能忘却。当年我正是通过一张贺卡将爱的情感送到女儿内心的柔软处，并找到与女儿的共同语言。

新婚不久，我就精心为女儿办了一个9岁生日会，没有想到，这么多年过去了，当年为女儿生日的庆贺已没什么记忆，倒是一张小小的生日贺卡富有顽强的生命力，一直延续并助力孩子的成长。

在女儿的人生中，我姗姗来迟，直到她第9个生日时我才匆匆赶到，这是给女儿的第一张生日卡，我非常用心，反复斟酌，一笔一画用仿宋体写上了对女儿新年新岁的美好希望与真心祝福。

我们母女果然缘分天定，我的专长正是女儿所喜爱的。女儿学习认真且字迹工整，所以，她一打开贺卡立即脸上放光，惊呼："你写的字好漂亮啊！"

这是她9年来第一次收到贺卡而且是手写的。孩子的情绪是不作假的，虽然当时她并不认可我，不愿意我与她爸结婚，但她还是掩饰不住对这个生日贺卡的欣赏。

从此，小小贺卡走进了我们的家庭生活，成为我们精神生活的一部分。逢年过节以及过生日我们都会互送贺卡，这已成为一种习惯和爱好，传递并享受这种家人之间的闪光的人文关怀。我们彼此奉献着爱又收获着爱，共同成长着。

每一年，我都会给女儿送一张我精心准备的生日贺卡，满怀爱和信任，用优美流畅的文学语言写上对她的肯定和新岁的激励和祝福。连续写了10年，写到女儿18岁，小小贺卡成为爱的使者，也记录着女儿成长的真实脚印，女儿愈发可爱又优秀。

每张贺卡都是有故事的，签名也是不同的。第一张是我一个人的名字，因女儿还不能接受我的名字和她爸的名字写在一起。第二年是我和她爸的名字，那时女儿还喊我阿姨。从第三年以后贺卡上的签名就变成了幸福温暖的"爱你的爸爸妈妈"。

从生日贺卡上签名的变迁就可以看出我们这个重组家庭的家庭故事与众不同。那一年在中央电视台《实话实说·继母》节目现场，主持人崔永元正是拿着我给女儿写的一叠生日卡引出了我家的别样故事。

贺卡是密切亲子关系的重要方式之一，给孩子带来的改变太大了，在此无法一一列举。女儿渴望被爱，喜欢、珍视这些贺卡，从中读懂妈妈的心，感受妈妈的爱。她还把对贺卡的看重和喜爱写进了作文。最重要的是，她从中学到了爱的传承和感恩。在我给她写贺卡的同时，她也学着给我写贺卡，她把爱的情感也通过贺卡送给我和她爸爸，作为心灵的交流和爱的循环。

我们家的贺卡最显著的特点是自己亲手制作绘制，而不去买高级昂贵的成品。我告诉孩子，自己亲手做的贺卡及心灵发出的呼声才更加珍贵。贺卡的珍贵就在于真情实感，在于贺卡上书写的文字直抵灵魂。

事实上，小小贺卡已是我们家人间心灵沟通、情感交流的桥梁。女儿15岁时为我特制了感人至深的贺卡，封面的大字清晰而暖人。

妈妈
　　我永远爱您
　　　　和全家

在贺卡的内容部分她深情地写道：

亲爱的妈妈，又是一个三八节，又过一年，我也又长大一岁，在过去的几年中，我不知让您失望过多少次，让您生气过多少次。我知道只是我学习成绩优异才让您高兴了一点，所以我要对您说："妈妈，我对不起您！"

这么多年的生活，让我从心里爱您、敬佩您，说心里话，我想重活一遍，做一个妈妈的好女儿，我真想您就是我的亲妈妈。在我眼里，您比我的生母更亲，我爱您胜过生母……我是一个有良心的人，我知道谁对我好，我心里想的是您，这是千真万确的。记得上次您去西安有一天晚上打电话回来，接完电话，我躺在床上泪水就止不住地流……

有时，我不听话，惹您生气，但您总是不计较。有时，我真恨我自己，为什么不听话，不懂事，妈妈，希望您能原谅我。

妈妈，我真想叫您一声亲妈妈，您愿意有一个我这样的亲女儿吗？每当我看到别人和妈妈开开心心时，我就想到您，我想亲热您，从心里想亲热您，但我又不敢从行动上表现出来。妈妈，您批评我缺点时，其实我的心里是甜的，我高兴您批评我，这说明您把我当亲女儿，但我又怕您头疼，怕您生气。妈妈，我的好妈妈，为什么世界上有血缘这种讨厌的东西呢？为什么我不是您的亲女儿呢？

我一定要好好学习报答您和爸爸，还有一切关心我的人。我是含着泪写上面的话的，我想如果我对您当面说这些话，我可能都会哭成泪人的。

我不知道我为什么这么爱流泪、爱乱想，这倒让我跟您一样了，总爱想一些事。妈妈，我会和您像亲母女一样的，对吧，我盼望着这一天。

妈妈，其实爸爸是一个心里有话不说的人，所以，希望您原谅爸爸。您和爸爸、弟弟是我最亲最爱的人，我愿意用我的一切换得你们的幸福。

真对不起，在您的节日时，我说了这么伤感的话，这些都是我的心里话。今天我最大的愿望就是您开开心心！

祝节日快乐！

永远快乐！

愿全家幸福！

永远爱您的女儿

这么多年来，假日、节日、生日，女儿给我送了很多贺卡，每一张贺卡都富有内涵、用心写就、感动人心，包括她去外地读书及工作，在非常忙碌与不便的情况下，她都有贺卡千里寄来。有从深圳、广州寄来母亲节贺卡，也有从株洲、长沙寄来生日贺卡。那时候很少有人能在母亲节收到贺卡,我的同事和朋友们都为女儿的爱心和成长而感动。贺卡见证着女儿的成长和我们家庭的幸福。

在家庭教育讲座中讲到多孩家庭,我都特别强调对大孩子培养的重要性,哥姐对弟妹的影响力非常强大,这是我的深刻体会。女儿为父母写贺卡直接带动了她的弟弟,弟弟从会拿笔时,就开始写贺卡。

这两个孩子送贺卡,总是会很神秘地突然给我们送来惊喜。一次母亲节,一大早,在我家客厅最显眼的地方就出现了一张精致的贺卡。那是一双儿女送给我的礼物。当时儿子只有3岁半,女儿13岁,贺卡自然是女儿负责制作,儿子负责跑腿递东西。贺卡设计得很别致,有彩笔绘成美妙图案,也有姐弟俩非常温馨的话语,带给我满满的幸福和满足。

没有想到这个母亲节的晚上还有惊喜等着我们,只见小儿子玩了一会儿玩具,不仅把玩具收拾好,又把整个客厅全部整理了一遍,再跑进卧室跪到椅子上将姐姐的书桌清理整齐,把爸妈的房间清理干净,接着扫地、拖地,拖把对于不到4岁的小儿来说比较重,但他一口气把三个房间全部拖得干干净净。

儿子的可爱举动,把全家人都逗笑了,都为他竖起了大拇指。但面对我们的询问,为什么今天做了这么多事?儿子不答话,只闷头干活,又分别爬到三张床上把全家人的被子铺好。

我和他姐姐好奇地跟着他,儿子看也不看我们,又自己去倒水洗脸洗脚,我刚要帮忙,他却小手朝我一摆拒绝,自己全部洗好,最后他又帮全家人把牙膏分别挤在各自的牙刷上,一杯杯接好清水,这才气宇轩昂地走回房间,自己脱衣脱裤上床睡好。

我和他姐姐笑着追到床边,这小子今天怎么这么酷啊!一再追问他为什么忙了个把小时，小儿终于开启金口，他一脸认真地清晰地说："今天是妈妈的节日，我没有什么礼物送，只好做了这些事。"

顿时，我和女儿惊呆了。

虽说我对儿子的懂事可爱早已习以为常，但他这轻轻几句话还是强烈地震撼了我的心，我连忙说："儿子啊，早上我已收到你的礼物啦！"

姐姐也说："咱俩不是已给妈妈送贺卡了吗？"

但儿子摇摇头真诚地说："贺卡到底还是姐姐做的。"我和女儿泪目对望、感动不已，望着儿子天使般纯净可爱的面庞，一阵暖流在心中流淌。他小小的人儿竟有这样大的爱心！他只有3岁半啊，却在母亲节送给了母亲最为贵重的礼物。后来，我把这件事写成文章发表在《今日女报》上，题目是《小儿今天怪怪的》。

说起我家贺卡的故事还有很多。在我大外孙过5岁生日时，我背着大包小包赶到女儿家，当时外孙子还没从幼儿园回来，我就像多年前给女儿做贺卡一样，又动手做了一张漂亮的生日卡，只用一张A4纸、一把剪刀和几支彩笔，画上美丽的图案，写上祝福的话。果然是亲母子，同他妈妈当年收到第一张贺卡一样，他也很惊喜很喜欢。万万没想到，外孙子给了我一个更大的惊喜。女儿打电话告诉我，小家伙竟然学着我的样子，自己悄悄地给爸爸做了一张漂亮的贺卡，祝贺爸爸开业大吉，令他爸爸十分感动。

女儿还特意问孩子是不是姥姥让做的贺卡？外孙子说："不是的，姥姥只是说让我也祝贺爸爸。然后，我想像姥姥那样做一个美丽的贺卡送给爸爸。"

我为外孙证明："是的，我打电话祝贺他爸开业，是孩子接的电话，我就让他帮我转达祝贺，而且让他也祝贺一下爸爸。没想到，他竟然想到做贺卡来祝贺爸爸。"

女儿满怀欣喜："小家伙晚上忙了大半天呢，用了多种彩笔，图文并茂，做得很漂亮。专门放在显眼的地方给爸爸一个惊喜，真的很用心思。"

好的交流方式就是会得到传播，经历 30 多年的两代人传承，小小的贺卡不知不觉已被第三代人喜欢。如今又是几年过去了，第三代的两个外孙，早已把制作贺卡运用得炉火纯青，给爸爸妈妈带来太多的感动与温暖。在信息传递方式更为便捷的今天，手工制作的贺卡，仍然有新意，而且依然能给人惊喜和感动。

为什么小小的自制贺卡这么有魅力，在我们家族久传不衰，30 多年走过来，依然有旺盛的生命力？最重要的原因就是亲手制作书写的那份真诚、那份纯情，直抵心灵，温暖人心。

当年我就是希望女儿能了解我对她的爱和关怀，能有安全感、归属感，能够发自内心地快乐起来。重组家庭的孩子不接受继父母，是对双方的伤害，尤其是对孩子自身的伤害。

用小卡片的形式，用文字表达郑重地送给女儿，是一份尊重和平等。对于爱学习的女儿来说，贺卡美丽的图案、漂亮的字体和优美的文学语言展示了我的能力，证明我值得信任和敬佩，可以在学习和生活中多方帮助她。

小小贺卡还可以培养孩子学习语言的兴趣，培养孩子的爱心和感恩之心，学会真诚地交流。小小贺卡让父母和孩子一起成长。

对于重组家庭，这的确是一个简单易行的让家人之间良好沟通交流的好方法。节日、生日是一个契机，把自己的爱心用准确的文字郑重表达，用贺卡的形式向孩子倾诉心声，很容易打动他们。每一个孩子都是渴望被爱的，有反抗情绪的继子女，更渴望得到爱和关怀，更需要用柔情的方法去接近、去感化。有爱的真诚与走心的方法，就能收到理想的效果。

一定要相信，没有一个孩子天生铁石心肠，只有父母没有做到位。建立良好的亲子关系需要从多方面努力，相信真心感动真心，一张小小贺卡也可以成为人与人之间心灵沟通的桥梁。

书香家庭影响孩子一生

有一种财富叫"书中自有黄金屋",有一种气质为"腹有诗书气自华",有一种幸福家庭叫书香之家。

在我们家客厅的正中央挂了一块牌匾《书香之家》,这是湖南省妇联、湖南省新闻出版广电局联合颁发的奖牌。在我们家,所有奖状奖杯通通收进柜子里,唯独挂出这个书香牌匾,我们很珍惜,因为阅读确实令我们全家受益匪浅。

我一直认为一个家庭真正的富有不是房子、车子、票子,而是全家人的乐观向上与和谐幸福,是有丰沛的文化修养滋润精神家园。

朱永新教授在其《新教育之梦》一书中提道:"读书,是孩子们净化灵魂、升华人格的一个非常重要的途径。"

是的,教育是唤醒,每一个生命都是一粒神奇的种子,蕴藏着不为人知的神秘,而阅读能够唤醒这种蕴藏着的美好与神奇。

我们最初建立三口之家的缘分不是血脉之缘,而是文字、文化的结缘。我第一次见女儿是她随我同事的女儿一起来我的宿舍玩耍,那时我还未与他爸有关联。我给这三位可爱的女孩讲故事,看图书,她们非常感兴趣,非常开心,听得津津有味,后来在她们的提议下,我们现场互相写信留言,那是一个非常愉快的周日。30多年过去了,我给她们的信写了什么内容我已不记得，但三个女孩给我的这些特殊信件我至今还精心珍藏着。

　　我和女儿的缘分更是她对我文笔能力和丰富情怀的认可和欣赏。我们建立三口之家初期，陪伴女儿讲故事、读好书成了我每晚必做的功课，为女儿打开了解世界的窗口，从天文地理到人生哲学，我特别着重讲人生故事，讲感恩美德。针对女儿的问题讲，但并不让孩子察觉，潜移默化输送正确的三观。

　　女儿虽然当时不接受我，但每天仍然非常喜欢听我讲这些新奇的故事和知识，她正是在这些故事的滋润下不断地成长进步。不知不觉中，女儿的性情变得柔软，对学知识、对世界的探索逐步产生浓厚兴趣，最重要的是她从此养成了良好的阅读习惯。从多读书、爱读书到会读书、读好书。

　　在此期间，她对我的认识也在逐步变化，我们没有先天血缘关系优势，亲密关系要靠后天的心灵连接，孩子要打心眼儿里佩服你、尊重你，她才可能接纳你、亲近你。之前女儿最敬佩爸爸，觉得爸爸无所不能，后来女儿发现"爸爸不懂的，闫阿姨懂"。她尤其佩服我在为她讲解图书时展现出的知识女性的魅力，不知不觉中我们母女的心灵距离逐渐拉近，女儿从藐视我到亲近我、佩服我。

　　重组家庭做到这一点并不容易，因为孩子最初排斥你，你讲话她根本不信不理，在这种时候白纸黑字的书籍就最有权威性了。除了书籍，我还订阅或借阅了许多报刊，如《读者文摘》《读者》《演讲与口才》《家庭》《婚姻与家庭》等。将那些具有深刻内涵的生活哲理及感人故事讲给女儿听，经常我讲着讲着情不自禁流下泪来，使女儿也受到感染……女儿在心灵的熏陶中，不知不觉种植了爱心，修正了价值观。

阅读绝不仅仅是收获知识,还创建了美好的认知框架,女儿单调平淡的生活就有了斑斓的色彩,打开了眼界,开发了智慧,提升了生活质量。女儿脸上有了更多的笑容和热情,以前那种爱抱怨、爱指责的状态越来越少了,阅读真的可以直接提升人的幸福感。

阅读调动了我们热爱生活、积极向上的心态。我们不仅阅读别人的文字,也写下自己的文字,养成了用文字交流的习惯,一张张信笺、卡片,将我们母女的亲情不断地凝聚着,30多年来,我们相互的文字来往非常多,足能集成一本厚厚的书。

为了鼓励孩子上进,为了让孩子学有榜样,习众人之长,我率领孩子不仅写给自己看,也发表在大家云集的文学论坛上。在我学习写作的文心社网站,我建议为孩子们建立文心之花专辑,得到众人响应。两个孩子都建有自己的专辑,发表了十几篇文章。看到自己的文章变成了铅字发表在海内外的报纸上,孩子们受到了巨大的鼓舞,更爱写作了,也更爱学习广泛的知识了。

用文字交流是我们这对母女的突出特点。这些文字无论是在怎样的时间背景下写出的,都是我们心声的真实表达。当面不好表达的情感或意见,可以用文字更清晰地表达,我们天天见面也要写,相隔千里更要写。以前是手写信笺用邮政传递,后来则是电子邮件和手机短信,现在还有微信。那几年我和孩子们在海内外报刊发表了100多篇文章,还有优秀文章获奖。所有这一切都凝聚着我们浓浓的亲情与爱,让我们在爱和幸福中快乐成长。

因为阅读,女儿更加热爱家庭、热爱生活。她在小学六年级时,就在报纸上发表文章《绿草坪的呼唤》,呼吁人们爱护植被、珍惜环境；读初一的时候，她写了一篇《我爱我家》的作文，在《湖南日报》征文中获奖，文章如下：

我爱我家

时钟敲了六下，该是爸爸妈妈下班的时候了，我和3岁的弟弟赶紧摆好桌椅，端上爸妈中午做好的饭菜，然后躲在大门旁边。终于听到爸妈转动门锁的声音，等门一开，只听见"喵"的一声，突然窜出两个小脑袋，爸妈吓了一跳，看见是我们两个小顽皮，才明白是怎么回事，便都哈哈大笑起来，然后开始我们愉快的晚餐。

这便是我家幸福生活的一幕。我家的每个成员都是家中重要的一分子。首先介绍的就是我自己：阳光少女初一学生，在我们这个民主家庭，我的一票绝对重要，有的时候，我便是我们家庭风云的风向标，由此可以看到我在家的地位。

我的小弟不能不说，别看他只有3岁，但可爱又乖巧，特别值得一提的是今年三八节，他把我们全家都感动了一把。那天晚上，弟弟突然早早地开始收拾起玩具，而且把客厅收拾好并扫地，扫把对他来说较重，但他一定要扫，而且我们问他为什么今天做这么多事，他不仅不回答，又跑到两个卧室帮全家人铺好被子，最后自己去倒水洗脸刷牙，帮全家人挤好牙膏，才去睡觉，我们一直追他到床边求答案，他才轻轻地开口说话："今天是妈妈的节日，我没有钱买礼物，只好做了这些事。"我和妈妈顿时惊呆了，感动得稀里哗啦。哦，我可爱的弟弟，我幸福满满的家。

我的爸爸是个出色的高级技师,他心灵手巧,爱动脑筋,厂里的机器他都会修,家里维修也全搞定。爸爸还是个钓鱼迷,每每闲暇,他就去钓鱼,有时天气不好,妈妈不让他去,但爸爸仍我行我素,气得妈妈不理他,可到了晚上,妈妈就不由自主地带着我们去马路边等爸爸,远远看到爸爸骑着车子过来,我们就飞跑去接他,争着帮爸爸拿东西,这让爸爸的钓友们非常羡慕,妈妈总是问爸爸累不累,并不问钓了多少鱼,只要他顺利回家就好。到了家,妈妈给爸爸端饭菜,我们就听爸爸讲钓鱼的趣事,一家子快快乐乐,非常开心,我觉得,最幸福的就是我家。

妈妈在机关工作,她对人和蔼可亲,对我和弟弟的教育很讲方法,总是劝导,从不训斥,她不仅关心我们的健康和学习,还特别关心我们的品德,总是告诉我们要做一个善良、正直、上进的人。每年我过生日,妈妈除了准备丰盛的生日晚餐和生日蛋糕之外,还要送我一张生日卡,写上对我过去一年的评价以及对我新的期望和祝福。她和我们一起读书,给我们讲有趣的故事,让我们做一个心灵充实的人,妈妈从不考虑她自己,日日夜夜为全家人操心,望着辛苦操劳、勤俭持家的妈妈,我的眼睛湿润了,谁会想到她不是我的生母呢?可我要说:"我爱妈妈,我爱这个家!"

这就是我的家,一个普通平凡的家,我家的快乐幸福三天三夜也说不完。要问我为什么这样爱我的家,那是因为我家有可爱调皮的弟弟,有幽默睿智的爸爸,有贤妻良母的妈妈,我家虽然不富有,但它却充满了笑声,是我成长的摇篮,所以,我对任何一个人都可以骄傲地说:"我爱我家!"

这篇作文投给湖南日报社参与《我爱我家》征文，获得了优秀奖，100元奖金直接寄到学校女儿的手中，在学校引起轰动，这不仅给了孩子莫大的鼓励，提升了自信，而且让她更加热爱学习、热爱家庭，对未来的人生升腾起崭新希望。

在文化的熏陶下，我们母女的情感也发生质的飞跃，没有血缘关系并没有阻挡我们母女透过家庭文化的传播聆听对方爱的心音，贴近对方的情感，没有训斥和说教，没有物质的引诱，只有心灵的滋养和感动。爱，让我的女儿发生了彻底的改变。

在一次"三八"国际妇女节，女儿送给了我特别的礼物——一首题为《妈妈，我亲爱的妈妈》的小诗，女儿在诗中写道：

  我爱您——妈妈
  不仅是因为您是我的妈妈
  更是因为您是我的良师益友
  我爱您——妈妈
  不仅是因为您是我的妈妈
  更是因为您和蔼可亲的面容时常浮现在我脑海中
  我爱您——妈妈
  不仅是因为您是我的妈妈
  更是因为您用爱心感染了我——一个幸运的女孩
  妈妈，亲爱的妈妈
  让我永远做您的乖女儿吧
  我要对您说一声：
  我爱您！亲爱的妈妈！

读着女儿的诗，字字句句撼动心扉，我百感交集，流下泪来。孩子写给母亲的诗篇很多，但是写给继母，会让人觉得这是世界上最优美的诗，女儿的心声让妈妈无比珍惜和感恩，她的美好，她的意义，她的来之不易，只有我们母女深深懂得。这是女儿内心涌动的真情凝聚而成的文字，这些散发着阳光少女感恩情怀的诗行正是女儿携着文学才情快乐成长的青春步伐。

如今，30年过去了，我们的书香之家从三口人已发展到祖孙三代八口人，我家建立了世界读书日专项基金，每年奖励千元，系列保障，全家阅读。人口增加了，读书人多了，氛围更浓了，形式也更多样，线上线下结合，两个外孙超爱阅读，枕边常年有书，每天不读书都睡不着。孙辈阅读新星成功超越，青出于蓝而胜于蓝。

阅读是为心灵播种，传承了良好家风。书香之家也是幸福之家，应代代传承。

善良有爱，婆媳相处并不难

常听说婆媳关系是世界难题，但我不信，因为我相信我一定能够处理好婆媳关系。第一次见到慈眉善目的婆婆，那么随和亲切，我就感觉极好。而婆婆在我们婚前也特别得看好我、信任我。所以相处20多年来，我们从没有红过脸。我敬重婆婆，感谢婆婆，我非常庆幸有一位如母如师的好婆婆！最让我感动的是，婆婆对我的关爱、理解和信任，是婆婆帮助我走过最初与女儿相处的艰难岁月。

当然世人都有缺点和不足，两代人相处不可能样样随心。我的体会是婆媳相处，作为媳妇就是要时时想到婆婆的好，而不是计较对方的失误，善意地想对方，你就会感到满足和心怀感恩。

要想婆媳相处好，双方的素质也很重要。婆婆以博大的母爱温暖着身边的每一个人，她对亲朋好友乃至陌生人都乐于伸出援助之手，令人感动。她对六个儿媳、女婿和八个孙子孙女都关爱有加。从不说儿女坏话，也从不在儿女中间挑事传话，不论去哪个儿女家都是有忙帮忙，见事做事，不多言语，她没读过什么书，却心灵手巧，勤劳能干。

婆婆有一个最难得的优点，就是她从不多话啰唆，从不说三道四。既不说别人家的事，也不掺和我们夫妻的事。即便是我和先生在饭桌上争论问题，她都可以做到不插言、不站队、不参与。这一点普通人很难做到。我非常惊讶又赞赏，每每都在感激地想，如果我老了，一定要像我婆婆这么做，儿女的家事不插言、不添乱。

当我和婆婆意愿不一致的时候，我选择依顺婆婆，不是因为她强势，而是因为她和善，因为她是长辈。我相信婆婆的为人，相信婆婆的初心是为我们好，一切就不成为问题了。也有我觉得要修正的，我就选择智慧解决，而不是跟婆婆做对。其实这是一个相互关爱、相互理解的问题，无论遇到什么事情，根据实际情况解决就好，不要多想。

如果要多想，就要想对方的好，往好处想。婆婆的心是很善良的，婆婆和公公的母亲都是继母，但我婆婆却视两位老人为亲娘，在身边时精心照顾她们，不在身边时则寄钱寄物，乃至寿衣都是亲手缝制，千里邮寄，极尽孝心。公公是离休老干部，在岗时工作繁忙，东奔西跑，婆婆没有怨言，一手把六个儿女带大，竟没有让公公操一点心。那种紧张和劳累是无法描述的，而婆婆的能干和坚强也可想而知。这样的婆婆身体力行，对我的婚姻关系也有较大的影响，会让我感到知足。

好不容易儿女长大了、工作了，婆婆还没歇口气，公公就患上了阿尔茨海默病等重症，生活不能自理，婆婆便日复一日地精心照顾，使公公的生命奇迹般延续了18个春秋。婆婆就是这样无怨无悔，把青春馈赠给丈夫，把年华献给儿女。公公尽管病重到不认得儿孙，不记得厕所门，不知道吃没吃过饭，什么都不记得了，但唯独记得婆婆的名字。尤其让我佩服的是婆婆不仅没有变成怨妇，而且每天过得淡定坦然，脸上常挂着温暖的笑容，甚至从没有念叨过、抱怨过。我也是在跟婆婆生活了20多年之后，在婆婆病重时陪婆婆聊天得知点滴，让我大吃一惊，更加敬重婆婆。

真正良好的婆媳关系是相互敬佩，真心关爱。我是发自内心地敬佩、喜欢婆婆，所以才有感而发，用心写了文章《如母如师好婆婆》，于1999年发表并受到好评，又在省刊评比中获奖。

婆婆心善豁达，88岁时仍面色红润、精神矍铄、行走如飞，而做儿女的幸福就是拥有母亲健康的日子。

然而，我们完全没有想到，就在这一年的7月，婆婆说她胸闷不适，晴天一声霹雳，检查已是肺癌晚期，分散在几个城市的六个儿女都心急如焚，全部赶回到母亲身边，一大家人寻医问药，又不得不接受残酷的事实，眼下儿女们能做的只能是轮流值日切实照料好母亲，让她好好地度过每一天。

婆婆的病天天在发展，轮到我家照顾时，婆婆的病更重了，满满的胸腔积液，抽掉后又长，日夜疼痛不思饮食。先生的哥哥给我交班时，婆婆毫无精神，他说妈妈已吃不了什么东西了。

10月1日我们一家三口全体出动把婆婆接到家中，开始了专职照顾婆婆的日子，为这一个时刻，我准备很久了，从环境卫生到被褥饮食，都做了精心安排。接来婆婆的第一天，我给她包了她之前喜欢吃的水饺，心想只要她能吃三个，我就没有白包，这是婆婆给我们最后的孝敬机会，她给了我20多年的母爱，如今我也要像照顾孩子一样细心地照顾她，我一定要把所有的好吃的给她做一遍。

可能因婆婆特别高兴住到我家来，也可能是我逗她开心，婆婆的精神特别好，甚至下床和我们同桌吃饭。让我们惊喜的是，在我家的第一个晚餐，婆婆竟然吃了9个肉馅饺子。天啊，这些天只能喝点米糊的婆婆，居然一口气吃了9个大饺子，真让我们全家像中大奖一样欣喜若狂，我们到处打电话给大家报喜。

由此我信心大增，我知道了原来婆婆的病虽影响胃口，但暂时还可以吃饭。只要她心情好，精神放松，饮食合她胃口，她是可以多吃的。

我每天清晨6点多出门买好菜安排好午餐，做好早餐再唤醒婆婆，帮她按摩后再照料她洗漱吃早餐，之后就可以推着她去医院打针了。婆婆被困在病床上吊药水，而我只能看着她的胳膊打得青红绿紫，不能分担她的痛苦，这次住院婆婆整整住了34天。

因为婆婆配合得特别好，我照顾她也井然有序。每天接近中午我让病友帮忙看着吊针，我匆忙跑回去准备中饭，但她在医院里不会吃多少，幸好是在本社区医院，下午1点多打完针便可回家住，回家吃得安心。其实我是主张婆婆做完应急处理后按医嘱出院的，在家可以好好调理她的饮食，让她开心最重要。每天吃饭我都要调动她的情绪，和她一起比赛吃饭也是一个好方法，为了配合婆婆吃四餐，我把晚饭也移到7点，这样和婆婆一起吃，她吃得多些。

我深刻地体会到，老人的饮食一定要主动变花样搞好，吃好了不需要打那些营养针。所以一个早餐，我也做5样让她选，喜欢吃的下次再做。之前说她不能吃水果了，我把香蕉切成块儿后加热，把橙子打成汁儿，她吃得很好。

午睡过后是最开心的时候，这个时候，我会陪着她趴在窗台眺望窗外的风景，看近处菜园里那长势喜人的蔬菜，那是婆婆的最爱。看远处的人来人往、汽车飞驰，让她记住这个时代的美好。我们婆媳还会在一起聊天或下棋。我为她摇着摇椅聊起过去的事情，她记忆很好，下跳棋思路清晰，我们互有输赢，每每到温暖的下午，笑容会一直展现在婆婆脸上。

心诚大概可以感动上苍吧，婆婆病重虽不能逆转，但是在我的照料下，她却奇迹般的体力增强、面色红润、目光有神，长胖了几斤，儿女们齐聚回来看到婆婆都大为惊喜。

换上飘着皂香的睡衣，婆婆感觉很舒服，她会说："我好享福啊！洗澡都不用自己洗。"她说这话又让我眼眶湿润，望着可敬的婆婆，我只遗憾我无法改变她生命的长度，只有尽最大力量提升她的生活质量，拓宽她的生命宽度，让婆婆开心过好每一天。

吃苦耐劳一辈子的婆婆在病痛面前表现出惊人的坚强，身体中的肿瘤和大面积的积液时时刻刻地折磨她，但我们每次问她哪里不舒服，她则回答："没有哪里不舒服。"只有在医生查房时，她才会对医生说这里痛、那里胀。在家人面前，她从没有表现出痛苦的表情，不愿让家人担心。

婆婆的美德在她重病中表现得更加淋漓尽致，她感谢所有关心她的人，她从不会提任何要求，一句也不会提。你问她想吃什么，她会说有什么吃什么，什么简单就弄什么。

良好的婆媳关系还在于不断学习对方的长处、不断成长。我特别敬佩婆婆的是她那种伴随一生的稳重大气，重病中的婆婆对自己的病竟也非常淡定，她从不追问自己得了什么病，没有一点急躁的情绪，完全配合儿女的安排，打针吃药，连续地住院，多痛也不吭声，多难受也忍着，安静地看电视，安静地吃东西，安静地赏风景，她就像一个非常听话懂事、让人心疼的乖孩子。照顾她不会觉得累，只会替她心痛，我的眼睛常浸着泪水。邻居看我每日在医院与家之间推着轮椅奔波,说:"你太辛苦了。"我告诉她们:"没有,真的没有,婆婆她不累任何人。"

  我珍惜和婆婆相处的日子,能照料她是我的福分,我和婆婆相处不仅非常默契和开心,我也在照顾婆婆的日子中不断收获着感动。她的美好品德让我获得了心灵的成长。多么希望上天能看到我们的诚心,恢复婆婆的健康,让我们就这样陪伴着婆婆度过每一个温馨的日子。

  然而病魔还是太猖狂了。88岁的婆婆扛不过去,几个月之后还是永远地走了,婆婆走前给我留下了最后一句话,她躺在病床上看着我,用微弱的声音清清楚楚地说了5个字:"谢谢你,谢谢。"谢谢你,谢谢!婆媳一场还需要什么呢?有这些就够了,一切都值了。写到这里,我的眼前全是婆婆慈祥微笑的面容,不知不觉眼泪就流了下来……

  其实,婆媳相处并不难,晚辈应孝敬长辈,长辈要关爱晚辈,真心就会得到真心。有的人说我们这些家事没有人知道,其实没有不知道,上天知道,我们的良心知道,我们的孩子知道,善与恶都可以遗传。我家的孩子看到了、知道了、也学到了,我的儿女从小到大都非常孝顺。

  所以我想跟大家说,善待婆婆就是善待我们自己,善待老人就是善待我们的未来,关爱他人就是关爱我们自己,帮助他人就是帮助我们的明天。如果我们每个家庭都充满爱,感恩善良,我们的人生就会越来越顺利,我们的生活就会更加美好。

全家受邀赴京获激励

重组家庭需要社会的鼓励。的确，我们一路走来，路途虽有凄苦风雨，但更有明媚阳光，给我们温暖、给我们能量。

1998年9月的一天，令人特别难忘，我们全家四口作为嘉宾受到中央电视台《实话实说》节目组的邀请飞赴北京，录制了一期《实话实说·继母》节目，在中央电视台一套、二套及四套播出。短短30分钟，感动了现场及电视机前千万观众，被评为优秀节目录制成光盘，在全国发行。

这次中央电视台之行给我们带来了巨大收获，它为重组家庭呼吁理解，也为继母正名，像阳光一样给我们温暖和力量，也成为我们人生路上重要的里程碑。

那是一个阳光灿烂的上午，中央电视台《实话实说》节目策划组负责人海啸打来长途电话，邀请我们上节目，我没有思想准备，不想上电视说自家事，也觉得我们家很普通没啥可说。但是海啸说："我们有信息对比，知道你家不普通。"当他知道我很担心会影响女儿时，他让我放心决不会因节目伤到她。他提出直接通电话听取我女儿的意见。

女儿也没有思想准备，但她与央视记者通话时第一句说的就是：

"我的妈妈比亲妈对我还好。"女儿流着泪交谈了很久。后来央视记者跟我说:"你们家比我们了解的更让人感动,你女儿很懂事,她很愿意来电视台,你不用过于担心了。你们一定要到北京来,通过做这个节目可以帮助到更多的家庭。"

当我得知到央视去是特邀嘉宾,而且全家人要和主持人崔永元一起坐在台上,这让我很有压力,也为女儿担心,让她慎重决定。女儿淡定地说:"我才不是为了坐飞机,我只是觉得我们参加这个节目也没有什么关系。"但我还是不放心,为了保护女儿隐私,央视同意我给女儿取一个假名字,但女儿知道后立即反对:"不,我不叫别的名字,我就叫我自己的名字。"

的确是我想多了,女儿比我想象得更成熟。我也认识到这是一件好事,一次难得的好机会。16岁的女儿在单纯的环境下长大,可以出去见世面学知识,收获心灵的成长,而且节目一播出还可以为重组家庭发出声音,呼吁社会多去理解特殊家庭。

特别庆幸我们把握了此次珍贵的机会,带着和孩子共同学习成长的心,我们参与了央视的节目录制,收获很大。央视团队热情、谦和、敬业的高素质让人感动敬佩。他们处处为我们着想,对平民百姓特别地尊重,哪怕是细微的事情都能考虑周到。有时专门打电话过来,只为告诉我给孩子带够衣服,怕北京晚上冷。我打电话过去,他们都让我把电话挂了,他们再打过来。

他们办事的高效率让人惊讶。我们到北京后,有四名记者来宾馆看望我们,但只先进来一位记者跟我们谈北京的住行安排、来往机票、费用结算,几分钟妥妥搞定,非常高效。

谈妥后另外三位记者才进来,亲切温暖,与我们海阔天空地聊天，非常轻松快乐。他们太好了，我心想可别把节目搞砸，急着问要做些啥准备，结果只有一位年轻女导演亲切地告诉我女儿，做节目时不要拍胸前的话筒。此外，没有任何要求，告诉我们完全不用准备，明天现场随便聊天，不要有压力，真实反映就好。

其实，节目组对节目质量及真实性要求非常严格，他们要了解事件的真实细节，后来才知道宾馆的"聊天儿"，其实是央视记者们充分准备的采访，结束后再将采访素材提供给主持人崔永元。主持人辛苦做足了功课，努力让我们放松，呈现真实的自己。央视的《实话实说》，百分百真实，而且用心。

这段难忘的经历让女儿长了见识、正了三观，这正是我所希望的。女儿从央视飞回长沙将直接到一所中专学校报到，开始在外求学的独立生活，作为母亲我非常期待女儿能够在这次中央电视台之行中收获成长。而最终也正如所愿，女儿通过3个小时的节目现场以及上节目的全过程，打开了眼界，受到真情教育，获得心灵成长，对她从来没有思考的问题有了新的感悟。

央视的《实话实说》节目原来是这么真实亲和，嘉宾不用准备，节目无需彩排。我对女儿说："我们人生也一样，是真实的，没有彩排，不给排练，时间不会倒流，日子不会重来，我们的每一步都要努力走好，每一件事都要扎实做好。"

尤其是崔永元对女儿影响很大，让女儿深受教育，他名气那么大，却非常谦和、平易近人。我们是到北京的第二天，在中央电视台候播大厅第一次见到崔永元，他带着那熟悉的微笑，走过来同我们握手，而且逐一叫出了我们全家四口人的名字，可见他虽没见过我们，但已做足功课，非常了解我们了。我直言对他说："太高兴见到您了，之前我只知《实话实说》就是崔永元,这次来了央视才知团队中的每一个人都那么高素质,感觉很温暖。"崔永元感叹道:"就是啊,他们都非常优秀和辛苦,光环却罩在我一个人头上。"亲和又善良是崔永元给我们的深刻印象。

在央视录播现场我们领教了崔永元游刃有余的主持魅力,我们全家走进去时,台下坐满了观众,巨大的屏幕正定格着我家的全家福,台上被几十盏灯照得通亮,我们刚坐下立即冒汗,非常紧张。但很奇怪,从崔永元开始说第一句话时,就犹如被魔杖点过,点中大家的笑点,我们顿时忘记了紧张,松弛了下来,不知不觉投入了节目。

我们自己觉得普通的生活,在主持人的引领下变得不普通,我家的每一个点滴故事,都让观众感动,让大家全情投入到这个谈话节目中,感觉就是很想说话,有很多观点想表达,现场的观众都在拼命举手,争相发言。

的确,重组家庭是一个社会现象,他们需要被理解和鼓励。女儿也在现场感知到,不是她一人遭受家庭变故的伤痛,不是每一位继母都有足够的耐心。几位观众发言质疑我的先生:"妻子受到这么多委屈,做丈夫的为何不出面?为何不作为?"我为先生解释:"他不善于表达。"为解除先生的尴尬,我换了一个话题:"我听人说,十个男人九个吹牛,我先生就是那一个不吹牛的。"机敏风趣的崔永元立即接话:"这台上坐着俩呢。"全场都笑了。

这场节目有欢笑,更有泪水。节目过程中观众多次感动流泪,连我那从不流泪的先生也因自家故事流下泪来,女儿更是深受触动,泪流满面。主持人自己也多次流泪,不得不暂时下场休息调整了片刻才又上场。后来我在央视著名主持人敬一丹的书上看到,她当时也在节目现场为我们母女感动落泪。2018年在苏州国际书展上,我和敬一丹同作为受邀嘉宾做专场讲座。我和她面对面交流,回忆了1998年这场《实话实说·继母》节目,非常感恩。

也有一位继父现场发言反对我的做法,说继母如此宠女儿太失长辈的人格尊严了……这些都是女儿第一次经历,她完全没想到只是讲了一点点不让女儿失面子的小事情,观众反应就如此强烈。

女儿第一次从新的角度看到自己的问题所在,有了对比,她突然知道了原来自己真的是最幸运的女孩。这对女儿也是鼓励鞭策,让她对生活有了新思考,对继母、对再婚家庭有了新的理解和认识。

那天节目因为全场观众全情投入,不知不觉竟然进行了3个小时。大家还有很多话要讲,以至于崔永元两次鞠躬宣布:"今天节目就到这里,谢谢大家,下次再见。"观众竟然没人起身,还呆坐在那里,一直沉浸在节目话题之中,没回过神来。

节目刚录制完,工作人员就跑来兴奋地告诉我们,节目很成功很感人,虽然长达3小时,但直播都没问题。央视总台非常重视这个节目,在央视一套播出当天,竟然在当晚新闻联播前一分钟最宝贵的黄金广告时间,播出了我们这期《实话实说》节目的广告,有我的特写画面和声音文字。节目播出后社会反响很大,《中国电视报》专门辟出版面刊登了节目对话,刊登了我写的文章,还刊登了读者来信,后来又被评为优秀节目被中国唱片公司制成少儿教育系列光盘《继母》上市发行。

节目之后,崔永元继续关心着我家,他给我们寄来《实话实说》节目组成员签名的央视贺年卡,他出书后亲自给我题字签名。还有《实话实说》节目的张虎迪记者,敬业又亲和,一直与我们保持联络,多年来关注我女儿及全家,每年他都会给我们写信,寄挂历和贺年卡。央视的工作人员给了我们全家温暖和巨大鞭策,令人永生难忘。

这次北京之行,我们全家人的精神状态和生活质量都上了一个新台阶,原本在丈夫眼里只是妻子应做的日常小事,却让众人感动泪流,这也让他有所触动。两个孩子更是劲头十足飞快进步着,女儿在节目后果然有了更多的成长,在央视现场看到家庭对比,她更珍惜此刻所拥有的母爱,变得更懂事、更上进了。她在学校表现得非常出色,学习始终名列前茅,每年都获得"三好学生"称号。我们母女的感情也更加深厚。

心中有满满的感恩必须全力回报社会,我们一家幸福不算幸福,更多的家庭幸福才是幸福。我从央视回来就开始帮助多户弱势群体,连年数次地采访写稿,在数家报刊报道宣传励志模范事迹,成功推介了两位身边好人,他们被评为"励志模范中国好人"获表彰嘉奖。近两年我又陆续推介多位家庭教育公益团队骨干获得省、市先进,以及"全国最美家庭",产生了积极的社会效益。

同时我更加关注家庭教育,钻研学习相关理论,抒写家庭故事,讲授教育感悟,发表了数百篇文章,制作发布了多期视频。实践与理论相结合,我在清华大学出版社出版了两本家庭教育专著,百余次受邀到多座城市讲座,荣获"中国新父母年度人物入围奖""湖南省百姓学习之星""湖南省学习型家庭""全国最美家庭""道德模范岳阳好人""市三八红旗手"等光荣称号。

如今女儿虽已成家立业生子,有家庭教育问题仍会向我请教,现在她也在业余时间参与了家庭教育集团的工作,参与推广家庭教育。儿子与儿媳在工作之余,为我的新书承担了许多编校工作。在快乐的忙碌中，日子过得飞快，我们当年的四口之家已发展为八口人的幸福大家庭。

我积极投身家庭教育公益事业，践行发起和推广温暖教育。为帮助更多的家庭能获得幸福，我牵头筹备成立了岳阳市婚姻家庭研究会并当选首任会长，带领团队做点灯人，点亮家庭教育的灯火。要先将自己活成一束光，再温暖他人，推动家庭教育深入千家万户。如果没有受邀中央电视台的经历和激励，我就没有这份回报和成长，这让我的人生更加丰富，也为儿女树立了好的榜样。

虽然重组家庭面临各种偏见与误解，但我家是幸运的。如今，我国的重组家庭群体日益庞大，一方面，有些孩子因缺乏关爱甚至受到虐待伤害而走向犯罪，另一方面，世俗冷眼看待重组家庭，包括歧视继父母等问题仍然存在，这些都应该引起人们高度重视，重组家庭需要自身成长，也特别需要政府、需要社会及媒体的理解和支持。

"物格而后知至，知至而后意诚，意诚而后心正，心正而后身修，身修而后家齐，家齐而后国治，国治而后天下平。"这是《大学》中提出的国学之精髓，在家庭建设中不可不明确和落实。其关键的意义在于格物致知，诚心正意，修身齐家，治国平天下。我们每个家庭都知道要让孩子上学读书，掌握科学文化知识，考好学校，这是格物致知的要求；每个家庭还需要更加重视"诚心正意"和"修身齐家"的功夫，只有这样才能让家庭成员成为"治国平天下"的人才。

家人间的真诚相处，静心陪伴阅读学习，认真接受批评和自我批评，修己达人，全家人一起学习、共同进步，其乐融融。闫老师的家庭故事让人有很多遐想与感悟，也让人感到中国还有许许多多这样幸福的家庭。自古以来我们都在努力建设这样美好的家庭，这是东方文化代代相传的魅力。

家庭中最关键的人物是母亲。做母亲难，做继母更难。央视《实话实说·继母》真是感人，母爱之无私奉献终有硕果。最大的硕果不是上央视，不是拿奖，而是一女一儿的健康成长，以及成为社会的优秀人才。他们做到了"修身齐家"，为国家、为社会做出了积极的贡献。

——陶新华

第五章 爱的种子会开花

我想喊你"妈妈"了

"妈妈"是一个伟大的称呼,代表爱、温暖、信任、力量与责任。妈妈先要付出爱、尽到责任,才配得上这个称呼。

在准备结婚时,婆婆就非常关心地征求我的意见:"要不要孩子改口叫妈妈?"我回答:"现在不用,这事不急。"我的想法是:要尽到了妈妈的责任,孩子从心里认可你了,称呼妈妈才有意义,不能硬性要求。

重组家庭有很多种情况,关于妈妈的称呼要顺其自然,不能强迫孩子改口。如果是不太懂事的年龄,可以直接让孩子叫妈妈,但孩子上学了、懂事了,还是孩子想叫什么叫什么,关照好孩子的心情是前提。如果子女已经成年,思维已成定式,情感已有归属,也没有和父母一起生活,叫阿姨可能更自然。

女儿当时 9 岁,虽反对父亲再婚,但是她对我保持了基本的礼貌,包括愤怒地哭叫时,也一直称呼我为闫阿姨。这让我很感动,更加觉得自己必须要做一个好妈妈,全身心地照顾女儿、培养女儿,让女儿真切体会到,爸爸再婚对她只有好处,是为她找到了真正的母爱。

几乎所有人都不看好这个女孩能带亲,但我始终有信心,因为我天生爱孩子，也因"初生牛犊不怕虎"，并不知道后妈有多难。但当我真正接手后才知道大家为什么都担忧带不亲，我一次次被女儿的言行所震惊，我的确从没见过这么强势任性的女孩。如没有正确的方法和耐心是完全没有办法与之相处的，且直接伤及夫妻关系。

有一个形象的比喻：儿童心理对一个人的影响所发挥的重要作用与年龄成反比，年龄是倒三角形，而心理发展的作用却是正三角形。

婴儿期是儿童心理发展的钻石期，3 岁前是白银期，学前是黄金期，小学是银期，初中是铁期，高中就是纸期了。即婴儿期很重要，是关系的本源。学龄前这个阶段初建孩子的认知能力发展尤其重要，容易发现问题，也容易纠正问题。前期干预相对后期有事半功倍的效果。

一句话，年龄越大，问题越大也越复杂，识别问题和改善过程都相对困难。所以坊间有说法：三岁看大，七岁看老。

这样看来，女儿当时读小学四年级，已经 9 岁了，不算太大也不算很小，性格习惯基本形成，对不良习气的改变有些困难，更需要智慧和耐心，虽然改变不容易，但从心理发展上来说，还是有机会和可能的。

是的，现在回忆起来云淡风轻，但当时的形势严峻，我不知道这段关系到底会怎样发展，我只能不断地向孩子投入爱。而最可怕的是未知，我不知道我的爱到底能不能让孩子改变。

问题不是一天形成的，孩子需要一个适应和改变的过程。人心都是肉长的，何况是孩子，再任性的孩子都可以用爱来温暖感化。我用心照顾，让女儿有安全感，放心、舒心，我努力亲近她、温暖她，再逐步引领她、纠正她……终于，我们解决了一个又一个的问题，顺利实现了我的目标。

爱的力量就是这么神奇，在我们母女相处的每一天，女儿都在明显地快乐地变化着，对我的好感和认可稳步增加着。因为家中从没有过的温馨让女儿感受到了从没有过的温暖和快乐，每天的生活都像翻开崭新的一页，短短几个月，女儿从大声呵斥到佩服尊重，我们母女关系已经非常好了。

事实证明，"没有融化不了的心灵坚冰，真爱能让心灵开出最美的花……"这是 2017 年我被评为"中国新父母年度人物入围奖"的颁奖词。

至于"妈妈"的称呼，我曾经想过，要是女儿喊我"妈妈"，我该有多激动啊！不过，后来在快乐的忙碌中，我完全淡忘了这件事，因为我们早已母女情深，在女儿心中，我完全在妈妈的位置上了，什么称呼我已经不那么在意了。

然而，女儿在意着。在我们共同生活的第 15 个月时，女儿发自内心呼唤妈妈的时刻，带着满满的爱突然来到了我的面前。

那是 1993 年 5 月 5 日，我永远记得这个日子。

那天细雨绵绵。到放学的时间了，想到女儿没有带伞，我把 7 个月大的儿子围在床中间，然后锁上门小跑着去给女儿送伞。还没走到校门口，就听到几个女孩的呼唤："闫阿姨！闫阿姨！"原来，是女儿和她的两个好朋友已等在校门口。

一切都很平常，我把两把伞都留给女儿和她的好朋友，自己冒雨跑回了家。儿子很乖地配合妈妈安静地等着，我继续忙家务洗衣服，片刻，女儿也乐呵呵地回来了，一进门，书包一甩，便跑过来蹲在我面前一脸喜气地跟我说："闫阿姨，我想给你讲个悄悄话。"

这是常有的事，女儿又给我讲悄悄话。我说："好啊，你讲吧。"我立即直起腰停下手中的活，微笑地看着女儿，专注地听她讲话。并不知要发生什么大事，只见女儿大大的眼睛扑闪扑闪充满期待，散发着激动的热情和光芒，她激动地说："我想喊你妈妈了，你同不同意？"

无须思考，我立即回答："好啊！我同意！"

"妈妈！妈妈！"女儿半秒钟都没等，立即扬着红润的小脸，双目晶莹，欢笑着喊着我："妈妈！妈妈！妈妈！"

那是一个初夏的季节，那一瞬间我仿佛听到了花开的声音，好像所有的夏花都为我们母女盛开，为我们全家盛开。

"妈妈！妈妈！"这是我们母女间的第一声"妈妈"啊！声如润玉，柔美而纯净，温暖心田。

女儿又跳进小房间，快乐地摇着躺在床上自己玩的弟弟的小手说："弟弟，弟弟，我和你一样有'妈妈'，我比你先喊'妈妈'啦！"

窗外，雨悄悄停了，天空明亮了许多，小树碧绿，雨珠闪亮，已有小鸟在热烈地歌唱。

女儿也像鸟儿一样在几个房间快乐地跑来跑去，高兴地转圈，一会儿跑出来，喊我一声"妈妈"，一会儿又跑出来喊一声。有事没事都喊几声："妈妈！妈妈！"

我曾想过有一天女儿喊我妈妈，我会多激动啊，但我没有想到的是，女儿比我更激动、更快乐，兴奋不已。

当爸爸下班回家时，女儿迫不及待地从卧室飞奔出来迎上前，像报喜鸟一样："爸爸，我今天喊闫阿姨妈妈了，你说行不行啊？"

爸爸开心地笑了："行啊，太行了，就是要这样喊，以后都要这样喊妈妈。"

"肯定啦,我就是要一直喊妈妈啊!"女儿更高兴了,整个晚上全家都像过节一样开心。女儿兴奋得小脸红扑扑,在我身边跳来跳去,好可爱的女儿!

我的心踏实又快乐,因为我们以往的日子都过得很充实、很和睦、很幸福,儿女的欢乐总把小小的房间装得满满的,两个孩子整天围着我,腻着我,亲热无比,更把我做妈妈的心装得满满的,我早就在妈妈的位置上,所以女儿喊我妈妈,我并不觉突然,只有一种水到渠成的必然和喜悦。

而让我更惊喜和欣慰的是,原来女儿已期待很久了。哦,我亲爱的女儿!真的谢谢你!

接下来的几天女儿都处在喊"妈妈"的兴奋中,每天要喊很多次,她为此是那么的快乐,并且兴奋地向她的同学朋友报喜,女儿期待她和同学们一样有健全的幸福家庭。

美丽五月,真的是鲜花盛开的季节!生活就是如此美好!

一声"妈妈",这是人生珍贵的呼唤,看似容易,其实不易,而能得到"妈妈"的亲切呼唤,是一种情感,一种幸福,更是一种责任。

孩子是那么深情地依恋母亲,我真切地感受到,没有不能感化的孩子。建立良好的亲子关系,继母可以做到,亲生父母更可以做到。

我的女儿最初虽刚烈极端,但她对情感极为重视,所以,不必对孩子指责抱怨,只要定下心做好自己,把孩子的一切都关心到位,当你的一言一行都像妈妈的样子了,孩子就会把你当作妈妈,真心地贴近你,渴望你像妈妈一样永远关爱她,更会愿意亲切地呼喊你

"妈妈"。

诚然,做好妈妈不在于称呼,只在于母女的心是否真的贴近和相通。非亲生母女亲不亲,只在于母亲有没有做好该做的一切,如果做到位了,无论什么样的孩子,都一定会真情地对你说:"我想喊你妈妈了!"

从小理解钱、会用钱

慈善捐助两百亿的企业家曹德旺曾说:"我吃饭有个习惯,碗里不剩一粒米饭,在餐馆把吃不完的食物打包带回家。"这让我们看到财富与节俭的关系,不管贫富都应该拥有节俭的好习惯。金钱观与贫富无关,与父母的引导有关。

我们夫妻当年所在的企业效益差,虽然经济条件不好,但我们会让孩子正确认识金钱,所以我们从来没有因为钱少而不快乐。我会用很少的钱精心做几道美味佳肴,全家人欢呼着吃光光。周末到免费的风景区享受大自然,开心地享受当下的幸福,继续为明天的幸福勤奋拼搏。

经济问题常常是家庭的矛盾点,尤其是重组家庭。但我家有三个财务管理原则,所以一切井然有序。第一,父母做表率,俭以养德立规矩。第二,该花的钱再多也花,不应该花的再少也不花。第三,财务公开,大的开支全家商议,培养孩子的责任感。

我们夫妻一向勤俭,很少给自己添置什么,结婚头几年几乎没买过一件新衣,更没有买过一件金首饰,高级化妆品至今也没有买过。儿子3岁之内我们没有为他买过什么新衣和玩具,而同期女儿则正上小学高年级,正是长身体进入青春期的时候,我希望她和同学们一样穿得漂亮，所以那几年我主要给女儿买东西，这样按需分配，全家开支完全没有问题。

在生活中让孩子学会善用自己的钱，从认识压岁钱并不是自己的钱开始。

有一天，上小学的儿子突然认真地对我说："妈妈，咱们这次到姥姥家，我一定要带上自己的钱，不要让姥姥再给我花钱了。"我知道懂事的儿子要动用他的压岁钱，于是说："好儿子，你的想法很好。不过严格地说，你还没有自己的钱。"

儿子疑惑地问："我的压岁钱不是我自己的钱吗？"我笑着说："不是，你自己劳动所得才叫自己的钱。"儿子顿时不好意思了。

正是这次对话，让儿子明确了什么才是自己的钱。儿子非常愿意参与劳动，挣到自己的钱，于是我们拟定了一个劳动协议。儿子负责自己和姐姐的房间以及阳台的卫生，自己定价每月15元劳务费，保证每天整洁。

终于有了自己的钱，儿子走路小胸脯挺得高高的。我带他上街，他口袋拍得啪啪响："妈妈，你不用给我付车费，我自己带着钱呢。"家里来客人吃饭，他也像个大老板一样，豪气地说："饮料我全包了，妈妈不用管啦！"

最让我们感动的是他从来不乱花这些自己的钱，而是一元五元地找我换成整票子，几个月之后，最终换成一张50元收藏起来，并为此开心欢呼。

而万万没想到，姥姥过生日时，一大家子人围坐在一起，儿子突然捧出一张50元说："姥姥，这是我给您的生日礼钱。"全家人不知实情都大笑起来，姥姥也说："好孩子，你有什么钱啊，我怎么会要你的钱?"

只我一个人没有笑,而是惊呆了,我被儿子的爱心所震撼,双眼湿润。这绝不是普通的 50 元人民币,我的儿子一天天地做家务,要做满一百天才能挣到 50 元,原来就是为了孝敬姥姥,这是爱的礼金啊!当我把这件事告诉大家时,大家也突然安静了,姥姥紧紧地把外孙搂在怀里,感动地说:"这个礼金我收下,收下。"

不久,我以《自己的钱》为题,写了一篇文章发表在《南方都市报》上,后被多家报刊及网站转载。我肯定儿子的做法,鼓励他用好自己的钱,让他明白什么是自己的钱,懂得珍惜。

俗话说:"吃不穷穿不穷,不会划算一世穷。"节俭不是不花钱,而是把钱花在最需要的地方。我们企业准备筹建职工住房,需交齐 7 万元全款,这在当时,对我们企业职工来说是笔巨款,没几家能拿得出,而我们家只有 2 万元存款。但我立即报了名,因为让两个孩子都拥有独立的房间是我一直的愿望。

这件大事获得全家一致同意,于是开始筹款。婆家借 1 万,娘家赠 1 万,现住旧房卖了 3.8 万,7 万元房款全部缴清啦。很快新房就拔地而起,很多没买房的职工都后悔了。全屋装修我只花了 1.2 万,被众人夸能干。材料我自己买,水电我先生亲自干,木工泥工我分别请高手,全房木地板,三个卧室打大壁柜,高质实用又温馨,全家都满意。

如今 20 年过去了,桌柜还像新的,木地板仍旧闪亮,我们还住在这套房子里,而这套房子已增值 10 倍。我家的收获不仅如此,还在于当时两个孩子规划布置自己的房间别提有多开心。比较困难的我家却第一批换了大房子,让好多朋友惊诧不已。

因此，在高校读书的女儿变得更加节俭，上小学的儿子从此没有再要一毛钱的零花钱。虽然我们不是靠节约发财，但节约是美德，是对生活的感恩。他们看着父母为这套房子的付出，懂得了生活的取与舍。孩子们知家底、早当家、共分担，在生活的酸甜苦辣中，懂得财富不是天降，耕耘才有收获。

作为家庭主妇，尤其是重组家庭的主妇，一定要以身作则地管好家庭开支，其最大意义在于引领好儿女。我们把钱花在更该花的地方。这次购房让我们全家骄傲，孩子们因此更加懂得了如何生活、怎样花钱。

一个家有了经济问题总是互相扯皮就不会安宁。父母不能小看花钱这件事，这是培养教育孩子最重要的方面之一，所谓树立正确的三观，不能缺失了金钱观的教育。对于孩子，无论穷养还是富养，教养才最重要。

教育是无痕的，孩子在生活中成长。不知从何时起，儿子自己形成了一个观念，他说："妈妈，我还没有挣钱，先不要学会花钱吧。"在我们家，全家四口彼此信任，没有一个抽屉柜子上锁，两个儿女上小学时就有自己的小钱包，自己管钱当家，上初中自己做主挑选衣服。后来他们陆续在外地读书深造，每个学期的学费、生活费我们都是一次性提前全部转账给他们，并嘱咐要吃好，别太节约了，钱不够再寄。女儿说她是全班唯一开学时全学期费用包括生活费全部拿到的，她为这份信任感到特别自豪。所以父母给的钱虽然不多，他们却能精打细算有节余，从不乱花一分钱，而且还会挤出钱来给家里买东西。

总有家长羡慕地说："你家孩子真懂事啊！我给我家孩子打钱是

你家的双倍,但他花钱如流水,每个月打钱都花不到月底,我怎么说他骂他都没用。"还有的家长为控制孩子用钱,每个星期打一次钱。这些都只因早期教育没到位。

我想,真爱孩子绝不是打着"再苦不能苦孩子"的旗号,放手让孩子随意花钱买享受,而是教孩子明白钱的出处,学会用钱,父母应言传身教引导孩子学会感恩和珍惜。

女儿是去深圳工作后才有了自己的钱,她上学用父母的钱时从不乱花,自己的钱更不会乱花,生平第一次拿到工资先想到家人,给父母、弟弟、奶奶每个人都买了礼物。

这么多年来,女儿给家人买的东西很多,衣服、饰品、电器、食品,品种繁多,而且是实实在在的,家里需要什么就买什么。女儿知道我自己在家从不会买蟹吃,她回家时就会买很多。其实她并不富裕而父母也不缺钱,她就是想尽这份孝心。她对弟弟也很关心,我从没有给儿子买过一件名牌衣服,儿子的第一件名牌正是姐姐给他买的,花了大几百元。

儿子的第一笔工资薪酬也意义非凡。大二的暑假儿子打工两个月,挣了 2000 元,他说:这是我第一笔通过工作挣的钱,必须先感谢家人。他乘火车专程去给外甥、表妹、姐姐、姥姥、姥爷以及父母每人送了 200 元,共计 1400 元。儿子上大三时,我不小心丢了一部手机有点着急,儿子知道了立马给我买了一部新手机,专程从武汉赶回岳阳家中给我装好调好。我问儿子这是多少钱买的?他说 800 元。我就给了儿子 800 元。一年后一个偶然的机会我才得知手机是 1800 元买的,当时我就对儿子心疼不已,因我知道儿子手里没多少钱,只有每个月不多的生活费。可儿子竟然为了安慰我,淡化丢手机这件事，故意说低了价钱。可这 1000 块钱的亏空，是儿子一个月的生活费，他硬是克扣了自己几个月的生活费，给我买了手机。儿子说："钱算什么呀，我少吃少用点没关系，妈妈心情好更重要。"

两个孩子会用自己的钱，善待他人，从不吝啬，管好自己，妥善安排，珍惜感恩，孝敬长辈，这不是突然形成的，而是家庭生活日久天长的磨砺。我们夫妻在经济较差的情况下，不忘孝顺长辈，仍然厚待亲友，尽心照顾儿女，让他们感受到父母的关爱。这一切成就了两个孩子的懂事上进和孝顺。姐弟俩成长着，也让我们感动着，感叹青出于蓝而胜于蓝。

现在回想起来，虽然那几年经济条件不太好，却给了我们更多机会以身作则地教会孩子正确对待金钱、对待亲友，教会孩子学会珍惜和感恩。

学会用好自己的钱，把不利变有利，让孩子成长为家庭的财富。正如"知心姐姐"卢勤老师说过的一句话："不是给孩子留下财富，而是把孩子变成财富。"

不言放弃创奇迹

培养孩子最大的难题，不是教育他如何享有荣誉，而是教会孩子如何战胜挫折。一个家庭的和睦团结不是彰显在明媚春光中的欢乐聚会，而是体现在风雨来临时全家能携手并肩。

在我家，父母爱学习的示范让两个孩子学习更自觉，我们从没有催过一次，但他们都在重要的考试中遭遇过挫折。

女儿有很好的学习习惯，学习很认真，每天要做完作业才吃饭，寒暑假也要把作业先做完了才放心休假。一路顺利到初中毕业。万万没想到在中考选择上我们母女意见相左，女儿执意要考中专，我当然选择让她读高中，这个矛盾后来被班主任王老师劝和："是你女儿读书，不是你读书，相信女儿吧。"女儿也给我一再承诺："妈妈，我一定会深造的。"于是我尊重了女儿的选择，女儿果然特别开心又争气，为自己的选择负责。她中考、高考都考出了高分：中考全岳阳市区第二名，全国高职高考株洲市财会类第一名。但遗憾的是，如此顶尖的好成绩，中考及高考却都与自己心仪的学校失之交臂，而且仅仅是一分之差。

高分落榜，这种从云端降到谷底的重大打击，一般人难以承受，而且这种不幸还降临两次，女儿几近崩溃。但我们全家人自始至终都陪伴支持女儿，我更是像贴身护卫般一刻也不曾缺席或懈怠，最终我们两代人携手战胜了挫折，女儿重整旗鼓另辟蹊径，从初中毕业到本科毕业，她仅用4年时间完成。这4年女儿拿到了中专毕业证、大专毕业证、本科毕业证，获得管理学学士学位。她的同学还在读大一，她已拿到本科毕业证及学士学位，走上了工作岗位。人们都说她创造了奇迹，可只有我们自己知道这其中的不易，这中间经历的挫折，流过的汗水和泪水，我和女儿共同度过了多少不眠之夜。

是的，这是一段感人的励志故事，优秀的女儿在大学毕业工作一年之后，饱含真情地做了翔实记录。后来她将文章发表在《今日女报》上（2004年7月27日），标题是《不言放弃》。

不 言 放 弃

安娜

转眼一年一度的高考已经结束，每逢此季我总是感慨万千，因为我也曾艰难走过，学习经历的点点滴滴让我永生难忘。

我是一个幸运儿，有一个非常幸福的家，我时常这么说，但我的学习经历却又是那么不顺利，从初中毕业到本科毕业，我都经历着一些挫折，老天似乎是在有意地磨炼我，总是当我在高高的云端开心时，再让我狠狠地摔下来，然后逼我又一步一步向上攀缘。

初中毕业时，我在老师、同学和家人的不理解当中，放弃上高中选择了中专。妈妈很难过，她希望我上高中、考大学。可上师范、当小学老师是我从小的梦想。我对妈妈说："当老师是我的梦想，人要为自己的理想而奋斗！妈妈你放心，即使我读中专，我也会继续深造的！"

有了家人的支持，我全力以赴考得很好，初中会考考了岳阳市区第二名（报考中专学生），100分满分的8门功课我考了平均96分，我很开心。心想，我可以当老师了，可以实现我的愿望了。可是没想到，事情并不像我想得那样美好，因为师范招生名额比例全部向县区倾斜，缩减了我们市直的名额，仅给了一个名额，而我却是第二名。更难过的是县区学生低分的录取了，我虽高分却落选了。

泪流干了，这让妈妈心疼到极点，夜不成眠，研究分析了所有报考学校。不过平均分96分的好成绩，还是很快让我被第一批志愿的一所省重点财会学校录取了。既然师范上不成了，我也就只有接受现实，去财会学校上学，不过临行前，我就发誓我要继续深造，在中专自学。我不会比别人差的！

到了财专学校，日子过得很轻松，同学们都好相处，更让我高兴的是，学校很鼓励自学考试。因此，进校的第一个月我就试着报考了财会专业课的一门考试。9月份进的学校，10月底就参加了第一次考试，没想到，很轻松地竟然通过了，那次能通过考试对我有很重要的激励作用，极大地增强了我的信心。就这样，我一边读中专课程，一边自学财会专业的大专课程。两年下来，我不仅在校年年被评为"三好学生"，成绩名列前茅，而且自考也出乎意料地顺利，已经通过13门功课中的8门。

也许老天是有意要锻炼我，它竟然又给了我一次考大学的机会——参加中专院校对口招生的高考考试。如果说，初中毕业那时，老天是有意为难我，那么这一次，我想老天也许是偏爱于我。知道了这个消息，全家人都很激动，我更是充满了信心和希望！我一定要考上大学。

学校很重视，参加高考的同学分成了两个班，全力向高考"进军"。那一个学期是我进中专以来，最刻苦的一个学期。以前虽然又要上中专课程，又要自学大专课程，但是我的压力比较小，中专课程简单，自学考试虽然难，但我能准确地抓住要点，这是我的一个很明显的优点。可是没上高中却参加高考，我的压力无形中增大许多，但这是我最后的机会啊！我在心里呼喊：我要上大学！

那一个学期，我每天早上6点多就到教室，中午买袋饼干就算解决了午饭，因为住学校宿舍，晚上最多只能复习到10点，因此早上和中午我都不放过，太珍贵了！那时同学们经常开玩笑说，你是不是就睡在教室啊！每天只要来教室，就能看到你！你真厉害！

就是这样的付出，有了回报：我从第一次摸底考试的第十几名，慢慢地到前十名，再到前五名，等到最后一次摸底考试，我已经是班上数一数二的好成绩了。在这期间，我也没有放弃自考，又参加了两门考试并通过了。

终于到了高考的那天，我很有把握，因为我自信复习得很好！每场考试下来我都很开心，也很自信！心想我能上大学了，分数很快下来了，我是考得很好，5门功课，平均125分（满分150分），总分达到625分，是全株洲市当年财经类考生中的第一名。

去学校填志愿，老师和同学们都祝贺我，我却在为应该填哪所学校而苦恼。因为省教委给我们高职对口分配的名额极少,湖南财会专业 1800 多名考生,一共只有区区 53 个本科名额,西安交通大学 3 个名额;湖南农业大学 50 个名额。而想想现在高中升大学的比例可是达到了 50% 还多!这是多么的不平等!但所有的人都认为我百分之百录取了,因为是全市第一名,但万万没想到老天又给我开了个大玩笑,我竟然以 1 分之差还是与大学本科失之交臂,湖南省财会专业的本科录取线高达 626 分!而更让我伤心的是同年师范专业的本科录取线才 400 多分。真的是一步没赶上,步步赶不上啊。这次的打击对我来说,比起考中专那一次,不知大了多少倍,因为这一次我是全身心地投入,我放弃了所有的娱乐,所有的休闲,就连我的表弟生了重病,妈妈也怕影响我而迟迟没有告诉我。

在我知道录取线的那一刻,脑袋一片空白,我觉得老天对我太不公平了,为什么要一次又一次地折磨我!我情愿它不要给我这次机会。我崩溃了,我甚至想靠吃安眠药来入睡。爸妈都很难过,妈妈更是以母亲的身份写了一封长信给西安交通大学。可是这一切都已经是不可能的了。我不知道我接下来应该做什么,我对什么都提不起兴趣,我无力再去做什么!

幸好,我有个好妈妈,她在我最痛苦无助的情况下,一直陪在我身边,她给我了最大的帮助和支持。妈妈不眠不休地积极为我联系学校,为我打气、鼓励我,妈妈的朋友们也在极力地帮助我。后来我被湖南省最好的财经高等专科学校录取了,但想到我自考大专已经过了 10 门,只差 3 门就可取得大专毕业证,如果再花 3 年时间去读大专太浪费时间和精力了,我不愿意去读。妈妈就专门跑到那所学校去问我这种情况该怎么办，能不能从二年级读起，到时参加学校的专升本考试。学校不答应，但也认为大专自考已经过了10门没必要再来重读大专。最后，妈妈的朋友帮助联系了湖大自考本科的院校，面对大家对我的鼓励和帮助，我又重新鼓起勇气和信心，我还要继续走自考这条路，我一定要拿到本科文凭！

可是专科我还差最后3门，也是对我而言最难的3门：高等数学（一），我没上过高中，等于是一点儿没学过；经济法，一本很厚的枯燥的书，需要记忆的东西很多；计算机，当时对我来说也很麻烦，因为要考得和我以前学的财会专业操作不一样。怎么办？离考试只有一个多月的时间了，3门课我完全没看，再加上我烦闷的心情，难度之大可以想象。当我去湖大读书时，和我同班的同学都已经专科毕业了，可我离专科毕业还差3门，我已经比他们落后了，当我还在考专科时，他们已经开始考本科了，那时我是多么难过。

那一个多月，我又只能重新投入学习。现在回想起来，我很佩服那时的我竟然能忍住悲伤，静下心来学习，在别人眼里认为是不可能完成的事，我竟然做到了！人的潜力真是无穷的！仅一个月的时间（在那期间我还要到湖大上本科课程）我3门课全部通过，而且平均分达到80多分。

在这里我要感谢妈妈，是她给我了力量。记得那最后的3门考试，全是她送我去的。我永远记得在考场外，她站在门口高举双手向我做出"V"字形的手势，那是妈妈对我的肯定和信任！在她眼里，我就是会胜利！我也要感谢爸爸，他专门给我借来了对我很有用的书；我还要感谢妈妈帮我请的那位辅导了我半个月高等数学的老师。当时我没学过高数，可又要到湖大上学，因此我只有在快考试时请假回来，然后把所有我不懂的地方集中起来问他，那半个月对我帮助很大，通过这样的学习，也增强了我自学的能力，我可以比别人更快理解书本内容，学会了不懂的自己先想，学会了独立学习。

老天总是这样，让我从高处摔下来，再给我一次绝处逢生的机会！这次也不例外，我顺利专科毕业了。还是要感谢妈妈，为了让我专心到湖大读书，她往返自考办等地多次，一切相关自考的麻烦手续都是她给我办的。

终于可以静下心来读本科了，就像如鱼得水，此时学习对我来说，已经很轻松了。只用了不到一年的时间，我已经比和我同时入学的同学领先了，我成了班上的优秀学生，每次都是报几门过几门，而且高等数学（二）还考了 98 分的高分，其他九十几分的课程也有好几门，平均分达到 85 分，同学们都很佩服。但我清楚地知道，我得到的一切，是努力换来的。

没想到老天的考验又要降临了。因为我正好赶在本科新老计划交接时期，我如果按老计划毕业，可以少考几门提前毕业。但如果我按新计划报考，或者是按老计划考却没有全部通过，那我将起码推迟一年才能毕业。当时我家正值艰苦时期，尽管爸妈从未要求过我，但我作为家里的一分子是多么希望能减轻爸妈的负担啊！因此我决定冒险，我对妈妈说：我要孤注一掷，我一定要毕业！妈妈听后很着急，劝我说："你已经很优秀了，别给自己太大压力！"我虽然嘴上答应了妈妈，但我已下定决心。既然老天要再一次考验我，那我就要证明给它看！

我开始了更艰苦的学习，我在心中盘算着，要在只有两个月的时间把4门功课和毕业论文全部攻下来。我决定再像以前一样自学，在学校附近租了一间房东用来放杂物的小房子，开始了我艰难的学习。那两个月我每天早出晚归，因为天气很热，我每天都带一大壶水再加一瓶矿泉水到教室。住的房间隔音效果很差，没想到竟锻炼了我闹中求静、不受干扰地投入学习的本领。英语是本科的课程，我没上高中，当时我的两本比砖头还厚的英语书，完全靠我一页一页攻了下来。

我也不是没有气馁过，也有支持不住的时候，可每次一想起妈妈、舅舅会抽出时间来学校看望我、激励我，每次管教学大楼的老爷爷提前为我开灯，还有同学们的鼓励和帮助……这一切的一切都成为我学习的动力和战胜困难的决心，让我对他们永怀感恩。

终于到了考试的那一天，我很有信心。越接近考试，我越不紧张，甚至有点兴奋。因为我做事比较讲究成效，越接近考试，我复习得越透彻，越觉得胸有成竹。所有要考的课程，基本上都已经复习了不下三遍。

终于全部考完了，各门科目感觉良好。我和同学们轻松地走在回家的路上，同学们最喜欢和我对答案。"财务报表分析最后一题的杜邦分析，你的结果是什么？""杜邦分析？我怎么没有做过这一题？"当时我就傻眼了！我不敢相信，又问了几个同学，结果他们最后一题都是杜邦分析。我知道了，因为最后一题在最后一面，单独的一道题，这次财务报表分析的题量十分大，难度高，我以为自己全部做完了，就急着检查前面的，而忘记看后面还有没有题目。

天哪！15分，这15分对我来说是送分的题，我竟然没看到！我脑子顿时一片空白。心中只有一个想法"我完了，一切都完了。我肯定过不了"。为什么老天又要折磨我一次！为这15分我要至少多读一年。

不知道怎么回到的学校，我抓起电话打回家，听到妈妈亲切的声音，我哭了，把这几个月的艰辛全部用哭的方式发泄出来。我一个劲地说："考砸了，对不起！"妈妈安慰着我："你每次都低估了分数，这次估不及格就应该刚好及格，相信妈妈，别白白伤心了。"

回到了岳阳，回到了家，爸妈有意没提一句考试的事，我知道他们是希望不触动我，淡化这件事。所以在他们面前我也并没有流露出过多的悲伤痛苦，我只能痛苦地等待，等待考试成绩，等待我的命运。公布分数的一天终于到来了，我用颤抖的手拨出那个查分号码，在等待电脑查分的那短短几秒，在当时的我看来却是那么久。电话那头缓慢地报出我的考试科目和成绩——天哪！我是不是听错了，竟然全通过了！不行，我还要打一次！还是一样。天哪！我的心扑通扑通地跳，我还是不敢相信我真的全考过了，我又再次拨了一遍。啊！这下我终于缓过神来，是的，我过了，我本科毕业了！我大叫了一声。奶奶听到后赶紧跑过来看我出了什么事。我激动地说："奶奶，我过了，我毕业了，我本科毕业了！"我看到了奶奶眼里的泪水，而此时的我也早已经泪流满面，这次是幸福的泪水。

我一刻也不想停留，我要把这个消息告诉大家。妈妈，第一个要告诉妈妈，妈妈在哪？早上她去给我们家的装修师傅送水去了，对，一定在新家。我跑下楼，再跑到新房。一切似乎都是那么美好，每个人都在对我微笑，我是世界上最幸福的人了。妈妈，不在？哦，可能已经去上班了。哎，只好又跑回到家，打电话到妈妈办公室，可还是不在。妈妈的同事毕阿姨知道了这个好消息，她高兴地说："你又创造了一个奇迹！"……

我彻底地轻松下来，我感到前所未有的愉悦！我觉得老天又给我开了一个玩笑。一个月之后的学位考试，对我来说已经没有压力了，我也在学位考试后顺利拿到管理学的学士学位。

现在冷静下来我发现我懂得了什么叫"塞翁失马，焉知非福"，我懂得了"坚持就是胜利"，我懂得了"付出就有回报"——同时，我的学习能力、理解能力、独立能力——比同龄人要强许多。我想如果没有以前我的那些学习经历，说不定我还没有现在坚强，更没有现在出色。

其实早就想把这些写出来，不是因为我的事情有多么了不起，也不是因为我有多么值得大家学习，更不是我想炫耀什么，我只是希望通过我的事情，让那些曾经在高考，或者在人生道路上遇到一些不如意的朋友们，能最终战胜困难，勇敢前进。因为每当我被困难和挫折困扰着时，我就会用这些经历来开导自己。"世上无难事，只怕有心人！"

让我们共勉！——不言放弃！

这是2003年女儿的亲笔文字，她写好后发表在了文学网站文心网她自己的专辑里。那一幕幕我们共同走过的经历是那么真切和清晰，我一遍遍回忆，共鸣感慨，激动不已，立即在女儿文章后面跟帖写道：

女儿的笔头很快，刚结束的高考正触动了她的心怀，我们多次在线讨论，她就在繁忙的工作之中积累点滴时间写就了这篇长长的文稿，因为这个经历对她来说深刻至极、永远难忘。不仅她，对于并肩一起走过不寻常岁月的父母也是如此，一切都历历在目，清晰无比。而实际上，在那个非常季节，她的伤痛还不仅如此，还有另一种伤害……但我们了不起的女儿真是以惊人的毅力，坚强地走过，她是在一年内"横扫"了全部的财会类本科自考科目，创造了她就读的那所学校的奇迹。一年拿下本科文凭，这让她的大学老师、中专老师和同学们都佩服不已，让我们单位的叔叔阿姨们大为震惊。

虽然成绩是过去的，但可喜的是，我们优秀的女儿能够在往后的日子常以此不言放弃的情怀激励自己，奋勇进取。孩子如此尽力，作为父母，我们期待她在人生路上能有贵人相助，希望孩子平安幸福、顺利地实现人生理想。

我的海内外作家朋友们看到女儿的文章也很感动，纷纷点赞，并在评论区留言，摘录两段如下：

在安娜每一次对母亲的感谢中，我都泪花点点。安娜，见过你的照片，快乐明朗，笑得从容自信。看了你的这些经历，我更读懂了你笑容中的美丽。

——华裔作家蓓

每一次的挫折，都可以成为一个历练的机遇。有的人挺不过去，有的人怨天尤人，只有真正的成功者才会笑对一切。看到安娜能历尽磨炼，坚持笑到最后，真为她感到高兴！

——作家艾华

虽然我无数次阅读这篇文章，但每次重读仍是非常震撼。为女儿的坚强毅力，为女儿拥有的感恩情怀。我希望更多的读者阅读并有所受益，当学习旅途情况多变，挫折突然降临，孩子和家长应如何应对？

不放弃！坚决不放弃！家长不放弃，孩子才能不放弃！好的父母情感足够成熟，是家庭的定海神针，是孩子的强大支撑。让孩子发泄情绪，把委屈哭出来，而我们不仅要始终陪伴支持孩子，尽全力研究政策、联系资源，还要保持清醒头脑，变坏事为好事，让孩子增进动力，共同积极制订最佳方案，助力孩子找到合适的路径。

挫折与困难是考验重组家庭的关键时刻，亲情如水，水能托舟也能覆舟，在亲情与亲情的对比中，女儿重新认识亲情、认识母爱，心中充满珍惜和感恩，从而激发出更强大的拼搏动力。这让女儿真切地感知：家，永远是她温暖幸福的港湾。

困境更让孩子学会成长。不是出现问题相互抱怨，而是早立家规，养成良好习惯；不是父母认为给予了孩子爱和支持，而是孩子切实感受到父母的爱和力量而感恩上进，迸发潜能。如此，必然能战胜挫折，耕耘收获，甚至创造奇迹。

儿女能做的不要老人帮

晚年是否幸福,是由家庭教育的水准决定的。

家庭教育在家庭生活中,是包括进行人格塑造的有深度、有温度和持续性的教育,具有对我们事业、家庭包括亲子关系持续一生的影响力,是学校教育和其他教育无法企及的一种效力更长久的教育。而亲子关系从幼年到青年、到中年、到老年环环相扣,影响伴随我们一生。早年亲子关系很重要,晚年有良好的亲子关系同样重要。

常常还没到晚年,只是第三代刚刚出生,亲子关系的新考验就来了,比如谁来带孙子?怎么带?

2018年我做过一个问卷调查,其中有一项是关于老人帮忙带孩子的问题,69%的人认为隔代教养弊大于利,88%的人选择父母自己带孩子。而2020年颁布的《中华人民共和国民法典》婚姻法第一千零五十八条也规定得十分清楚:夫妻双方平等享有对未成年子女抚养、教育和保护的权利,共同承担对未成年子女抚养、教育和保护的义务。2022年1月1日开始执行的《中华人民共和国家庭教育促进法》,更标志着我们进入了父母依法带娃的时代。

但在现实生活中,我国老人帮忙带孩子的现象非常普遍,已形成传统习俗,无论是乡村还是城市,带孙是常态,不带孙可能让人奇怪。

当理论与实践有所差异,梦想与现实不相匹配,两代人的价值观及出发点不同而产生矛盾时,亲子关系、婆媳关系、夫妻关系统统受到考验。

如今,30年的相处,我们母女虽然经历各个阶段的种种考验,我们良好的亲子关系依然稳定。我的两个外孙,大的14岁,小的10岁,我并没有直接帮女儿带孩子。作为继母这可是犯了大忌,撞到枪口上了,有人一定会说因为是后妈才不帮忙带外孙。可为什么没帮女儿带孩子,我们母女关系还这么好呢?儿女成家立业生子,三代人应怎么相处才和睦幸福?各家有各家的方法、故事,这里只说说我家的做法和感悟。

首先说第一个方面。我们一直保持良好关系,相互关爱,这是一切和睦幸福的来源和基础。从我们成家建立母女关系之后,我们便特别重视和珍惜彼此,始终关系密切,联系频繁,稳定健康地走过小学、中学、大学,从没有发生任何冲突。

对于很多家庭来说,不太重视与孩子的陪伴交流,但我不一样,孩子在家在外都重视,孩子在外求学,我的书信、电话从未停息过,是她同学中最多的,特别让女儿骄傲。女儿工作及结婚生子了以后也是如此,眼下的微信家庭群不必说,我们早在MSN、QQ、电子邮件中频繁交流,也特别让女儿的同事们羡慕,如果她们知道我们不是亲母女会更加惊讶。

有一次,一位亲戚看到我收到的短信非常羡慕地说:"呀,女儿给你发了这么多感人的话呀,我女儿怎么一次也没给我发过。"我说:"这是因为你从来没有给孩子写过。爱需要表达,需要交流,爱是相互流动的。"

女儿在广州工作生大外孙时，儿子还在岳阳上初中，先生在长沙上班，我们一家分在三座城市工作生活，彼此牵挂。女儿怀孕后，我几次专程坐火车去看她，平时网上密集交流，我很遗憾不能分身给女儿带孩子。女儿安慰我："哪用你带啊，婆家多的是人带。"但女儿第一次做母亲，我第一次做姥姥，掐指算着女儿预产期牵挂她，这种内心感应也特别的神奇。一天中午，我莫名其妙突然坐立不安，无心做任何事，心怦怦乱跳，突然预感女儿应该要生了，我立即打电话给几千里外的女儿，女儿说："刚才突然感觉有点腰痛，不知怎么回事。"

天哪，我都佩服我自己，相隔千里却预感这么准，母女感情好真的就心有灵犀吗？我立即惊喜地大声说："太好了！这正是有动静快生啦！快点去医院住院。"女儿女婿很听我的话，立即吃午饭，然后奔向医院。次日快生的时候也非常神奇，我预判得特别准，明白不能老打电话骚扰产妇，我3个电话都打得恰在关键时刻，让我第一时间知道女儿生产的状况。是个男孩，一切顺利。

其实所谓神奇，所谓心有灵犀，只不过是因为心里有挂牵，十几年来心里一直有。

第二个方面是女儿女婿很优秀，自立自强，非常懂事。我们做父母的时刻关注着，做儿女的坚强后盾。

女儿在婆家两次坐月子都是自己主动出钱，公婆有退休工资并不缺钱，而小两口打工并没有攒多少钱，但女儿仍拿出数千元给公婆，感谢父母辛苦照顾自己月子。这在很多人看来是不可思议的，儿媳妇回婆家生孙子，还要自掏腰包吗？何况公婆并没有要求他们这样做，但我的女儿女婿自觉自愿地做了。别人说作为儿媳妇一直这样孝顺公婆难能可贵，我的女儿却淡淡地说："习惯了，父母也不容易。"

"年轻人生儿育女是自己的事，而不是父母的事"。正因为我的女儿女婿秉承这样的理念，所以才会自己承担一切，并以多种形式感激回报帮助自己的父母。

女儿休完产假上班，请来婆婆帮他们带孩子。女儿是带着感恩的心请婆婆帮忙的，经济上补偿婆婆，下班回来包干家务让婆婆休息。

当孩子与事业矛盾凸显，老人也愿意出手相助。但女儿的想法却不一般，她对我说："孩子成长的关键期，应该在父母身边，妈妈，我也要像你一样，自己带孩子，等到孩子两三岁，我就要完全自己带了。"

果然，女儿说到做到，一年后辞了职。女儿常对我说，她很多方面都随了我，包括非常看重孩子，包括自己亲自带孩子。当知道她要辞职时，我还是感到很突然也很可惜，我说："过一年多弟弟高考完，我就可以帮你带孩子了。"我劝她一定要三思后行，慎重考虑好再决定。她的单位是上市公司，领导信任，同事友好，女儿也当了部门主管，但她为了照顾孩子和家庭，还是坚定地选择辞职做了全职母亲。

一年后，儿子读完高中考上大学，我终于能全部抽出身来了，我停了兼职工作，做好了一切准备去帮女儿带孩子，带我可爱的外孙。但没想到，女儿女婿回复我："妈妈，你只要做好自己喜欢的事就好，我们自己可以承担，不用你带孩子。"

女儿做了全职妈妈没多久就怀老二生了小外孙，我认为这更需要我们帮忙，每个学期前我都在询问女儿，随时准备过去帮助她。后来，女儿的家搬到了新的社区，我又提出自己跟着去，我每月出资千元补贴女儿的住房并帮她带孩子，但女儿女婿还是没有同意。

小外孙满 3 岁可以送幼儿园了，我建议女儿重返职场，我来帮她带孩子。女儿终于同意了。但后来又说："我们先自己试一个月，如果不行妈妈再过来不迟。"女儿从全职妈妈变成职场妈妈了，我认为这下我终于可以带外孙了，于是做好了出发的准备，女儿的婆婆也愿意给他们带孩子。但结果是，他们说："我们试了，自己可以承担，不需要妈妈过来帮忙了。"

小夫妻俩自己做了分工，女婿经营着一个皮具店，工作时间自己做主。女儿早晨上班前负责送孩子，女婿晚上负责接孩子。女儿又发短信给我："妈妈就放心做自己的事吧，能顾好一边就很好了，人能做自己喜欢的事是很幸福的。我和孩子爸说了，他也说不用您带。"

其实，带两个儿子是极其辛苦的，孩子一病就忙累不堪，但女儿女婿最终还是选择为长辈的人生考虑，他们自己能做的就不让父母来辛苦。我作为继母更加感到幸运和幸福，感激我的女儿女婿。

再说第三个方面。认真分析原因是原生家庭对孩子的深刻影响打下了良好基础。

女婿自立自强，有他原生家庭的影响。女儿有今天的思想胸怀也是她看着我们的一言一行，体会着爱与被爱的成果。

我当年作为高龄孕妇，没顾自己和胎儿，整个心放在照顾情绪之中的女儿。当腹痛开始临盆，医生催住院，我没去准备生产的东西却拼命为女儿赶制毛衣。坐完月子便自己照顾两个孩子，当时女儿还很任性，但我全力承担，忙碌而有序，把一儿一女照顾得很好，并未依靠老人帮忙。休完产假时，公公病逝，婆婆和我们住在一起，但我却办好小儿的入园手续，不拖累婆婆，我上班第一天就把才 5 个月的儿子送进了职工幼儿园。

如今女儿也传承良好家风，自立自强，我和亲家都愿意帮着带孙子，但女儿女婿还是坚持自己带，女儿做了5年全职妈妈，不要老人为他们辛苦。儿女懂事，两边父母感动的同时也更关心他们。亲家住得远但是土特产送个不停，孩子毛衣毛裤亲手织，衣裤鞋帽随时买。我住得近些抽空去探望及给予一些经济支持。我最擅长的还是育儿教育，随时关注孩子的心灵成长，为外孙子送书籍、荐资料、教作文，每年世界读书日另送千元读书基金。女儿家庭教育方面的困惑经常来找我咨询，我们一聊就是个把小时，为她支招，解她焦虑，每次聊过以后女儿便轻松不少。

最重要的一点，我们夫妻一直以来都是以自己的行动引领女儿，为她鼓劲加油。

我们年过花甲，不仅相互扶持，为儿女树立夫妻和睦幸福的好榜样，而且对上孝顺照顾老人，对下爱护帮助儿孙。先生是数控机床的专家，至今未放弃学习钻研工作，我一直在公益路上奔走，发起筹建婚姻家庭研究会，传播温暖教育，先生也参与进来为更多的家庭幸福操心忙碌。我们让正在辛苦持家的女儿知道，老爸老妈在和她并肩战斗，同样在尽父母职责，为家庭幸福辛苦奉献，同样在学习奋斗的路上。

归纳总结我家隔代教养问题圆满解决且幸福和睦的原因有三点：

第一，不仅重视早期家庭教育，建立良好的亲子关系，而且在孩子工作结婚生子后也绵延不断，健康发展。两代人彼此始终关爱信任。

第二，儿女优秀，孝敬父母，自立自强，全力承担养育后代的责任。两代人共同关注第三代的出生成长，父母体谅儿女，在儿女需要的时候及时出手,多种形式主动帮衬儿女。

第三,原生家庭对儿女的直接影响,传承良好家风,父母从过去到现在都是孩子的好榜样,引领鼓舞孩子。

通过亲身实践我体会到,在隔代教养阶段建立良好的亲子关系要注意以下几个方面:

一、量力而为。对于懂事孝顺的儿女,父母可在自己的能力范围内对有困难的孩子主动伸出援手,关键时刻以多种形式给予支持和援助。

二、观点明确。养育儿女是父母的责任,不是祖辈的责任。老人帮儿女带孩子是情分,不是本分。体谅年轻人工作压力大,生活负担重。

三、顺序理清。老人应该先照顾好自己,不要给儿女添麻烦。也要学会对太不懂事的成年儿女说"不"。年轻人不能只认为自己的孩子重要,自己的前途重要,而父母的人生和身心病痛不重要,可以呼来唤去。

四、儿女懂事担当。感恩父母带孩子的奉献,自己能做的全力做好,尽可能让父母少操劳。明白父母上有老父母下有儿与孙,遭受生活挫折与身体病痛,有苦并不言说。

五、重视早期教育。尤其是重组家庭在幼年及青春期建立良好的亲子关系,成为孩子学习的榜样,才会享有受儿女尊重关爱的暮年。

一个家庭能够30年都和睦,的确是要做好每件事,每个环节,包括带孙子的问题。关键需要两代人相互信任体谅,心往一处想,劲儿往一处使,尤其是孩子年幼时,家庭教育应打好基础,关爱引领到位,这样父母中晚年都会轻松省心,全家幸福。

二十周年结婚纪念日的祝福

2012年初是我们夫妻结婚二十周年。一对夫妻能携手走过二十年，应该说是一个里程碑，七千多个日夜，春夏秋冬轮番走过，有阳光照耀，有风雨兼程，一切都不容易。还有不容易的是，在这个值得纪念的日子里，能够收到儿女的衷心祝福。

是的，人生有几个二十年？大千世界人海茫茫，唯我们几人组成一个家，二十年一路同行，这是多么大的缘分。同样为此感慨万千的还有我懂事的女儿，她带着两个孩子每天忙碌不已，但她竟用了两天时间抽空写下长长的短信，（那时还是付费短信，没有微信）780个字发过来，让我无比温暖，感动不已。

女儿在短信中这样写道：

爸妈，女儿、女婿衷心祝福你们结婚二十周年快乐！岳岳、麟麟祝愿姥姥、姥爷永远幸福甜蜜！……

时间过得真快，一晃竟然二十年过去了，仔细算算，我真正和家人在一起生活的日子才那么几年，之后，离开家读书、工作、结婚、生子。女儿忙着自己的生活，把父母对自己的牵挂当作理所当然。自己结了婚才知道夫妻的感情需要经营；生了孩子才明白父母是多么辛苦！你们是我的榜样，无论是做夫妻还是做父母二十年多么难得，真应该好好庆祝庆祝的，可惜怪我知道得太晚，二十五周年银婚一定好好给你们庆祝。

爸爸，谢谢你，是你让我懂得什么是责任，什么是忍让，虽然你不善言谈，但女儿总能感受到浓浓的爱，每当我说起你对我的点点滴滴，志坚总说我有个好父亲。

妈妈，我更要谢谢你！没有你就没有今天的我，你教我做人，教我生活，教我爱，唯一的遗憾就是你要是生了我该有多好。这些年，你为了我，为了这个家付出了很多，得到的却很少，你是世界上最善良、最坚强、最美丽、最……的妈妈。

爸、妈，我要谢谢你们，谢谢你们给了我们一个温暖的家。我记得妈妈描述的一个场景，爸爸从外地出差回家很晚了，妈妈总会为爸爸点燃一盏灯，一盏温暖的回家的灯，让爸爸很远就能看见。你们夫妻之间的爱给了我对家庭的很多启示。

妈妈，爸爸是个不善言辞的人，可他对你的爱、对家庭的付出是竭尽所能的。

爸爸，妈妈是个敏感细腻的人，这些年受了很多委屈和误解，我们应该给妈妈更多的关心和理解。

二十年了，有欢乐，有悲伤，有感动，有误会，真是值得回忆的二十年。但未来的二十年、三十年更是要好好珍惜和享受的。只要我们一家过得好了，幸福了，比什么都重要，你们健康就是我们做儿女的最大福气，你们开心就是我们做儿女的最大快乐！你们多为自己着想就是为儿女着想！

（本来应该为你们准备礼物的，但带着孩子分身乏术，这短信与其说是短信更应说是家书,没有更多的时间坐在电脑前写邮件,我有空就拿手机写,花了两天时间,希望爸妈不要介意。)

2012年1月7日7时

我知道这样的日子一定会收到女儿的问候和礼物,但收到女儿的短信,我还是激动感慨,泪如泉涌,无法控制自己。这是一份多么珍贵的大礼啊!天下儿女给母亲送的礼物千千万万,但女儿这份礼物,拿再多的金钱也无法计量、无法换取!我懂事的女儿自己做了母亲,对父母的理解之深甚至超过了她的父亲。

诚然,不经历风雨怎能见彩虹,坚守在岁月里,我们是在变幻莫测的人生路上拼搏奔跑,即使途经狭窄黑暗的隧道也要击缶而歌,即使被暗沟绊倒仍然匍匐前行。

人生必有春夏秋冬四季,生活中充满酸甜苦辣,重组家庭不容易,继母后妈不好当,只是不必一一细说。家的祥和温暖,让我的爱有所依归。孩子的心就是如此纯净正直,真善美成为孩子唯一的选择,对错分明,绝不会因为血缘与非血缘而有所犹豫和动摇。女儿常对我说的一句话就是:"妈妈,不要理会那些嫉妒中伤,咱们家这么幸福,你当然要开心快乐!"

因为妈妈平时的所作所为,女儿全看在眼里,从心里尊敬佩服妈妈,理解支持妈妈。

是啊,我一直坚守并教育儿女待人要丰,自奉要薄,责己要厚,责人要薄的做人理念。在亲人的期待中默默缝合伤痛,投入到忙碌充实的日子里。美国著名作家马克·吐温有一句名言:紫罗兰把它的香气留在那踩扁它的脚踝上。这就是宽恕。

女儿在另一座城市呼唤着我，读着女儿的短信，我感觉女儿就在身边，为我加油鼓劲，约我和她倾谈，冬季的日子不再寒冷，我给女儿回复短信：

  谢谢女儿！这是最好最好的礼物，你弟也来了电话，我已很满足，我的内心充满感恩，妈妈不需物质的礼物，今后也一样。

  读你的信，我泪如决堤，长时间止不住地恸哭，在这个特殊的日子，我为太多的爱与感动流泪，也因那些过往不忍回首，虽然刚刚过去的冤枉和伤害，仍是此刻汩汩流血的伤口……但我会记住闻名全球的黎巴嫩文坛骄子纪伯伦的话：一个伟大的人有两颗心，一颗心流血，一颗心宽容。

  最让我欣慰的是我们幸福之家的快乐甜蜜，是一双儿女非常优秀，非常懂事，爱被接纳和传承，这是我生存的意义和价值。当然，被误解得最痛苦的日子已经过去，经历磨难，我已对未来没有恐惧，我会满怀信心，继续我们的美好生活，为这个世界更多地留下爱与温暖。

  再次地谢谢女儿带给我的爱，为这个寒冷的冬晨带来丰沛暖意。

爱你的妈妈

总结这二十年，儿女在成长，我也在磨砺中感悟和成长。有奋斗的汗水，有成功的喜悦，拼搏的过程是痛苦的也是快乐的，辛勤耕耘得到的丰硕果实才更让人珍惜。不要抱怨，不要放弃，学会宽恕，不懈努力，相信曙光就在前方。

很多朋友总是羡慕我家的幸福，羡慕我儿女的懂事，说我越来越年轻，说我没有操心的事。其实不然，只是父母让孩子尊敬爱戴，建立了牢固的亲密的关系，当风雨来临，我们全家自然可以相互温暖，用爱去化解、去宽恕。没有不好的孩子，只有没陪伴、没教会孩子沟通交流的父母。

别说父母不需要回报，继母更需要子女的认可和关爱。成年的孩子应该懂得如何关爱父母，最重要的关爱不是物质的而是精神的，付出真爱，情暖花开。我和女儿这一对别人眼里的特殊母女，一起走过不平凡的二十年，女儿用真心一字一字敲击了780个字，为我们做了最好的总结，我此生无憾。谢谢我亲爱的女儿！谢谢我们共同拥有的幸福！

我想对世人说，如果我们无血缘母女都可以做到亲密无间，其他千千万万个父母子女都可以做到，并且我相信会做得更好。

联合舰队，做好一个婆婆妈

2020 年是特殊的一年，对于我家来说是更为特殊和重要的一年，因为我的儿子儿媳要结婚了。

疫情之中，不能聚会，但儿子执意要在领证前、在严格遵守疫情防控条件下尽可能地办好自己的求婚仪式。他说，一个女孩把终身托付给我，我必须要给她最真诚的承诺、最高的尊重，即使没有朋友现场见证我依然要全力以赴尽力做到完美，只因这是我们的终身大事……儿子做得对。同为女人，这让我羡慕和赞许并深为感动，对我的儿子又多了一份敬佩。新的人生要有一个非常美好的开始。求婚现场虽然只有儿子儿媳公婆四人，但布置得非常漂亮，儿子精心制作了 3 个视频，以及两人面对面地表白求婚，每一个环节都让我们感动流泪……满满的爱，我们全家四口沉浸在巨大的幸福之中。

有人说婆媳关系是世界难题，但我觉得并不难，因为我做了 20 多年媳妇，我们婆媳关系非常好。我能做好媳妇，我也能做好婆婆。我有信心做一个妈妈一样的婆婆，婆婆也是妈，给予儿媳妇以妈妈的温暖。正因为我深爱儿子，我会完全放手，让儿子脱离我的舰队，把儿子交给儿媳，让儿子和媳妇组成新的舰队，我们各自管理，各有航道，并肩前进。于是，我把我的欢喜，我的心思，我的祝福一笔一画书写成文字，在求婚仪式上，郑重地交给了我的媳妇，我们相拥而泣，那一刻，我们感受到了暖暖的亲情，我们被自己深深地感动。儿媳妇深情地说："谢谢妈妈！谢谢妈妈！"

这封信 2021 年被岳阳市妇联选入《潇湘家书》，在市妇联公众号上发布。

致亲爱的建平

亲爱的孩子建平：

你好！欢迎你成为咱家的一员，成为我唯一的儿媳妇。唯一的，这是一种缘分，是幸运的恩赐，毕竟世界有几十亿人口，让我分外珍惜。

诚然，三年前知道儿子正式确定恋爱关系时，我的心情是复杂的，有高兴也有些不舍，因为之前儿子是我的，他心中最重要的女性只是我——生养他的母亲，但是从找对象那一刻起，就会改变了。

儿子曾笑着对我说同学们羡慕他，"你妈妈既没催过你找朋友，也不催你结婚。"我回答说："我的儿子这么优秀我才不愁你找不到对象。况且我干吗要催你结婚，我怎会催你早点离开我呢。"但儿子很正经地跟我说："妈妈，我就是结婚，您不会少了儿子，而是多了一个女儿。"我知道儿子说的是真心话，你们可以做到。

的确，我的儿子是我一手带大，从不分离。他的懂事乖巧及我们深厚的母子情无法用言语形容。因为儿子从小到大非常阳光，懂事可爱，没有一次惹我们生气，真没有。父母爱儿子，儿子爱父母，我们和儿子相处只嫌时间不够，时光太短，只有开心温暖和感动。

可我也是明事理的母亲。知道儿子已长大，必然要放他单飞，他要有他幸福的人生，开创自己更美好的未来。爱儿子就会开开心心地放手。当然我对儿子的另一半非常在意，这关乎人的一生。找到一个好媳妇，不止好三代。儿子明白，爸妈选儿媳只有两条标准：一是好的人品素质，二是相互深爱着。为此我一直关注着，也与你们相处过，这次分别找你们两人深谈过，当我再次得以确认，我无比欣慰欢喜，并深深地祝福你们。

虽然法律上并不需要我发通行证，但我依然要自作多情地在此立文先行发放通行证，当你们获得结婚证这张法律证书的那一刻，我便松开拥抱儿子的双手，把我们心爱的儿子送入你的怀抱，完美地送给你。

亲爱的建平，从此你将是我儿子心目中唯一的第一位的女人。松开双手，写下此话，我不禁泪流满面⋯⋯但是我内心清醒，这是儿子生命的里程碑，松开双手是父母正确的选择。亲爱的孩子建平，你的善良懂事，你的可爱聪慧，你的稳重勤奋，你的负责与担当，让我们喜欢认可，我确认你们相互珍惜，真心相爱。我愿意为你们的幸福松开双手。

这次的求婚仪式，儿子无比重视，疫情之下，他克服一切困难，做好所有细节，陆续花几个月的时间设计求婚方案，做了3个见证你们爱情的视频，包括同学、朋友的祝福视频，网上购买求婚场地的装饰用品，他从杭州乘高铁至岳阳，不顾5个多小时的旅途奔波，又连续奋战4个小时带领父母一起布置好华彩绚丽的求婚现场，气球鲜花满屋、彩灯霓虹璀璨，再马不停蹄手捧99朵玫瑰赶到高铁站去迎接你，疫情之中不能请人到场，没有朋友见证的求婚仪式，他还是做到一丝不苟、尽善尽美、全情投入，只为给你最高的尊重，最诚的承诺……

同为女人，这让我羡慕、赞许并深为感动，对儿子又多了一份敬佩。是的，真正的男子汉就是要珍视将一生托付给自己的另一半。儿子做得对，做得好，你们要有一个非常美好的开始。

我也会护卫你、支持你，今后如果我的儿子有哪点没有做好，你尽可以找我告状，我给你做主。女孩是娘家的宝贝花朵，费尽心血养了二十几年，养好了，开花了，男孩跑来摘下，当然应该捧在手心里呵护，否则天理不容。

爱是相互的，真心换得真心，才有终身的幸福，这正是父母所希望的。是的，优秀的男人都会呵护家中的女人，我相信我的儿子是一个优秀的男子汉，是一个爱护妻子的男子汉。我想我是尽到了养育责任的母亲，所以我愿意放心交给让我喜爱并信任的人，为此我欢喜并满怀期待。

亲爱的建平，生活是美好的，但是生活之路是不平坦的。未来的岁月有诗和远方，更有苟且。有花前月下的浪漫，更有柴米油盐的琐碎。不需要大喜大悲，平常心态面对生活，勇敢担当就好。两人同心，一切都没有问题。当我问及你们说出对方的缺点时，你们两个人始终都没说出对方的缺点，真正是情人眼里出西施啊。但我说，人不可能没有缺点，只是需要婚前睁大眼睛认清对方的缺点，如愿意接纳才可以结婚。但婚后就必须睁只眼闭只眼地包容对方的缺点，必须要多鼓励对方的优点，这样对方就会越来越优秀。相互包容最重要,还望你多包容关照我的儿子。

  对于我们做父母的,你们不必担忧,咱们相互关心支持,但不干涉,不过界。也如联合舰队,各有航道,并肩航行,积极上进,彼此尊重,有忙帮忙,各自安好。作为父母,我们永远爱你们,永远是你们的坚强后盾。

  再次地祝福你们生活美满,顺利如意,再次欢迎亲爱的建平。

爱你的闫妈妈
2020 年 5 月 16 日

双喜临门，我多了一个女儿

2020年的5月，双喜临门。一喜我家被评为"全国抗疫最美家庭"，二喜儿子儿媳结婚了，我多了一个女儿。

儿媳很了不起，纤弱的身体有巨大的能量，着一身大白防护服，在武汉抗疫一线奋战了40多天。她作为优秀党员志愿者为社区服务，每天值班奔波，爬楼送菜送物资，辛苦又危险……终于武汉战胜了疫情，儿媳光荣地回到了我们身边。

儿子儿媳相识5年，我相信这个善良重情义的女孩，最初作为陌生的考研生，她热情帮助我的儿子从而相识。她温暖心细，因为儿子不经意一句西瓜籽好吃不好嗑，她竟然嗑好了一满瓶送来……相恋3年修成正果，两个孩子在岳阳选择了最美好的日子领了结婚证。儿媳不仅是985院校的研究生，而且文静懂事，善解人意。儿媳回岳阳领证与我们短暂的相聚之后返回武汉，走前悄悄给我留下了一封亲笔书信，给了我一份温暖的惊喜。

给妈妈的一封信

敬爱的闫妈妈：

终于可以名正言顺地叫您一声妈妈了，我非常荣幸能够成为家里的一员,和东东一起成为你们的孩子。首先,万分感激您在艰难的日子里怀胎十月生下东东;其次,感恩您把他培养得如此温暖、体贴、优秀;还要感谢您对我们的祝福和支持。

来到东东从小生活的地方、看到爸妈你们用心收拾的房间,是如此温馨;说起这次求婚,您和爸爸提前赶回家,和东东一起花费数天准备求婚现场,我不胜感激,你们的良苦用心,我一定会倍加珍惜。让我感动不已的还有您亲手给我写的信,洋洋洒洒三页纸,写满了对我们的祝福和厚望……

"我松开拥抱儿子的双手,把我心爱的儿子送入你的怀抱,完美地送给你,从此你将是我儿子心中唯一的第一位女人。松开双手……写下此话,我不禁泪流……",每每读到此我也泪流满面,我仿佛看到了您带着老花镜伏案写信的慈祥模样,仿佛看到了您带着东东从牙牙学语到他长大成人的一帧帧温馨画面……

特别让我感动的是,您还在信中写道:"今后如我的儿子有哪点没有做好,你尽可以找我告状,我给你做主。女孩是娘家的宝贝,费尽心血养了二十几年,应该捧在手心里呵护",我相信东东一定能够做得很好,加上爸爸妈妈为我做主,我感觉特别踏实和安心。

妈妈,这封家书比任何东西都珍贵,我会一直把它放在我身边,它将指导我前行,给我方向和力量,这是我们相爱的初心,也是我们选择组建家庭的初心。

我和东东已结为夫妻,您不用担心我把他"抢"走了,您不是少了一个儿子,而是多了一个女儿,我会和他一起成为你们的孩子,一起孝敬你们、敬爱你们。东东是个很棒的人,他总是为别人着想，对我照顾有加，从来不对我发脾气，正因为这样，我也更加珍爱他，像您一样永远站在他身边，给他理解、关爱和支持。我们两个会真心换真心，互相包容、扶持，无论困境还是逆境，都会携手前行。面对生活中柴米油盐的琐碎，我们也会一起经营，努力把生活过得有诗意。我们会和爸爸妈妈组成联合舰队，并肩航行，积极上进，彼此尊重，永远相爱。

感谢爸妈的支持和祝福，我会全心全意把东东照顾好，请你们放心哦！

孩子建平敬上

2020 年 5 月 20 日

见到儿媳的信时，两个孩子已在返回单位的高铁上。我用心品读儿媳的书信，心生感慨。说实话，给婆婆手写温暖书信的儿媳应该不多，我很幸运，心中满满的感动。儿媳妇回去不久又写来了一篇文字，更加详尽感人——《从此，我在岳阳有个家》。读着她深情的文字，我在想，正如老话说：不是一家人，不进一家门。我们家人之间最喜欢文字沟通，媳妇来了也是如此啊。

关键是儿媳妇有非常正的爱情观。她在文章中写道："婚恋是人生大事，选中一个人还必须要选中他的家。我俩仅是同学好友时，第一次见到闫妈妈，就让我印象深刻她的与众不同。她问我的问题竟是：'研究生的学习生活和本科生的学习生活有什么不同？'2017 年我读到闫妈妈写的书《温暖的爱　幸福的家》时流泪了，为妈妈对这个家无悔的付出和贡献而感动……"

而我已忘记当年我们聊了什么，儿媳给我留下的印象就是那种爱学习的学生模样，非常地稳重、文静。

儿媳此文写得用心，写得很长，特别值得纪念。果然是我多了一个女儿，非常欣喜。我专门给她刊发在自己的公众号"书女三人行"上面，我希望我们永远是好婆媳，好母女。在未来的岁月中，以心换心，以诚相待，彼此珍惜，彼此包容，彼此感恩。下面是儿媳的文章全文。

从此，我在岳阳有个家

朱建平

初识岳阳，是因为范仲淹的《岳阳楼记》——"登斯楼也，则有心旷神怡，宠辱偕忘，把酒临风，其喜洋洋者矣"；深入了解岳阳，则是因为这是小马哥出生、成长的地方，岳阳离我越来越近了。

我和小马哥在 2014 年 12 月相识，那个时候我们还是学生，有一个共同的考研目标；6 年过去了，我们仍然有共同的目标：携手共创美好生活。所谓相爱，不是两个人互相看着对方，而是能够一起看着同一个方向，我们做到了！6 年的时光短暂而美好，我们一起经历了跨国和异地，斯洛文尼亚、首尔、广州、厦门、杭州、武汉、长沙、岳阳，感情并没有随着距离的遥远而消散，反而让我们更加珍惜彼此。

小马哥总是远程无微不至地照顾我、体贴我，像阳光一样温暖我、照耀我，给我源源不断的惊喜和力量，知道我喜欢漫威英雄，就从零开始学起素描，花费几周时间给我画画；怕我一个人无聊，就手写了很多封信塞在我房间的各个角落，并把所有信录成音频读给我听,还准备了唱给你听、弹给你听、读给你听等系列;买了电动牙刷,就会充满电并把牙膏和紫外线消毒灯都配齐;外出旅行,会提前做好攻略,完全不用我操心;每次分别的时候,总会默默帮我把行李整理妥当……就是这样美好的小马哥呀。

  婚恋是人生大事,选中一个人还必须要选中他的家。我俩仅是同学好友时,第一次见到闫妈妈,她的与众不同就让我印象深刻。她向我问的问题竟是:"研究生的学习生活和本科生的学习生活有什么不同?" 2017年我读到闫妈妈写的书《温暖的爱 幸福的家》时流泪了,为妈妈对这个家无悔的付出和贡献而感动,她不仅用言语、更用自己的行动感染孩子,在孩子犯错的时候,她总是不怕费时、不怕费力地用"备课谈话法"与孩子沟通交流,闫妈妈是用智慧、毅力和真爱培育出了优良家风,家里的每一个人都具有善心、积极的正能量,家人之间经常用文字、贺卡来传递彼此间的关爱和情意,这正是我渴望和喜爱的家啊。

  今年年初突如其来的疫情,让全国陷入困境。在武汉封城的前一天,小马哥冒着生命危险来到武汉,只为看我一眼,这也导致他和爸妈一起隔离,未能与93岁的姥姥共度春节,我们因此自责不已。但小马哥的家人并没在意,而是挂牵我在武汉的安危,并且从大年初一开始便投入这场抗疫战斗中。闫妈妈是一位家庭教育专家,她和轩爸爸在岳阳日夜加班联手开设家庭教育线上公益直播课,闫妈妈还带领婚姻家庭研究会团队组织捐款及线上课堂等系列公益活动,闫妈妈个人已累计向社会捐赠数百册价值2万余元的书籍。

我关注支持闫妈妈的公益活动，她也一直关切我在武汉积极投身志愿的活动，我们微信互动频繁。我在武汉疫区驻扎了一个半月，为社区居民测量体温、采购物资、发放安心菜、清理垃圾、调解安抚等。在"三八"妇女节，闫妈妈专门制作精致的卡片向我献花致辞，称我是最美的天使，落款是爱你的闫妈妈，让我感到非常的温暖。在这次抗击疫情中，我们已是更亲密的一家人，为祖国同一个目标一起贡献着自己的力量，我们奉献着、更感动着，无数次热泪盈眶，更爱祖国，更爱自己的家庭，我和小马哥彼此更加深爱，渴望结束异地恋收获爱情。

在家人的支持下，我们选择了鲜花盛开的 5 月，收获爱情的季节，我和小马哥分别从武汉和杭州踏上了高铁，直奔岳阳。这天是 5 月 15 日，也是国际家庭日，上午 9 点 CCTV 网隆重揭晓全国抗疫最美家庭获奖名单，我们喜悦地看到了闫妈妈家庭的名字就在其中。

下午 4 点小马哥到岳阳，但是却故意安排我晚上 8 点到岳阳，他绝对是有事瞒着我，要给我惊喜。果然晚 8 点他来岳阳东站接我，4 个月未见的见面礼是 99 朵超大束玫瑰花，他总是这么用心制造惊喜。

回到家里，爸妈站在门口手捧鲜花迎接我们，再次被惊喜暴击；待我洗漱完来到客厅，更是被眼前的一幕震惊到了，客厅里铺满了鲜花和气球，墙上和窗帘上都挂着彩灯，电视里放着记录我们在一起点点滴滴的视频以及朋友们的祝福，小马哥趁机换了西装来到我面前，单膝下跪向我求婚……这一刻，他等待了良久，求婚词也准备了一年有余，下午更是不顾杭州—长沙—岳阳这一路奔波的疲累，克服重重困难，用不到 4 个小时的时间完成求婚现场布置。他说求婚场景，已经设计了很久，反复考虑每一个细节，所以能在较短时间内布置好，流程和求婚词在脑海里演练了一万次，不过在正式求婚的时候还是情不自禁地哽咽……对于这样一位认真负责、用心良苦的男孩儿，我毫不犹豫地说："我愿意！我愿意陪你一日三餐、四季，愿意陪你一起孝敬父母。"

"520"那天，在闫妈妈的陪伴和见证下，我们去岳阳楼区民政局领了结婚证，这是我们相识的第 2000 天，相爱的第 1314 天，也是我们结婚的第一天和相爱的每一天。都说异地恋能走到最后的只有 5%，我们通过自己的努力和坚持成为这 5% 中的一对，真是三生有幸能找到世界上最好的另一半，相信天下有情人终成眷属。

这天更为难忘的是，闫妈妈送我一封万分珍贵的家书，她欢迎我成为家中一员，成为她唯一的儿媳妇，她将把自己心爱的儿子送入我的怀抱，并祝福我们真心相爱、美满幸福，我感动得流下眼泪，与闫妈妈拥抱，感恩她的大度与支持，给我们营造这样一种宽松且充满爱的环境，我们才能心无旁骛地去建设自己的小家。

在岳阳家里的这几天，爸妈给了我家的温暖、生活的自由，为我们做美食，带我游岳阳、会展中心、南湖广场、步行街、王家河公园，都留下了我们航拍的足迹，这座充满生活气息的湘北小城温暖着我、感动着我，感恩这里有我的家，和你们在一起，就是向往的生活。

短暂的几天相聚,好像眨眼就过去了,依依不舍地分别后,我给闫妈妈留下一封信,写下我的心声。

　　亲爱的爸爸妈妈,我非常荣幸能成为家里的一员,成为你们的孩子。感谢你们把博轩培养得如此温暖、体贴、优秀,我一定会倍加珍惜你们给予我的家,我们会真心相爱,互相扶持,无论困境还是逆境,都会携手前行。我希望以后我可以有更多的机会为我们这个大家庭做出贡献。感谢爸妈的支持和祝福,请你们放心吧。

写于 2020 年 5 月 25 日

全家春节团圆　省报整版刊发

幸福团圆的第一次

闫玉兰

2021年这个春节全家特别开心，也特别有意义。儿女两家人分别从武汉、长沙赶回岳阳，在父母家大团聚，欢乐幸福的春节假日有了许多值得记忆的第一次。

因为儿子儿媳新婚，我们这个大家庭第一次有三个小家庭共八口人聚齐，团圆过大年。

腊月二十九，柔和温暖的灯光下，全家三代八口人第一次坐在家中崭新的大圆桌前，坐了满满的一桌，非常欢喜幸福。丰盛的饭菜，欢快的笑脸，快乐的交谈，三代同堂天伦之乐……

第一次超级重视这个春节，我们不仅彻底大扫除，衣食住行、书籍游戏也全部备齐。为了把我们幸福和睦的家风延续下去，我们和儿女提前修订了新家规，共八条（附后）。让这个新年不仅有丰富的物质准备，更有充实快乐的精神准备。

第一次在家中召集八口人的家庭会议，最终目的就是每个人都成长为最好的自己，传承好家风。我们老夫妻要带好头，为两对小夫妻树立好榜样，一代传一代。

我先生主持会议，作为辅佐先生的副领导，我代表我们夫妻首先讲话。感谢全家人为我们这个幸福的家庭的付出，对未来提出殷切的希望。接着女儿女婿，儿子儿媳，两个外孙，每一个家庭成员都做了发言，都是发自内心的没有客套的真诚感言，大家多次欢笑鼓掌，也有感动泪涌。

第一次八口人集体下厨做大年三十的丰盛年夜饭，南北口味混搭。有寓意四季美好幸福的彩色饺子，有寓意一切顺利的16道年饭大菜。我作为主厨精心策划学习新菜品，让今年的年夜饭提升了档次。先生是最优秀的助手，食材的准备，既高效又高质量；女儿的拿手特长：漂亮的水果五彩拼盘；儿子的招牌菜：孔雀式清蒸鲈鱼；还有基围虾穿黄瓜是小外孙配合我做的色香味俱佳的菜肴，受热捧第一名，上桌几分钟就吃光光。

第一次全家八口人共游金鹗公园，儿子带了航拍机设备，在25年前拍照的地方旧地重游，重新拍照，让人感慨万千。25年前我们夫妻很年轻，女儿12岁，拉着弟弟的手，儿子3岁，站在我身前。如今儿子已1米83，站在我身前无法合影，只好蹲在我身前，或者站在我身边。

第一次全家一起宅家玩游戏，跳棋、国际象棋、五子棋打垒赛。最有意思的是老少三代八人一起玩世界风靡的"UNO牌"，玩到半夜还想玩。还有八人玩"狼人杀""谁是卧底"等益智游戏，活动大脑，提升智慧，乐趣无限。全家的欢声笑语溢满了节日的每一天。

第一次全家人给我们夫妻过情人节。这是女儿悄悄给我们的惊喜，她定制了蛋糕，还亲手做了一张贺卡，上面写着："亲爱的爸妈，情人节有您有我们有爱的人，2021情人节快乐。"全家人在一起吹蜡烛、分蛋糕，温馨又欢乐，让我们很感动，因为我们懂得情人节，就是让我们做一个有情有义的人。

我们家有一个特点，老少三代大人、孩子都喜欢看书，所以我们家客厅正中间挂着"书香之家"的牌匾，这是湖南省妇联与湖南省新闻出版广电局联合授予的奖牌。我们家2017年被评为"湖南省书香之家"，2019年被评为"湖南省学习型家庭"，2020年被评为"全国抗疫最美家庭"。读书的好处太多了，至少我们双脚不能到达的地方，通过阅读可以到达。我为儿女购买了樊登读书会员，我自己已连续购买6年。每年世界读书日我都会给外孙发放1000元购书专用款……

儿子儿媳有春节读书计划，从武汉背来了厚厚的三本书，我也专为儿女及两个外孙购买了十余本新书。我们第一次在春节期间组织了全家人集体阅读1小时活动。想想在万家灯火欢声笑语庆祝春节的时刻，我们的家突然安静下来，一个人捧一本书专心致志地阅读，是怎样温馨美好的情景。是的，大年初三晚上8点到9点是全家读书时间，大家非常自觉，停止喧闹，一个个安安静静地读书，非常享受这种静谧的阅读时光。

其实，从农历二十九到家开始，大家利用平时的碎片时间已开始了各自阅读。现都完成了自己的春节读书计划。预料之中，大外孙看书最多，他看完了12本书，其中10本一套是我给小外孙准备的儿童励志读物。两个外孙最擅长的就是读课外书啦！

女儿不仅读完了一本我给她推荐的《陪孩子终身成长》，还阅读了其他的书。因为母亲热爱阅读，她的两个儿子也超爱阅读。是的，什么环境造就什么孩子，正如孙云晓老师所说，所谓家庭教育就是家庭生活教育。

短短的几天春节假日，故事还真多。这么多让全家欢喜的"第一次"令人难以忘怀，只是幸福的日子总是非常短暂，大家还没有分别就已在期盼下一次的聚会啦！

第一次在婆家过年

朱建平

新婚第一年，我和爱人商量回岳阳父母家过年。爸妈提前两个月就开始置办各种年货，期待着我们的到来，终于在大年二十九这一天，一家八口人欢聚在巴陵岳阳。爸妈都是勤奋、持家的人，家里被他们收拾得一如既往的整洁、温馨，一进门我们就被满满的爱和幸福包围了。

在爸妈的带领下，全家八口人齐上阵，准备了丰盛的年夜饭和彩色饺子，我们还安排了游戏时间、表演时间、读书时间和散步时间，丰富而多彩，温馨的大家庭充满了欢声笑语。我印象最为深刻的是农历二十九，我们到家的第一次晚餐的时候，爸妈组织了家庭会议，宣讲了我们的家规，很有仪式感。爸妈说我们这个大家现在由三个小家构成，他们作为长辈将严格要求自己，为我们树立榜样，希望我们两个小家庭能够互敬、互信、互爱、互帮、互助，温暖沟通、共同成长……

在相处的几天时间里，爸爸和妈妈温暖智慧的相处模式深深地感染着我们，家务共担、不指责不抱怨、相互包容扶持体现在生活的方方面面，家里未出现一丝争吵，甚至高声说话。

有了爸妈这样的大家长做正能量风向标，我们两个小家庭也相亲相爱、团结友善，姐姐的四口之家阳光向上、充满活力，两个小外甥活泼聪明有爱心，知道我喜欢小猪玩偶，就不畏路途遥远跑到市区抓娃娃机上抓了两只可爱的小猪仔和小黄鸭送给我们；姐姐在情人节当天偷偷订了蛋糕，非常用心地给爸妈准备了一份特别的惊喜……

我们这个刚组建的家庭紧随其后，也是甜蜜有爱、懂得感恩，爱人不辞辛苦为全家人拍照修片、教妈妈做视频，我会在饭后主动承担起洗碗的任务，我们还会带着孩子们读书娱乐、去野外探索世界、去操场活动筋骨……

看到两个小家庭如此和谐且重视情感交流，爸爸妈妈深感欣慰，特地为我们颁发了"和谐幸福奖"，鼓励我们要再接再厉、继续共创美好家庭。

在岳阳婆家过的第一个春节，充满爱与温度，别样且有意义，我被这个家的温馨氛围和家庭文化深深感动。充满欢声笑语、其乐融融的温馨美好时光，未完待续……

在姥姥家开心过大年

邝岳麟　9岁

今年寒假我们全家四口来到姥姥家过年，腊月二十九，舅舅和舅妈已经先来了，我非常开心。我们家有和蔼可亲的姥姥，聪明细心的姥爷,严肃认真的爸爸,美丽大方的妈妈,高大帅气的舅舅,温柔善良的舅妈,幽默机智的哥哥和活泼可爱的我。一共八口人,过了一个开心快乐的新年。

大年三十那天,姥姥主厨,大家帮忙,一共做了 16 道菜。姥姥很用心,除了她的拿手菜,又专门在视频上学习了几个漂亮的菜,所以色香味俱全。我妈妈也大显身手,她用火龙果、猕猴桃、橘子、葡萄、圣女果做了五彩斑斓的水果拼盘,舅舅亮出了他的招牌菜:孔雀造型的清蒸鲈鱼,非常鲜嫩。我也亲自上阵,帮忙姥姥做了我最爱吃的大虾串黄瓜,我的工作就是把姥姥切好的黄瓜段儿一个个地抠出洞,姥姥再把基围虾穿进去,做熟之后虾球抱黄瓜,又好看又好吃……傍晚,全家出动包五彩饺子,包了将近 300 个。用菠菜汁和面是绿色的,用火龙果汁和面是红色的,两种汁混在一起是紫色的,妈妈故意在十几个饺子中包了象征幸福的花生,我在饺子里吃到了,幸运又开心。

过年期间,我们全家不仅到户外开心游玩,在家里也玩嗨了,玩了跳棋、五子棋、国际象棋等好几种棋,玩了"谁是卧底""狼人杀""UNO 牌"等各种好玩的游戏。每次都玩得停不下来,太开心了!

这个假期姥姥专门给我准备了课外书,有一套 10 本励志书籍,我也看得差不多了。最高兴的是舅妈第一次来我们家过年,她很喜欢看书,一有空就看书,我跟她相处得非常好,她很喜欢我,我也很喜欢她。

但当我听到明天上午我们就要回长沙的消息后,我非常难过,好希望我们全家能一直待在一起啊!所以我现在要抓紧时间，好好地跟大家相处。现在，我已经期待暑假的到来，期待那个时候还能到姥姥家来玩儿，全家人又来大团聚。

2021 年 2 月 14 日

益智的棋牌游戏

邝临岳　13 岁

今年过年，我们全家四口来到姥姥家过年，由于舅舅、舅妈新婚，今年大家庭中已组建了三个小家庭，共八口人了，所以可以做的有意思的事情就很多了。

此文就介绍一下我们八口人一起玩的两个主打游戏吧。

刚吃完晚饭，我弟又提出要玩"UNO 牌"，一种号称是世界上最好玩的牌，风靡世界几十年了。每副 UNO 牌包括 108 张牌（76 张数字牌，32 张特殊牌）。详细玩法介绍有点复杂，请大家查百度吧。

当然啦，边玩边学也是很简单的。我的姥姥、姥爷都学得特别快，一上手就会了，全家围坐在桌边，厮杀得热火朝天。有精于算计但总是运气不好的我，有不靠脑子靠着运气无往不利的弟弟，有坑人总是坑到自己的舅舅……"怎么样？"弟弟神采飞扬地打出倒数第二张牌，我看着他得意扬扬的样子，心头微微一转，极其亲切地问了一句："弟弟，你说 UNO 了吗？"——这个游戏的规则是当你手上只剩最后一张牌的时候，你要说一声 UNO，不然就要多摸两张牌。起初弟弟并没有意识到我在说什么，随即哭丧着脸，又摸了两张牌，将即将到来的胜利拱手送给了舅妈。

摆脱了这个让弟弟伤心又欲罢不能的游戏,妈妈又提议玩"谁是卧底"。相比于更靠运气的"UNO",这个游戏有一种智商和狡诈相碰撞的惊心动魄。可惜的是,玩了一晚上,我当了半个晚上的卧底,我使出了浑身解数,什么肖邦的外号是"花丛中的大炮"啊,根瘤菌和豆科植物共生啊,黄豆小时候是毛豆啊,不要以为一个小小游戏没有什么技术含量,里面蕴含着初中的音乐和生物……我如此的努力让我即使是卧底也夺得了两次胜利,代价是被薅掉了几根头发,哈哈……

在姥姥家过大年,不仅仅是游戏让人开心,快乐的事情说不完呢。

2021年2月14日

附:

马尔福、闫玉兰家庭《新时代新家规》

一、有国才有家,关心国家,胸怀大志,阳光向上,热爱公益。

二、父母在上要尊敬,语言敬不高声,行为尊不越权。孝顺父母,心怀信任感恩,包容老人不指责,重视情感交流。

三、父母尊重儿女家庭权益,不越界,不干涉,不打扰。学儿女之长,有问题温暖沟通。在儿女有需求时,父母量力帮助。

四、建设书香家庭,全家阅读,终身学习,相互交流,共同成长。

五、夫妻互敬,互信互爱。不指责抱怨,相互包容扶持。精神相通，孩子共育，财务共理，家务共担。

六、教育孩子父母榜样先行。好好说话，温暖教育。信任孩子，鼓励上进，培养好习惯、好品德，鼓励孩子善思维、有主见，以及探究钻研精神。

七、兄弟姊妹之间、家与家之间互相尊重、团结友善、互信互让。不怀疑、不攀比、不计较。做好自己，幸福大家。

八、每个小家根据自己的家庭情况制定家规，认真遵守，互相帮助和监督，全家不断进步成长。

2021 年 2 月 3 日修订

愿未来长路，我们一起慢慢走

平凡也幸福的日子过着过着，就觉得时间越来越快。不知不觉，我们夫妻结婚 30 年了。2022 年的元旦，女儿和儿子密谋为我们策划了一场 30 年结婚纪念活动。

没有惊讶，我知道俩孩子一定会策划个庆祝活动，儿子也试探着与我商量过方案，但是他们花钱财、费时间的策划案都被我否定了，我希望活动让全家开心就好，包括两个外孙觉得有意思。最后我们定下的是一起参观一个艺术中心并照相，然后去玩一个智力游戏项目，最后吃了晚饭再回家。

长辈为大，老人为先，那天上午先给姥姥过了生日，老少四代一大家族人隆重地聚了中餐、吃了生日蛋糕，我们自家活动没对外讲，所以只能是下午小半天，时间相当紧。

午饭后，我们马不停蹄地赶到活动地点，开始了我们自己的婚庆纪念活动，参观、照相、智力游戏，一下午过得非常充实，有趣又节俭，玩得非常开心满意。我觉得这个纪念活动很丰富，很有意义。

我想在街头吃个汤面就让孩子们早点回家。但我还是低估了孩子们，他们比我想象得更重视这个纪念日，女儿牵头带领弟弟动了很多脑筋，悄悄地设计了多个方案。我以为玩了一下午已是全部活动内容，没想到重头戏还在后面，庆祝才开始。

当我们踏着夜色走进孩子们预定的餐厅包厢，眼前突然一亮，一片喜庆，彩色气球和彩带心形装饰，布满房间。最醒目的是一条红色的横幅——"愿未来长路，我们一起慢慢走——30周年结婚纪念日快乐"。天啊！这实在给了我一个大大的惊喜，他们居然瞒得天衣无缝！接下来惊喜不断。先是孩子们让我闭上眼睛，等我睁开眼睛的时候，先生给我献上了一大束美丽的鲜花。鲜花上有一张写满字的卡片，是我先生的深情话语。他是有备而来，夸我是好妻子又是好母亲云云。那日的点餐及房间布置全是百忙中的女儿一手操办的，因为太好吃，我们还把剩菜打包，甚至连汤都灌走，女儿一句调侃让我笑得怎么也停不下来，儿子立即录下来做成了小视频分享欢笑，留存纪念。那是一个充满笑声、值得永远记忆的幸福夜晚。

孩子们一直这么懂事，每每让我感动。但不同的是，20年结婚纪念日，我感动得泪流满面；30年结婚纪念日我笑得停不下来，不同的方式，相同的幸福。生活愈加平和、淡然、温暖，这才是真正的家常幸福。

一直有人问我幸福的秘诀，也有人羡慕说我命好嫁对了人，其实我们夫妻就是最普通的夫妻，有很多不同，包括价值观，我不认为对方理解我，但我们反而形成互补，彼此包容。

2020年深圳的离结比是84%，离婚的比例高得惊人。其实他们中很多人并不是素质低，只是没有学习运用爱的智慧。人生中没有完美的夫妻，没有不需要磨合的夫妻。没有学会游泳，换游泳池是没有用的。当然，遭遇渣男渣女应该离婚，但这毕竟是极少数。

其实，我有不少缺点和弱点：记性差、丢三落四、多愁善感、优柔寡断、不自信，是先生包容了我。我先生也有很多不足：缺乏沟通，不善交流，我包容了他。我们经历了很多磨合，生活中多去看到对方的好，感恩对方的长处和付出，做好自己，而不去抱怨对方，这是家庭和睦幸福的秘诀。

当然夫妻一起生活多年，能彼此理解懂得是最好的，但千万不要以为两个人相爱就会很懂对方，人与人之间的差别真的非常大，你选择了，不仅仅是要享受美好，还要去创建美好，更要接纳平凡的琐碎，甚至伤痛。

人说30岁之前的长相是父母给的，30岁之后的长相是自己给的。好的婚姻是夫妻双方都在不断学习，获得成长，变得越来越好，成为最好的自己。我们自己感受到了这种喜悦，我们身边的朋友、家人和各级组织也认可我们的成长，给我们以肯定，我和家人陆续获得各种荣誉，数十次被省级和国家级媒体报道。

所谓夫妻和美就体现在日常的生活中。2021年岁末，几年未生病的母亲突然病重住院，我衣不解带地日夜照顾守护95岁高龄的母亲，也全靠先生在身边帮忙，配合默契，他包做一日三餐，在家与医院之间跑动送饭，甚至也应急帮岳母接尿、洗脚。

当年婆婆重病，先生在外地工作，我独自日夜服侍照料。如今我又与病重的母亲同床，一夜爬起来数次照顾她，早晨也需帮她处理大小便、洗漱、喂饭。有时累得早上不想爬起来吃饭了，先生就把我的早餐也送到床头。他笑着说："你是照顾一个人，而我是照顾两个人哟。"

这就是实实在在的生活，假如没有先生帮忙，我一个人根本撑不下来。此时此刻没有考虑三观是不是相投，而是感恩累了有人做饭，庆幸病了有人照顾。脑子里想的都是眼下如何照顾好母亲以及我们自己保有健康，夫妻相互扶持，不让儿女操心，不给家人添麻烦。

果然，当在外地工作的儿女得知我们日夜照料病危的姥姥，最终转危为安，不仅挂牵姥姥愈后，也更关心我们的健康，担心我们过于操劳影响身体，要为我们买这买那，还有太多的嘱咐。通常都说养育儿女不为回报，但事实上我们早已感受到太多的回报，心中是满满的幸福。

生活日复一日，我们夫妻仍在柴米油盐、朝夕相处的岁月中保持恋爱的情结。如果婚姻是一场合作，那么男人最好的投资是疼爱妻子，女人最好的投资是关爱丈夫。而你对爱人的好，最终都会回到你的身上。

我们愿意成为儿女的榜样，但儿女又常常是我们的榜样，他们也夫妻恩爱，互相扶持，让我们赞叹。我们年逾60，也不输年轻人，最近在照料母亲的间隙，我们夫妻一起通过媒介观赏北京冬奥会，共同为我国奥运健儿加油。同时计划着疫情缓和后出省旅游观光，欣赏祖国的大好河山。

比起共同语言及诗和远方，夫妻关系的价值更多时候体现在当下彼此的真切关怀和贴身照料。我现在越发愿意夸奖先生，发自内心地关切照顾他。其实，幸福很简单，做自己喜欢的事情，老夫老妻健康安详地度过每一天，在温暖的家中同床共枕，每天都能一起舒适地入睡，又在惬意的清晨一同醒来，共迎新的一天。

30年结婚纪念，人生有几个30年？回望我们携手走过的路，我只想感恩，感恩人海茫茫中，我们成为一家人！感恩父母养育！感恩世间全部的关怀和帮助！感恩所有美好的遇见！

无论是原生家庭还是重组家庭，都有生命旅途中的丽阳朗月，也有奋斗路上的冰雪寒霜。人生四季的酸甜苦辣都是大千世界的慷慨馈赠，就如同那四季的风，让我们勇敢地坚强地微笑着融入这美丽的山川与河流！

时间和年龄在家庭发展历程中是一个重要的维度。相信岁月就是相信每个人都会成长和发展，不断进步。"坚持就能胜利""付出就有回报"，儿女在成长过程中亲自经历、克服困难、取得成功的体验非常有价值，不断积累这种成长的经验就能汇聚成继续进步的动力。

　　家庭是一个特殊的组织，它是为了解体而建立的，父母养育儿女，最终也是为了他/她能远行，陪伴是为了更好地出发。随着时间的推移，家庭角色在变化，但是陪伴、厮守是家庭中难能可贵的永恒主题，当有需要的时候及时给予满足是家庭功能最佳发挥的关键。爱的能量每天循环，爱的精神代代传递，这让家庭成为社会健康的细胞，最有活力的元素，推动着人类文明不断创新发展。

　　闫老师夫妇携手耕耘，引领家庭健康成长，他们的家族"联合舰队"在爱的连接中驶向了幸福的彼岸。

——陶新华

图书在版编目（CIP）数据

有温暖的家 / 闫玉兰著. — 太原：山西教育出版社，2024.1（2025.3重印）
（家庭生活教育丛书）
ISBN 978-7-5703-3408-7

Ⅰ.①有… Ⅱ.①闫… Ⅲ.①家庭教育 Ⅳ.①G78

中国国家版本馆CIP数据核字（2023）第128847号

有温暖的家
YOU WENNUAN DE JIA

选题策划	潘　峰
责任编辑	崔　璨
复　　审	刘晓露
终　　审	郭志强
装帧设计	陈　晓
印装监制	蔡　洁

出版发行	山西出版传媒集团·山西教育出版社
	（太原市水西门街馒头巷7号　电话：0351-4729801　邮编：030002）
印　　装	山西新华印业有限公司
开　　本	890 mm×1240 mm　1/32
印　　张	9.625
字　　数	222千字
版　　次	2024年1月第1版　2025年3月山西第3次印刷
书　　号	ISBN 978-7-5703-3408-7
定　　价	38.00元

如发现印装质量问题，影响阅读，请与出版社联系调换。电话：0351-4729718。